ブランド戦略

ケースブック

2.0

BRAND STRATEGY CASEBOOK 2.0

13の成功ストーリー

TANAKA Hiroshi

田中 洋 編著

同文舘出版

まえがき―どうやって成功事例に学ぶか―

本書の成り立ち

　本書は，2012 年に刊行された『ブランド戦略・ケースブック―ブランド
はなぜ成功し，失敗するのか―』に続く第 2 冊目のブランド戦略のケース集
である。1 冊目のケースブックは幸いなことに 10 年間近く版を重ね，一般の
ビジネスパーソン，大学生・大学院生など多くの読者を持つことができた。
この実績から判断して，本書のような事例集について世の中のニーズはまだ
まだ高いと考えたのである。

　そこで本書では，筆者（田中）と仕事の上で関係のある方々にお願いして
成功事例を取材・執筆していただくことにした。結果として 13 個もの興味
深いブランド戦略の成功事例を収集することができた。執筆者の方々は，い
ずれも研究や実務の面で優れた実績を持ち，大学での教育経験のある方も多
い。また筆者の友人に依頼して，拙著についての理論的解説をお願いした
が，これは成功事例を読むためのガイドとしても役立つことを意図している。

なぜ成功事例なのか

　なぜ，本書のような成功事例を集めたケースブックが求められるのだろう
か。1 つの理由は，多くのビジネスパーソンや学生が，ある企業の成功を見
て，あの企業はどうやって成功したのだろうか？　と関心を抱くことにある。

　筆者はある企業の社内誌のために約 20 年間ほぼ毎月，多くの企業にイン
タビューを行い，合計 228 社の成功事例をまとめた経験を持っている。筆者
の経験によれば，その事業の当事者が実際のブランド構築やマーケティング
活動に際して，どのような問題にぶつかり，何を考えてきたかは，直接イン
タビューしてみなければほとんどわからない。外から見ているのと，実際の
内側の人間の体験とは大きく異なっていることが多いのだ。同業者であって
も，また同じ社内の人間にすら，その担当者が成功した理由はわかっていな
いのである。このような事情で，本書のようなケースブックが求められる十

分な理由があると考えられる。

成功事例から学べるか

しかしここには問題がある。このように成功事例が多く求められているにもかかわらず，また成功事例を学習したとしても，それをすぐに自社の成功に結びつけることができないという問題である。筆者は企業から依頼されて社員研修などを引き受けることも多いが，こうしたときよくあるリクエストとして，「事例をたくさん出してください」というものがある。しかし，筆者の経験ではいくら事例を知っても，それをすぐ実地に応用できるマーケターは数少ない。成功事例に学ぶことは簡単そうに見えて，大きな困難がある。

アサヒビールは，1987年に「アサヒスーパードライ」を大成功させた。今日に至るビール市場でのアサヒビールのキリンビールに対する市場シェア優位は，このときをきっかけに始まった。この成功はビジネス史に残る大きな出来事であったといえる。しかし，アサヒビール自身がその成功から学んで次の成功に結びつけられたかどうかは疑わしい。同社は1989年に「スーパーイースト」，1991年に「アサヒ生ビールZ（ゼッド）」を出し，スーパードライに続く大型ブランドに育成しようとしたものの失敗している。つまり自社であっても，自身の成功を模倣して次の成功を導くことは難しいのである。それでは，われわれは成功事例を見てどうすればよいのだろうか。

再現性の発見

1つの有用な考え方は，成功事例の中に含まれる「再現性」の高いエレメントを抽出することだ。再現性とは，模倣でき，かつ実行可能な経営やマーケティング戦略のことである。再現性の低いエレメント，つまり，学んではいけない教えとは，例えば「有能な人材がいたからだ」と考えることである。成功した事例を見て「優秀なマーケターがいたからだ」とだけ考えるのでは，事例に学ぶことにはならない。あるいは「運がよかったから成功したのだ」と考えることも，同様に再現性の低いエレメントである。運がよかったのはたしかに成功の要因の1つかもしれないが，学びにはならないのだ。

逆に再現性の高いエレメントとは，スーパードライの事例でいえば，ビー

ルの味と飲用習慣についての生活トレンド変化への対応，というエレメントが挙げられる。スーパードライビールの成功は，日本人の食の変化や食事中の飲用機会の変化に対応したことが大きい。こうした点に学ぶならば，食のマーケターは食習慣の変化をもう一度分析しなおして，ヒットブランドを導くことができるだろう。

コンテキストへの注目

もう１点，注意すべきことがある。事例から再現性の高いエレメントを導くだけでは十分ではないことだ。成功事例を読む読者は，その再現性を巡る「市場のコンテキスト」を同時に考察すべきである。市場のコンテキストとは，そのブランドの成功を可能にした市場の背景や状況のことだ。

アサヒスーパードライの成功の背景にある市場のコンテキストとして，例えば，ビール消費成長時期の市場であったことが指摘できる。スーパードライは味を変えただけでなく，成長し続ける市場に投入された結果成功した，というポイントも見ておかなければならない。もしもスーパードライの成功で再現性のあるエレメントを抽出できたとしても，市場のコンテキストを同時に見なければ，ケースに学んだことにはならないのである。

本書を読む読者には，ぜひこのような「再現性」と「コンテキスト」を成功事例の中に見出すことを望みたい。さらに，読者の方々が本書を活用して新たな成功を創造することを，本書執筆者一同期待してやまない。

2021 年　過ぎゆく夏の終わりに
田中　洋

【ご案内】
本書を大学等でのテキストとしてご採用いただいた先生方に対しまして，講義用資料をご提供いたします。ご希望の方は，①ご氏名，②ご所属，③講義名を記載の上，下記メールアドレスまでご連絡ください。
▶ ご連絡先：info@dobunkan.co.jp

本書を用いた
講義・研修でのグループワーク討議ガイド

＊4名から6名程度のグループを結成して，各ケースから以下を議論して，白板あるいはワードやパワーポイントなどに結果をまとめてください。

＊対面で議論する場合は，白板にポストイットを記入しながら貼り付けながら進行することを勧めます。

＊グループワークは，参加メンバーがケースを事前に読んできたことを前提としていますので，必ず講義・研修が始まる前に指定されたケースを読み込んできてください。

（1）グループワークを始める前に

　討議を始めるに際して，グループのリーダーと書記役を決めてください。リーダーは討議の進行を担当し，議論が紛糾したとき，結論を決める権限を持ちます。書記役の方は，発言された議論の要点を白板にメモして，メンバーがどのような議論が今なされているかがわかるようにします。

（2）ケースの概要を共有しよう

　そのケースにはどのようなことが書いてあったか，どのようなストーリーであったかをお互いに話しあって，内容を確認します。

（3）ケースのポイントを抽出しよう

　このケースの中で，ブランド戦略が成功するのに貢献したと思われるポイントを思いつくだけ挙げてください。どのようなことでも結構です。

　　例：このブランドが成功したのは，市場調査で消費者インサイトを発見できたからではないか。

（4）ケースのポイントを絞り込もう

　数多く挙がったポイントについて似たもの同士をくくり，いくつかのグループにまとめます。3〜5つくらいのポイントにまとめられればよいと思います。

（5）再現性チェック

　それらのポイントの中で，学びが多いと考えられるポイント，あとの人がそのポイントを模倣して実行可能なポイントを選び出します。例えば，「運がよかったから」「有能なＸさんがこのプロジェクトを担当したから」「世の中のタイミングがよかったから」などは，真似しようとしても真似できないような要素ですから，このポイントからは排除したほうがよさそうです。「広告の表現でブランドのベネフィットを的確に訴求できたから」「顧客の商品への嗜好を調査や実験で的確に予想できたから」というのは再現性が高く，他の人が真似できるポイントなので，ポイントとして残しておきます。

（6）コンテキストチェック

　このブランドが置かれた市場の状況はどのようなものだったでしょうか。市場規模の成長度，競合ブランド，流通の状態，行政や社会の変化など，そのブランドが置かれた状況を考察してまとめてください。さらに，それらの状況が，（5）で挙げたポイントとどのように関係して成功に結びついたかを考察してください。例えば，再現性のポイントとして，「そのブランドがそれまでにないベネフィットをターゲット顧客に与えることができたから」というものだったとき，状況的な因子として「ある流通業態の成長」を挙げたとします。この2つは関係がありそうだという推測を立てます。

（7）再現性ポイントとコンテキストを合わせて教訓を得る

　再現性ポイントとコンテキストを合わせると，「そのブランドは，他のブランドにない消費者ベネフィットを訴求して消費者に受け入れられ，ドラッグ業態の成長とともに売上を拡張することができた」という教訓を得ることができます。

　ぜひ本書のケースから，実践の学びにつながる教訓を多く汲み取ってください。

目 次

第 I 部　理論編

1　デジタル時代のブランド戦略

2　『ブランド戦略論』を読む。

第 II 部　ケース編

ケース **12**　**ほけんの窓口**
（ほけんの窓口グループ株式会社）
サービス商品と新流通業態でブランドをつくるには

> サービス
> （保険小売業）

ケース **13**　**Panasonic**
（パナソニック株式会社）
企業ブランドを強くするマネジメント組織と仕組み

> 耐久財
> （エレクトロニクス）

第 I 部

理論編

1

デジタル時代の
ブランド戦略

◎ 本章のねらい

　ブランド戦略は，デジタル化された現代において，どのように変化するのか，あるいは変化すべきなのだろうか。本章においては，まずデジタル時代の在り方を社会・ユーザー（消費者）・企業の側面から考察した上で，デジタル時代のブランド戦略の3つの課題が提示され，3つの解決の方向性が示される。それが「ブランドストーリーの強化」，「ブランドの直接体験」，「新市場の創造」である。

1. デジタル時代とは

　デジタル化が進む時代とはどのような時代なのだろうか。新型コロナウイルス感染症が世界的に広まった2020年4月に，マイクロソフト社のサティア・ナデラ最高経営責任者（CEO）は決算資料で「2年分のデジタル変革が2カ月で起きた」と述べた（日本経済新聞［2020]）。われわれは，2020年代に入ってデジタル化がさらに加速化された社会経済のコンテキストのもとにいる。

　デロイトトーマツ社の試算によれば，新型コロナウイルスに関する情報伝達力は，20世紀初頭のスペイン風邪当時と比較して，150万倍に及ぶという（図表）。

　つまり，インターネットなどによる情報伝達力の発達は近年急激に上昇し，デロイトトーマツ社の分析のように，より多くの受信者に，より効率的

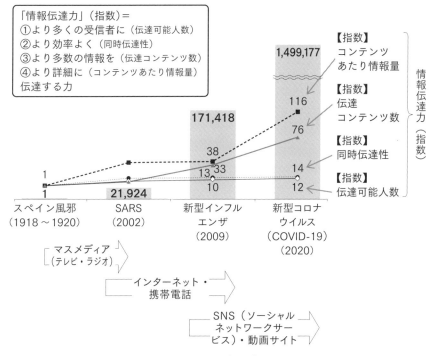

図表　21世紀の情報伝達力

パンデミック発生時の情報伝達力の推移
（スペイン風邪流行時を1とした場合）

「情報伝達力」（指数）＝
①より多くの受信者に（伝達可能人数）
②より効率よく（同時伝達性）
③より多数の情報を（伝達コンテンツ数）
④より詳細に（コンテンツあたり情報量）
伝達する力

出所：デロイト トーマツ コンサルティング合同会社［2020］

に，より多くの情報を，より詳細に伝えることができるようになったことを示している。つまり，デジタル時代とは情報が大量に素早く的確に到達し，社会に浸透していくことがその本質なのである。

　こうした事態にあって，ブランドはどのように変化するのだろうか，あるいは変化せざるを得ないのだろうか。ここではデジタル時代の次の2つの局面に分けた上で，デジタル時代のブランド戦略をどう考えるか，ブランドの在り方を考察してみたい。

　①社会とユーザー側からみたブランドの変化

　②企業側からみたブランドの変化

2. 社会とユーザー側からみたブランドの変化

われわれは，2020年代に入ってデジタル化がさらに加速化された社会経済のコンテキストのもとにいる。先にみたように，インターネットなどによる情報伝達力は近年，さらに急激に上昇しつつある。重ねて言えば，デジタル時代とは情報が大量に素早く的確に到達し，社会に浸透していくことが1つの本質である。こういった時代にブランドのユーザーである消費者はどのように対応しているのだろうか。

（1）情報過剰と消費者

現代は供給される情報量が過剰である，情報過剰（information overload），情報爆発（info-plosion）の時代であると指摘されることが多い（喜連川［2011］）。この情報爆発という言い方によって，われわれは，消費者は流通する情報量が多すぎて，処理しきれない，あるいは，どれが正しい情報かわからないと悩んでいるのだと考えがちである。まずこの現象について考察してみたい。

情報過剰について早い時期から研究を行ったのは，社会心理学者のスタンレー・ミルグラム（Stanley Milgram）である。ミルグラムは情報過剰という現象について関心を持ち，都会における他人への無関心さという現象から考察を行った（Milgram［1970］）。地方に比べると都会の人は冷たいとか，親切でない，ということはよくいわれる。ミルグラムが，ニューヨークで起こった女性が被害者になったある殺人事件を調べたところ，その事件では，街中で30分にわたって女性が刺され，殺されるという事態が起きていた。しかし38人もの人が自分のアパートからその事件を目撃していたにもかかわらず，誰も警察に通報しなかったのである。

ミルグラムは，都会人は環境からくる情報過剰のため，次のような行動をとるようになると考えた。自分の役割を限られたものしか引き受けない，他人と関わらないといった都会の人付き合いルールの変化，非日常的な出来事への無反応や他者からの依頼を受けるかどうかの選択などの認知プロセスの

変化。つまり，情報過剰の状態に置かれた人間は，有り余る情報をやり過ごし，自分が処理できる情報のみと付き合っていくことを意味している。

　また，消費者行動研究者としてさまざまな業績を上げたジャコビー（Jacoby, Speller and Berning［1974］）は，消費者はブランド選択に際して情報量が増大すると，自分の選択への満足が高まり，選択の確からしさが増し，混乱することが減るというベネフィットもあると報告している。しかしその一方で，自分にとってのベストなブランドを選択することができなくなり，機能不全に陥るという結論も得ている（Jacoby［1984］）。情報量の増大は，消費者にとってプラスの効果とマイナスの効果の両方があることになる。

（2）情報過剰は本当か

　では，情報過剰という現象をどう捉えたらよいのだろうか。

　現代社会が情報過剰であるという「証拠」として日本でよく提示されるデータが，情報通信政策研究所が調査している「情報通信インデックス」である。平成21年度の調査結果によると，平成13年の情報流通量と消費情報量をそれぞれ100とすると，平成21年度には情報流通量が199に達していたのに対して，消費情報量は109にとどまっている。これだけの結果をみると，「われわれはますます情報過剰になり，大量の情報を処理しきれなくなっている」と考えてしまいがちである。またその原因をインターネットに帰してしまうことも多い。

　しかしながら，「情報通信インデックス」の流通情報量のほとんど，98.5％を占めているのは，テレビなどの放送からの情報である。流通情報量に占めるインターネットの流通情報量はわずか0.8％にすぎない。現在ではストリーミング動画などによってさらにネットの流通情報量は増加していることが考えられるものの，0.8％から大幅に増大しているとは考えにくい。

　さらに重要なことは，こうした情報過剰＝情報爆発という現象は，すでに70年代から指摘されてきたことである。『昭和53年版通信白書』（1978年，当時の郵政省発行）で主張されていることは現在とほとんど変わっていない。当時の白書では，情報の供給量と消費量のかい離がどんどん大きくなっ

ている図を掲げて，以下の文章が書かれている。

　「「情報の洪水」であるとか，「情報公害」といった一種の情報の過剰状況
を作り上げたものは，この供給量と消費量とのかい離であったと言えよう」
（第1章2節2）

　つまり今から40年以上昔から情報過剰という現象はすでに指摘されてき
たことになる。40年後の現在，情報過剰は破壊的にひどい状況になってい
るはずであるにもかかわらず，われわれが一見すると情報過剰に悩んでいな
いのはなぜなのか。

　情報過剰の中身をみてみると，インデックス調査にあったように，動画や
画像，音声のように，文字ではない情報量が格段に大きい通信手段がわれわ
れの身の回りで増大していることがわかる。そして，これら増大した情報量
はわれわれにとって，むしろ動画でみることで内容が理解しやすくなる，な
ど別のメリットをもたらしている。こうしたことは，オンラインのレシピサ
イトにおいて，動画での調理の説明が増えている事例を考えれば理解しやす
い。

　つまり現代の「情報爆発」は，直接われわれに不自由をもたらすばかりで
はない。むしろわれわれがオンライン動画を楽しんで生活を豊かにし，情報
処理を助けている側面があるということに注目することが重要である。検索
エンジンなどの使い方のテクニックや改良によって，われわれは情報爆発下
においてもさほどの不自由さを感じないで済んでいることになる。

　このことをブランドに当てはめていえば，情報爆発という環境にあって
も，われわれはそれなりに自分の欲しいブランドを探り当てている。満足化
（Satisficing）理論（Simon［1945］）が示したように，検索して探り当てた
ブランドが，あらゆる選択肢を調べ尽くしたベストなものでないとしても，
それで満足し，一定以上のエネルギーを費やすことなく済ませていることに
なる。例えば，インフルエンサーがインスタグラムで使ってよかったと言っ
ているブランドを消費者が購入するときのように，インフルエンサーの推薦
情報だけで満足して購入するときなどである。

(3) リキッド消費の時代

　このようにデジタル時代の消費者変化を考えてみると，一方では情報過剰の状態において，ユーザーである消費者は有り余る情報をやり過ごしたり，無関心な態度に出ることがあり，一方では，情報をより効率的に処理するためのスキルやツールを活用した情報処理が行われていると考えることができる。

　「リキッド消費」という考え方は，こうしたデジタル時代における消費の在りようを説明するキーワードの1つである。久保田［2020a；2020b］は「リキッド消費」社会においてどのように企業はブランド戦略を採用すべきかについて考察している。リキッド消費はもともと Bardhi and Eckhardt［2017］によって提唱された概念であり，従来のモノ中心の永続的保有を前提としたソリッド消費と異なり，次の3つの特徴を持っている。①短命性（ポップアップストアのような一時的な存在，使用など），②アクセスベース（プレミアムブランドのレンタルなど），③脱物質（デジタル消費やサービス消費）。

　久保田［2020b］によれば，こうしたリキッド消費の流れの中で，ブランド消費は，まずその都度の消費の文脈に対応した消費活動となり，実利志向が強まり，現実的なベネフィットがより重視されるようになるという。近年注目されたブランドでいえば，オンライン会議アプリである ZOOM は，リモートワーク化する消費環境にあり，他のアプリよりも少しだけ使いやすく，利便性の高さなどから，リキッド消費下のブランド消費の一例であるといえるだろう。久保田はこうした考察をもとにして，「裾野を広げる」と「生活の中に溶け込む」という2つのブランド戦略の方向性を提案している。

　Batra and Keller［2016］は，近年，消費者の購買意思決定の経路が短縮化し，階層的な情報処理ステップも単純化し，同時に，情報経路がより複雑化していることを指摘している。これは SNS やオンラインメディアの発達により，消費者から企業へ，消費者から消費者へなどの新しい経路ができてきたことに由来している。つまりリキッド消費という消費活動の社会的な変化とともに，消費者意思決定の変化も同時にデジタル時代において表れているのである。

3. 企業側からみたブランドの変化

次に考察してみたいのは，デジタル時代にブランドというものが，ブランドの保有者である企業からみてどのような役割を果たすのか，その役割や機能はどのように変化するのかという点である。

すでにみてきたように，そもそもブランドはなぜ企業活動において重要とされるに至ったのか。その大きな原因は，1980年代以降，世界の資本主義が「自由化」し，顧客の選択の自由が拡大したことである。この結果，ブランド間の競争が激化し，ブランドを育成することが企業にとっての急務となった。

しかしながら，21世紀に入り，資本主義がいっそう高度化するにつれて，世界的に著名ブランドの寡占化が進行している。IT分野において，米国のGoogleは検索エンジン分野で約94%のシェアを持ち，スマートフォン用OS市場においてもGoogleのアンドロイドは85%程度のシェアである（真壁[2019]）。つまり，検索エンジンはGoogleによってほぼ占有されており，AppleのSafariのデフォルト検索エンジンはGoogleが担っている。GoogleはAppleのデバイスからの巨大なトラフィックを確保するために，GoogleからAppleへ年間1兆円ほどの金額が支払われているという報道がある（iPhone Mania[2020]）。

同様に，スマートフォンのOSはAppleのiOSとGoogleのアンドロイドの2つしかない。また，米国のマスメディアの90%は5社（Walt Disney, Time Warner, ViacomCBS, NBCUniversal, News Corporation）によって占有されている（Hayes[2021]）。この他に自動車，エンタテイメント，航空機なども寡占化された市場の例である。

食品・飲料のような消費財市場においても，世界的に少数のメガ企業によって著名なブランドの多くが支配されている（Desjardins[2016]）。さらに，半導体，自動車，造船，金融，医薬品，機械，5Gをはじめとした通信設備などの分野でも寡占化が進行していると真壁[2019]は指摘する。

これは何を意味するのだろうか。もともと顧客の自由なチョイスとして必

要とされてきたブランドが，実際にこれらの寡占化が進んだ分野ではその意味がなくなりつつあることを意味する。こうした市場寡占化が進行した時代においては，顧客の選択は実際には限定されたものでしかなくなってくる。顧客が異なったブランドを選択したと思っていても，実は同じ企業が提供しているブランドであることがあるからだ。

こうした時代に，寡占化を達成した企業がとりうるブランド戦略とは，自社が持つ異なったポジショニング戦略を維持し，イメージ的に異なる顕出性（salience）を維持することが中心になってくる。つまり消費者が異なったブランドにスイッチしたとしても同じ企業のブランドを購買するよう，意図的に異なったポジショニングをされたブランドを消費者が選択するようになると考えられる。

このような寡占化された市場においては，ブランドの本来の役割がより軽いものになっていくと考えられる。

同時に，流通においてもAmazonが世界的にシェアを伸ばしていることでもわかるように，流通業がいっそうメーカーの市場支配力を凌駕し，同時にプライベートブランド（PB）が増加している。購買データの分析によると，セブンイレブンの食品の45.9％はPBである（日用品化粧品新聞［2018]）。こうした事態も，ブランドが従来持っていた効力を失わせる原因となっている。2017年にはナイキがAmazonの「ファーストパーティ」として直販に参加したことが，「Amazonの軍門に下った」として業界に衝撃を生んだ（Digiday［2017]）。

ブランド保有が大企業によって寡占化されるデジタル時代にはブランドは必要ないものになっていくのだろうか。

しかし一方で，ブランド力がよりいっそう必要となる市場の局面がある。それは，ブランドを保有する企業が既存の流通業者を介さずに直接消費者と結びつく，DtoC（Direct to Consumer）と呼ばれるマーケティング活動である。DtoCの代表的な手法としては，Amazonや楽天のような流通系ECプラットフォームを用いるか，あるいは，自社独自で開発したオンラインシステムを用いた販売手法である。こうしたDtoC戦略では，自社独自のブランドが重要な役割を果たす。

DtoC 市場は米国において急速に市場を広げており，2020 年には 177 億 5 千万ドル（約 2 兆円）に達したと推定されている（Statista［2020］）。例えば，米国のアイウェアブランド，ワービーパーカー（Warby Parker）は，インターネットから生まれた最初の卓越したブランドと呼ばれており，2015 年には世界で最もイノベーティブな企業にも選ばれている。ワービーパーカーは 2010 年に創業し，中長期的なブランド戦略によって 5 年間でブランドを構築することができた（Yoshioka［2015］）。このように，競争の厳しいオンライン上で顧客に見つけられるためには明確なブランド戦略が求められていることは確かである。

4. デジタル時代のブランド戦略の課題と解決

このようなデジタル化が進行する時代において，ブランド戦略はどのようにあるべきなのだろうか。ここでは，上記の記述に基づいてマーケターが対応すべきブランドの課題とそれへの解決という形で，ありうべきブランド戦略の形を考察してみたい。

課題 1：情報操作や検索に長け，情報ストレスをやり過ごす消費者の活動にどう対応するか。

課題 2：「リキッド消費」のような短命・アクセスベース・非物質的な消費に対して，これまでソリッド消費に対応してきたブランドはどうすべきか。

課題 3：寡占化する市場状況と DtoC への流れにどう対応すべきか。

まず，課題 1 の情報操作や検索に長け，情報ストレスをやり過ごす消費者の活動への対応である。消費者の意思決定経路はより短くなり単純化する一方で，他の消費者からの情報の影響など経路の複雑化も同時に観察できる。また，「イメージ」よりも，より実用的なベネフィットが重視されるようになる。

こうした傾向に対してブランドがなすべきこととは，まず「ブランドストーリーの強化」である。そのブランドのストーリーとは，起伏のある流れ

をもった一連の情報のことである。例えば，誰にどのような意図をもって，どのようにそのブランドがつくられたのか，というストーリーである。そのためには来歴や由来などのブランドコンテンツを充実させ，ランディングページやパッケージ，ブランドサイトのコンテンツ情報がより重要になる。成功した DtoC ブランドとして先にも引用したワービーパーカーは「女性顧客が車を盗まれて落ち込んでいるときに，彼女がよく通っているバーの 20 ドル分のギフト券をプレゼントした」というような逸話を流布させ，ブランドストーリーを形成している。

　課題 2 のリキッド消費に有効な対応の 1 つは，「ブランドの直接体験」を重視した施策である。直接的なブランド体験は，オンライン情報よりも通常強力に働く。例えば，ポルシェは 2021 年に東京でブランド体験施設「エクスペリエンスセンター」を開設することを明らかにしている（自動車ニュース［2020］）。これは，それまで「ソリッド消費」に対応してきたブランドが，オンライン口コミよりももっと強力な，ユーザー自身の体験を形成しようとする動きとして解釈できる。Apple は以前から，Apple ストアにおける体験を重視してきており，また，近年盛んになっているポップアップストアもこうした体験強化策の 1 つである。

　課題 3 の寡占化市場という課題に対しては「新市場の創造」，つまり，ブランド自身が新たな市場を発見してその市場を自ら占有化するという選択肢がある。例えば，ワークマンは競争の厳しいアパレル市場にあって，高機能×低価格という独自の市場に活路を見出だし，そこで成長を遂げている（日経 X トレンド［2019］）。また，2010 年代後半にヘアケア市場において「ボタニカルシャンプー」という市場をつくりだしたボタニストは，まず楽天を販売チャネルと定め，次にテレビ広告ではなく，Facebook，Twitter，インスタグラム，キュレーションメディアなどのオンラインメディアを用いて広告活動を実行しシェアを築いた（Impress［2019］）。

　本章においては，デジタル時代のブランド戦略について，時代的背景を踏まえて戦略課題を導出し，その解決戦略を考察してきた。デジタル化の時代はこの先，まだ果てしなく続いていくが，その変化の本質を常に考察し，対応していくことが求められる。

■ 参考文献

Bardhi, F. and Eckhardt, G.M. [2017] Liquid consumption, *Journal of Consumer Research*, 44 (3), pp.582-597.

Batra, R. and Keller, K.L. [2016] Integrating Marketing Communications: New Findings, New Lessons, and New Ideas, *Journal of Marketing*, 80, pp.122-145.

Desjardins, J. [2016] The Illusion of Choice in Consumer Brands, Visual Capitalist. (2016.7.21 付) https://www.visualcapitalist.com/illusion-of-choice-consumer-brands/ (2021.8.30 閲覧)

Hayes, A. [2021] What Are Current Examples of Oligopolies?, Investopedia (2021.4.26 付) https://www.investopedia.com/ask/answers/121514/what-are-some-current-examples-oligopolies.asp (2021.5.15 参照)

Jacoby, J., Speller, D.E. and Berning, C.K. [1974] Brand Choice Behavior as a Function of Information Load, *Journal of Marketing Research*, 11, pp.63-69.

Jacoby, J. [1984] Perspectives on information overload, *Journal of Consumer Research*, 10, pp.432-435.

Milgram, S. [1970] The experience of living in cities, *Science*, 167 (3924), pp.1461-1468.

Simon, H.A. [1945] *Administrative behavior* (3rd ed.), New York: The Free Press. (松田武彦・高柳暁・二村敏子訳 [1989]『経営行動：経営組織における意思決定プロセスの研究』ダイヤモンド社)

喜連川優 [2011]「情報爆発のこれまでとこれから」『電子情報通信学会誌』94 (8), 662-666 頁。

久保田進彦 [2020a]「消費環境の変化とリキッド消費の広がり：デジタル社会におけるブランド戦略にむけた基盤的検討」『マーケティングジャーナル』39 (3), 52-66 頁。

久保田進彦 [2020b]「デジタル社会におけるブランド戦略：リキッド消費に基づく提案—」『マーケティングジャーナル』39 (3), 67-79 頁。

情報通信政策研究所調査研究部 [2011]『我が国の情報通信市場の実態と情報流通量の計量に関する調査研究結果（平成 21 年度）：情報流通インデックスの計量』

デロイト トーマツ コンサルティング合同会社 [2020]「1 世紀で 150 万倍に増大した情報伝達力：情報の急速な伝染『インフォデミック』とは」https://www2.deloitte.com/jp/ja/pages/strategy/articles/cbs/information-epidemic.html (2021.4.7 閲覧)

真壁昭夫 [2019]「"一強多弱" 有力企業の寡占はいつまで続くのか」プレジデントオンライン (2019.12.23 付) https://president.jp/articles/-/31695 (2021.4.2 閲覧)

郵政省 [1978]『昭和 53 年版通信白書』

Yoshioka, Y.［2020］「世界で最もイノベーティブな企業と評された Warby Parker の
　ブランディング戦略」To Nine Blog.（2016.8.17. 付）https://medium.com/to-
　nine-blog/93e466212514.（2021.4.12 閲覧）

■ 参考資料

Digiday［2017］「ナイキに学ぶ，Amazon 軍門下における『ブランド』の宿命：提携
　から 6 カ月を経て」（2017.12.27 付）https://digiday.jp/brands/fashion-brands-
　can-learn-nikes-first-six-months-amazon-partner/（2018.1.2 閲覧）

Impress［2019］「『ボタニスト』はなぜヒットしたのか？　ネット発からオフライン進
　出までの戦略を I-ne の責任者が語る」（2019.1.23 付）https://netshop.impress.
　co.jp/node/5936（2021.4.7 閲覧）

iPhone Mania［2020］「Google，iOS のデフォルト検索エンジン代に 1 兆円超を
　Apple に支払っている？」（2020.10.26. 付）https://iphone-mania.jp/news-
　324810/（2021.4.2 閲覧）

News Hack［2017］「Yahoo! ニュース トピックス『13 文字見出し』の極意　難関
　『コートジボワール』はどう表現？」（2017.9.27 付）https://news.yahoo.co.jp/
　newshack/inside/yahoonews_topics_heading.html（2021.4.7 閲覧）

Statista［2020］"Direct-to-consumer（D2C）e-commerce sales in the United States
　from 2017 to 2021"（2020.12.1 付）https://www.statista.com/statistics/1109833/
　usa-d2c-ecommerce-sales/#:~:text ＝ In % 202019 % 2C % 20direct % 2Dto %
　2D,Club％2C％20and％20mattress％20company％20Casper（2021.4.7 閲覧 ）

自動車ニュース［2020］「ポルシェがブランド体験施設『ポルシェ エクスペリエンス
　センター東京』を 2021 年夏にオープン」（2020.11.24 付）https://www.webcg.
　net/articles//43674（2020.11.25 閲覧）

日用品化粧品新聞［2018］「食品の 50％を PB 化するセブン - イレブン／セブン＆アイ
　HD3 社の PB・NB 比較」（2018.8.8 付）https://www.hpc-news.co.jp/media/info/
　a43（2021.4.5 閲覧）

日経 X トレンド［2019］「アパレル界で旋風を起こすワークマンプラス　生みの親が語
　る岐路」（2019.6.10 付）https://xtrend.nikkei.com/atcl/contents/18/00159/00002/
　（2020.3.21 閲覧）

日本経済新聞（電子版）［2020］「マイクロソフト CEO『2 年分の変革が 2 カ月で』株
　価，時間外で上昇」（2020.4.30 付 ）https://www.nikkei.com/article/
　DGXLASFL30H43_Q0A430C2000000/（2021.4.2 閲覧）

（田中　洋）

2

『ブランド戦略論』を読む。

◎ 本章のねらい

　本章のねらいは，ブランド戦略論の世界に，この『ブランド戦略・ケースブック』シリーズで足を踏み入れた読者に向けて，その次のステップとして読むべき本として，『ブランド戦略論』（有斐閣，2017 年）を評論することである。ただし，今までに同書が評価されてきたマーケティング的な切り口以外に，ブランド戦略の背後にある，他学問領域への広がりを紹介する視点を加えて評論を行った。

　『ブランド戦略論』は，出版された年以降に広告学会，マーケティング学会でそれぞれ大賞や学会賞を受賞しており，同書の帯にも書かれてあるように「日本発の本格的ブランド体系書」と評価されている。しかしながら，本書はマーケティングとは異なる，あるいは逸脱した視点からの考察も含まれており，こうしたこれまでに触れられなかった同書の意義を確認することが本章のもう 1 つのねらいである。

1. はじめに

　筆者は，大学でマーケティングも広告論も勉強したこともなく，研究者でも学者でもない。広告会社株式会社電通でもマーケティングセクションに在

籍したことはなく，クリエーティブ局のコピーライターとして短期間勤務した後，独立して，30 年にわたり，フリーランスのマーケティング・コミュニケーション戦略プランナーとして働いてきた。マーケティングに関してもブランド論にしても，独学，我流であった。

　しかしながら筆者が戦略プランナーとして現場にいた期間が，日本においてブランド戦略がブームとなった時期に重なっていた。このため，非常に多くの企業，商品のブランド戦略に実務家として関わってきたことになる。

　ブランド戦略は，元来，マーケティングという実務のために構築された方法論であり，学問としても，実際のビジネス現場で有効な視点や方法論を提供することを目指す実学的学問領域である。

　実学であるがゆえに，ビジネスの現場と学問とが相互に交流しながら，研究は進む。実際の市場，社会におけるブランドの成功／失敗のケーススタディ→そこから導き出される理論→その理論に基づいて開発される実際のブランドマネジメントのメソッド手法→そうしたメソッドを用いた実際のブランド戦略の実践→その実例についてのケーススタディ，という循環でもって，学問研究は進んでいく（図表1）。

　しかし，『ブランド戦略論』の他の類書と異なる面白さは，ブランドに関する根源的問いとその答えを考えるにあたり，「マーケティング」の内部のみならず，幅広い人文知・教養からの知見を援用・引用して説き起こす点にある。本章は，その点にフォーカスして，『ブランド戦略論』を論評するものである（図表2）。

図表1　ブランド戦略論が通常語られる視点（学会・業界内部）

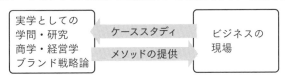

出所：筆者作成

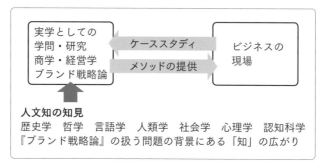

図表2　本章の視点

実学としての
学問・研究
商学・経営学
ブランド戦略論

ケーススタディ

メソッドの提供

ビジネスの
現場

人文知の知見
歴史学　哲学　言語学　人類学　社会学　心理学　認知科学
『ブランド戦略論』の扱う問題の背景にある「知」の広がり

出所：筆者作成

2. 本『ケースブック』と『ブランド戦略論』の比較

　まずは，本シリーズの第1巻『ブランド戦略・ケースブック』（2012年）と，『ブランド戦略論』の，本としての章立て，構成を比較してみる（図表3）。

　本シリーズ『ブランド戦略・ケースブック』が，ケーススタディが8割，理論的な部分が2割という配分なのに対し，『ブランド戦略論』では，理論やメソッド部分が7割5分，ケーススタディは2割5分強である。しかも，ケーススタディは巻末にまとめる形になっている。

　つまり，本シリーズは，初めてブランド戦略を学ぶ人にとってわかりやすいように，抽象的理論の話は最小限にとどめ，豊富なケーススタディで，まずはブランド戦略のさまざまな在りようをイメージしてもらうこと，というコンセプトで編集されている。

　これに対し，『ブランド戦略論』は，①「ブランドとはいったいどういうものか」について，理論的に深く掘り下げた上で（第Ⅰ部），②実際にブランド戦略を実施するにあたっての，その扱う全体領域を網羅整理し（第Ⅱ部　戦略論），③それぞれの領域のブランド課題を実際に扱う際のさまざまな視点や方法論を紹介し（第Ⅲ部　実践編），④最後に，その実例を示す（第Ⅳ部　事例編），という構成になっている。

図表3 （本シリーズ前著）『ブランド戦略・ケースブック』と『ブランド戦略論』構成比較

『ブランド戦略・ケースブック』

第Ⅰ部　ブランド戦略編　30頁

第1章　ブランドとは何か
第2章　ブランドをどう理解するか
第3章　強いブランドをいかに創るか

第Ⅱ部　ブランド・ケース編　200頁

第4章　モノ・ブランドの戦略ケース
第5章　サービス＆カルチャーブランドの戦略ケース
第6章　地域ブランドの戦略ケース

第Ⅲ部　エピローグ編　15頁

第7章　ブランド戦略とは何か
第8章　ブランドはなぜ失敗するのか
第9章　ブランドはなぜ成功するのか

『ブランド戦略論』

第Ⅰ部　理論篇　100頁

第1章　ブランドをめぐって
第2章　ブランドと交換
第3章　イノベーションとブランド
第4章　ブランド史の構造

第Ⅱ部　戦略篇　150頁

第5章　統合ブランド戦略の全体像
第6章　フェーズ1 ブランド構築の基礎
第7章　フェーズ2 経営レベルのブランド戦略
第8章　フェーズ3 マーケティング・レベルの
　　　　ブランド戦略
第9章　フェーズ4 コミュニケーション・レベル
　　　　のブランド戦略
第10章 フェーズ5 ブランド戦略の実行と管理

第Ⅲ部　実践篇　100頁

第11章　企業ブランド戦略
第12章　ブランド拡張戦略
第13章　グローバル・ブランド戦略
第14章　ブランド戦略の諸相

第Ⅳ部　事例篇　130頁

1　食品・飲料ブランド
2　日用品ブランド
3　耐久性消費財ブランド
4　ヘルスビューティケア・ブランド
5　サービス流通ブランド
6　カルチャー・ブランド
7　ツーリズム・ブランド
8　BtoBと企業ブランド

出所：筆者作成

このうち、「第Ⅱ部　戦略編」と「第Ⅲ部　実践編」は、ある程度、実務経験を積んだ実務家ビジネスパーソンにとってはきわめて有用であるが、初学者や、実務家であってもブランドマネジメントを初めて担うことになった方には、いささか専門的である。実務を遂行するにあたって現実に抱える課題に対する参考書的に使うには好適であるが、単に「読書する本」として考えると、いくぶん難易度は高い。

それに対し、ブランド戦略を学ぶという枠組みを外しても、読み物として抜群に面白いのが「第Ⅰ部　理論編」である。門外漢が読んだとしても、何かを学ぶということが、どのような深い思索や幅広い知識に裏付けられているかということの好例として読むことが可能であり、知的にスリリングな読書体験を提供してくれる。まして、本書で多くのケーススタディに触れた上で読むならば、ブランド戦略を深く考えることのわかりやすい手がかりが数多く発見できる。

3. 本章で取り上げるテーマ

本章では、この「第Ⅰ部　理論編」を、マーケティング以外の人文知の知見を用いて解説している以下の部分をピックアップして紹介、論じていく。

①ブランドの定義（『ブランド戦略論』8〜13頁）を、言語学者・ノーム・チョムスキーを参照しながら読む

②ブランドの機能（『ブランド戦略論』17〜20頁）を、経済学者・J.E. スティグリッツの言葉をテコに読む

③ブランドと交換（『ブランド戦略論』27〜38頁）を、哲学者・柄谷行人に触発されながら読む

④イノベーションとブランド　起源の忘却（『ブランド戦略論』39〜45頁）を、歴史学者・ベネディクト・アンダーソンに依拠しながら読む

以上、4つの事例をみながら、ブランド戦略論と人文知の関係をみていく。

これらを語ることは、単に「意外な人文知に触れていて興味深いでしょ

う」という紹介になるだけでなく，ブランド論のきわめて根源的な問いや特質について語ることになる。

　多くの大学生は，実学としてのマーケティングを専門的に学ぶ専門課程に入る前に，さまざまな一般教養科目を履修する。「私はビジネスマンになるための実践的な知識を得たいと思っているのに，歴史学だの哲学だのといった何の役に立つのかわからないような科目をなぜ勉強しなければならないのか」と思っている方も多いかもしれない。そういう方が『ブランド戦略論』第Ⅰ部を読むと，「なるほど，さまざまな学問についての幅広い知識を身に着けることは，実学を学び，ビジネスの現場で実践する上でも必要なことなのだ」と感じてもらえるのではないかと思う。

　1990 年代からの大学改革の中で，実学，何かに役立つ学問分野に予算も人員も集中する一方，人文学（文学，哲学，歴史学など）は軽視され，予算も人員も，学部自体さえ削減する流れが加速している。理系でも，情報科学や生命工学，医療・薬学など，現実への有効性がわかりやすい学問領域が優遇される一方，基礎研究軽視の傾向にある。

　しかし，真に創造的な学問の進化には，「商学」という実学であっても，幅広い学問領域との相互作用が不可欠なのである。それは AI など情報科学や，脳科学のような流行先端の学問だけでなく，長い歴史を持つ哲学，歴史学，人類学，言語学なども含まれるのである。

　本書の編者である田中氏が，筆者に対し「マーケティングの枠内ではなく」という一風変わった要望をした背景には，こうした現在の大学，学問を取り巻く環境に一石を投じたいという思いがあったのではないかと，筆者は受け止めた。

　とはいえ，ビジネスマン読者の方々は，多忙な中で，いかに短時間で仕事に必要な知識を学ぶか，という意識でこの本を手に取っておられるかと思う。HOW TO として，役に立つ知識が欲しいのだと。

　そうした方々に申し上げたいのは，「ブランドの困難」にどう立ち向かうかには，HOW TO 的本や知識では歯が立たないということである。ブランドというのは，理解するのも難しいが，マネジメントしようとするとさらに著しい困難に突き当たるものである。

筆者は電通から早々に独立したために，組織の縛りが少なかったこともあり，便利屋的に重宝されて，きわめて広範囲の企業，商品のブランド戦略に関わってきた。その経験から述べると，企業担当者からまず求められるのは，①自社課題に近いケーススタディ，②使いやすいブランドマネジメント手法・メソッド，特にツールのパッケージになったもの，である。しかし，その「まず手っ取り早く」の2つだけで，ブランド課題に対応できた試しは，ない。

　似ているケーススタディに学んでも，最新の理論やメソッドを駆使しても，具体的なビジネスにおいては，常にそれだけでは解決できない課題が次々現れる。試行錯誤の連続となる。そもそも，社内各部署にブランド課題の重要性を理解してもらうこと，財務担当に，短期的には成果の見えにくい施策に予算を投資してもらう承認を取ることといった社内調整など，ビジネス上の困難をどう乗り越えるかの困難がまず存在する。そのためには，ブランド戦略の重要性を，ブランドへの理解のない社内各部署に対して担当者自らが説得できないと，仕事は始まらないのである。それを乗り越えても，顧客の頭の中というアンコントローラブルなものに働きかけ，目的とする行動を導き出すという，ブランドの本質に関わる困難たるや。実務としてのブランドマネジメント，戦略の立案と遂行は試行錯誤の連続となる。

　こうした実務で突き当たる「ブランドの困難」に立ち向かうのに必要なのは，その根底にある「ブランドとは何なのか，なぜ，どのように機能するものなのか」への深い理解である。

　「いやいや，そういう困難には，データとエビデンスでしょう」という立場があることは重々承知している。昨今の風潮としては，ブランド戦略に関しても，数値化，データ化することこそが科学的だというアプローチが盛んである。しかしながら，数値化，データ化，数学化するにも，やはり「なぜ，どのようにブランドは働くのか」についての理論を組み上げないことには，数値管理も不可能である。

　あるいは，ビッグデータとAIによる最新のアプローチであれば，理論も仮説もなくても，マーケティング目標と相関の高い指標を発見し，それをKPIとしてブランドをマネジメントしようという，さらに新しいアプローチ

もある。諸指標間の因果関係や論理的つながりが不明であっても，相関度さえ高ければマーケティング戦略の遂行は可能となる。こうした「因果関係はわからないが相関関係はわかる」指標を用いたマネジメントは，短期的なマーケティング施策においては成果を上げているが，ブランド戦略という長期的視点での戦略においての有効性は今のところ未知数と言ってよい。

　筆者は，こうした科学的・数値管理的なブランドマネジメント手法を否定する立場ではない。その手法は今後さらに発展し，有効性は高まっていくと考える。しかし，その一方で，「人が情報を処理したり，選択をしたり，交換をしたりする」ということに関して，さまざまな人文知が蓄積してきた知見を援用しながら，ブランドという困難な課題を理解しようというアプローチも，ブランド戦略論においては今後も有効であると考える。

　実務で困難に突き当たったときほど，「ブランドとは何か」「ブランドはなぜ，機能するのか」という本質について，一度，立ち止まって考えていただきたい。ブランドのような曖昧なものが，それでもある重要な働きをする，その「不思議と困難」について立ち向かう，そのために，人文知の視点からブランドを考えるアプローチが必要である。『ブランド戦略論』は，そうした視点を提供してくれる稀有な本なのである。

4. 「人文知」の視点

　ケーススタディというのは，成功（あるいは失敗）したブランドについての「なった」結果に対して，「したこと」を，後から振り返る。それを研究者が分析・記述するというものである（筆者も，いくつかのブランドの成功事例について，企業担当者が講演や社内にレポートするための資料の作成をしたことがあるが，それはしばしば担当者の成果をアピールするものであるから，「これをしたから，こう成功した」という内容になりやすい）。

　それは間違いではないが，「こうすれば必ず成功する」という再現性があるかというと別の話である。そうは言えないものである。

　では成功事例をたくさん集めれば，そこから成功の法則を抽出することが可能か。学者の多くは，「それが可能だ」として，自説を展開する本を出す。

多くのブランド戦略本が，こうした「成功のための理論とツール」を売り物に書かれるわけであるが，一般に「先行する理論や方法論を批判して，自分の新説，新メソッドの優位を提唱する」というものになりやすい。

ブランド戦略論もまた，激しい競争の世界である。実務家として働いた35年間において，筆者もさまざまな，そのとき一番勢いのあるメソッドを使ってきた。電通という一企業の中でさえ，ブランドメソッドについてはいくつかの流派・派閥争いがあり，激しい競争，流行り廃りがあったのである。

具体的な課題に対してブランド戦略を，そのとき最新の方法論・メソッドやツールで行ったとしても，それは数年後には時代遅れになる可能性が高い。筆者は，25年にわたりある1つの企業ブランド課題に関わってきたが，その間，3つの異なる，そのとき折々，最新のブランド理論とメソッドを使って分析，戦略立案した。企業側の担当者は当然，代替わりしており，その都度，前任者の仕事を批判しながら，新たな戦略を立てるのである。『ブランド戦略論』は，そうしたブランド論の発展の（抗争の）歴史を俯瞰的に紹介しているという点でも，なかなかに興味深いものである。

人文知の視点からブランド戦略を考えるというのは，ブランド戦略論という狭い世界内部における，短期的な流行や流派抗争に流されないためともいえる。

ケーススタディに対して「結果そうなったこと」と「意図して行ったこと」を弁別し，未来に対して適応可能な理論や方法論を抽出する。表面的な手法論を超えてケーススタディを読み込むためにも，ブランドの本質についての深い理解考察をする力は必要なのである。

前置きが長くなったが，では，『ブランド戦略論』から，ブランドに関する根源的な問いや定義をするにあたって，他の人文学の知見を援用して行っているところをいくつか紹介していくこととする。

以下，本章においては，田中氏本人からの要望もあり，著者に言及するにあたっては「田中」と表記する。

ブランドの定義―言語学者・ノーム・チョムスキーを 参照しながら読む（8〜13頁）

まず，『ブランド戦略論』では，ブランドをどう定義しているのかみてみ よう。

　本書ではブランドを，「交換の対象としての商品・企業・組織に関して顧 客がもちうる認知システムとその知識」と定義する。知識（knowledge）と は一貫してまとまりのある情報のことである。（8頁）

こう書いてすぐに，言語学者ノーム・チョムスキーとの関連を説明し始め る。

　認知システムという用語は，言語学者のノーム・チョムスキーに依拠して いる。チョムスキーは 1957 年の『文法の構造』によって言語学に大きな変 革をもたらし，心理学においてもそれまでの古典的学習心理学，行動主義な どに対しても認知革命と呼ばれる多大な影響を与えている。チョムスキー （2004）は言語を認知システム（cognitive system）と捉え，次のようにい う。
　「（言語は）知識や信条，理解，解釈に関するシステムであり，それぞれが 機能と構造に関する諸原理を有するがゆえにシステムと見なされるものであ る。」（8頁）
　チョムスキーは言語を学習によってすべて後天的に人が学ぶ体系ではな く，人間に生得的に存在する「心的器官」を想定し，脳の中に遺伝的に継承 した仕組みがあると考えた。この仕組みが実際の言語活動に触れることに よって発動するのである。チョムスキーの言葉を借りれば，言語は習得する ものではなく，「心／脳の中に成長してくる」（18頁）ものである。（8頁）

田中は，ブランドも，言語と同じような生得的な仕組みによって人の心の

中に生成されるとする。なぜ、ブランドなどという、形のない、一見表層的なものが、人の選択行動に決定的に大きな影響を与えるのか。その根本的理由を「人間の脳が、そのようなものを機能させるように、もともと（生得的に）できているのだ」と言う。人間が外部世界を理解認識する仕組みが脳にはあり、その特性が、ブランドが機能する際にも働くのだ、というわけだ。もうすこし引用してみる。

> チョムスキーが「言語獲得装置」と呼ぶ人間の心の生得的構成要素は、人間の経験との相互作用を通じて、ある特定の言語を生み出す。言語獲得装置とは、経験を獲得された知識のシステムへと変換する装置である。消費者が消費生活で得た知識は、こうした心の装置を通じてブランド知識へと転換されるのである。（8〜9頁）

そして、大脳の言語中枢では、文法・文章理解・音韻・単語の4つが別のモジュール（脳の部位）で働くので、ブランドも、この脳の違う部位の違う働きによるという。

> ブランドが商品や企業に関する認知システムといった場合、ブランドは認知言語学で考えられている規則性に従うことになる。認知言語学の示すところに従って、以下ブランドと意味の認知システムの関わりで重要な概念を挙げる。それは①カテゴリー、②メタファー、③イメージ・スキーマの3つである。（9頁）

ブランドがどのような生得的な認知システムに基づいて機能しているかをみてきた。まとめてみると、ブランドを用いることでわれわれの認識に次のような結果がもたらされるということがわかる。
（1）商品をブランドというカテゴリーを用いて分類する。
（2）典型的なブランドを選択し、ブランド同士を階層に分ける。
（3）コンテキストによってブランドの典型性は変化する。
（4）商品が生活の中で働く役割をメタファー化させて知覚させる。

（5）ブランドの働きを認識構造の中で把握させる。（12頁）

　話が難しくなりすぎた。しかし，この知識はこんな風に役に立つ。社内の人に，「ブランドって何だ？　何でこんなややこしいことに金を使わなきゃいけないのだ」と言われたら，こう答えるといい，ということだ。

　「ブランドというのは，顧客の持ちうる認知システムで，言語がそうであるように，カテゴリー，階層化，コンテキスト，メタファーといった形で知識を認知するシステムなんですよ。」

　そして，

　「人間の脳が生まれながらにそう機能するようにできているから，それに対して働きかけるのが，ブランド戦略。それを無視して適当にやっても，うまく行かないんですよ。」

　「チョムスキーって知りませんか。人間の脳に言語を生み出す機能，部位があること発見した人です。それと同じ作用が，ブランドにもあるんですよ」

　実務でブランドをマネジメントしようとするときに，人の認知システムがどのように機能するかに対応して，ブランド構造を把握し整理しようとすることが必要であり，有効になる。「カテゴリー」「階層」「コンテキスト（文脈）」「メタファー」の各要素をブランドに適応するのは，そうするとわかりやすいからという恣意的な理由ではなく，人間の認知構造がそうなっているからなのである。

6. ブランドの機能─経済学者・J.E.スティグリッツの言葉をテコに読む（17～20頁）

（1）完全な情報を持とうとしない消費者

　では，ブランドの機能について，『ブランド戦略論』はどのように理解するのかをみていこう。

ノーベル経済学賞受賞者である J.E. スティグリッツは，ミクロ経済学のテキストにおいて次のように述べている。「経済の基本モデルに従えば，ブランド名は存在してはならない」（スティグリッツ，1995，34 頁）。ここでいわれている経済の基本モデルとは，たとえば，「個人や企業は財の性質や入手可能性，およびあらゆる財の価格について完全情報を持っている」（スティグリッツとウォルシュ，2006，61 頁）というような仮定である。もしこうした仮定が正しければ，ブランドというものは必要ない。完全情報をもっている消費者は単にモノを見て，判断するだけでベストな買い物ができるからだ。（17 頁）

　これが何を意味しているかについて考えてみる。スティグリッツは「だからブランドなんて意味がない」と言っているのだろうか。いや，正反対であろう。スティグリッツがどのような立場の経済学者であるかを考えれば答えは明らかである。

　スティグリッツは経済学教科書の決定版をいくつも書いているので，現代経済学の王道，主流派のように思われるが，そうとも言えない。経済学史の中での位置づけで言えば，市場の不完全さを重視し，すべてを市場化しようという流れに反対する立場である。先の引用箇所も「不完全市場」という項目からの引用である。消費者は完全情報を持って合理的に行動する。企業は利潤を最大化することを目的として行動する。こうした，数学化するにあたっての経済学独特の前提条件が，経済学と現実社会の間に亀裂，齟齬を生んでいる，そこに注目する立場にある（社会的共通資本を唱えた宇野弘文の直接の弟子にあたると言えば，その位置づけがわかるかと思われる）。

　この世界にブランドが存在し，実際に機能しているということは，現代の経済学がとっている「高度な数学を持ち込むために，前提を単純化する」という方法論自体が不完全であるということを言っていると考えるのが妥当である。

　それに沿って，これを引用した田中の意図を考える。

　データ重視，科学化を急ぐ近代経済学とは反対の，異なる前提で，ブランド戦略は考えなければいけない。マーケティングもブランド戦略も，数値化

し高度な数学を使ってこそ正確に把握しコントロールできる，という流れは存在する。しかし，その前に，実際にブランドが働いているその在り方を，より幅広い視点で多角的に検討する必要がある。そのことを示すために，わざわざスティグリッツの言葉を引用したのではないかと思われる。

　身近で一般的な消費者行動を考えても，この正反対の事態が，顧客が商品を選択，購入する際に起きているのは明らかである。正反対の事態の中でこそ，さまざまに機能するのが，ブランドなのである。

　「普通，顧客は商品について完全な情報など，持っていない」だけでなく，「完全な情報を求めようともしない」のである。

　それでも，日々，消費者は選択肢をし，購入をする。しかも，例えば，スーパーで30品目の食料品と日用雑貨を，わずか10分ほどの間にカゴに放り込む客は，1つの商品を選んだり，購入すべきかどうかを判断したりするのに5秒もかけない。しかも考えるのは今晩の献立のことや，今の冷蔵庫の中の状況や，家族何人かのうち，誰が昼に何を食べたかしら，とかいった，商品そのものとは関係ないことも同時に頭に思い浮かべる。商品自体についての細かく深い検討を都度するわけではない。しないけれども，また半面，棚の中の他の商品ではなく，それを買おうという選択は，正確にしているのである。

　日用品に限らず，例えば自動車のような高額でさまざまな高度な機能を持っている商品であっても，むしろ，そうであればこそ，購買者は，購入する自動車についての正確な知識，設計開発者，メーカーがわかってほしいと願っている機能性能を全く理解していないことが圧倒的多数である。では，消費者はどのように，購買行動，選択行動をしているのだろうか。

（2）消費者行動におけるブランドの機能

　『ブランド戦略論』では，ブランドの機能を以下のように整理する。

　　ブランドは消費者行動において大きく分けて3つの機能をもっている。①「情報手がかり」と「ヒューリスティックス」としての理性的・論理的な働きである認知的機能と，②「感情」「情緒」反応を起こさせる情緒的働きで

ある感情的機能，さらに③「ストーリー性」や「意味」を誘発させる想像的機能である。つまり，ブランドは理性的な消費者の活動を助けることで効率的な消費者意思決定を実現するとともに，喜びや悲しみなどの感情を誘発させ，さらに，それらを統合して一貫性のある物語や意味を発生させる想像力発生装置としても機能していることになる。（19頁）

　商品についての完全情報の代わりに，選択を効率化する機能と，商品選択をする行為をさらに豊かな体験にする機能をも，ブランドは提供する。感情や，物語までも。消費者は，企業側，特に商品サービスを開発するものが理解してほしいことは，あまり理解しない代わりに，それとは関係のない，さまざまな情報を，商品や企業と関連させて膨らませていく。
　「ヒューリスティックス」という言葉だけ，目新しく難しいと思うので解説補足しておく。心理学用語で，人間が複雑な問題や選択行動をするときに，暗黙のうちに，簡易な選択をする，その働きのことである。もう1つの「情報手がかり」というのは，消費者の中に知識があり，それを思い出させるきっかけ，手がかりを与える機能だが，「ヒューリスティックス」のほうは，正しい・詳しい情報を消費者が持っていなくても，ブランドというものには，素早く迷いなく選択をさせる機能のことである。
　ブランドの難しさがここに顔を見せている。商品を開発・製造・販売している企業側は，その商品に関し，語り始めれば何時間でも語れるほどの思い入れと工夫と努力がある。しかし，顧客は，そんなことをいちいち理解したりしない。商品に込めた思いや工夫や蘊蓄を顧客に説明し説得することがブランド戦略だと信じる企業側の思いとは全く異なる形でブランドは働く。不完全な知識，できるだけ簡略化され自動化された選択行動。そこでこそ働くのがブランドの力なのである。とすると，そんなものは，どうやってコントロールできるだろうか。こうした，企業側と消費者購買者側のズレ具合を，ブランドはどのようにつないでいくのだろうか。それを次項でみていくことにする。

ブランドと交換—哲学者・柄谷行人に触発されながら読む（27〜38頁）

（1）質的交換の困難を解決する手段としてのブランド

　田中はブランド戦略について考える際，「交換」ということを非常に重視している。わざわざ「ブランドと交換」という1章を割いているほどである。実は，筆者が，あ，この本は人文知の本だ，と感じたのも，この1章を読んだときである。そのときの感想が「この部分は，まるごと，柄谷ですよね」。そう田中に伝えたところ，「あ，ばれてしまいましたか」という返信が返ってきた。田中は，柄谷行人の熱烈な愛読者だったのである。しかし，そのことを，あまり口外していなかったようなのである。

　いまどきの大学生の方は，柄谷行人をご存じだろうか。

　柄谷行人は，学者というよりは，日本では稀有な哲学者・思想家として，1970年代から現在に至るまで活躍し続けている。70年代にマルクスや日本近代文学などを素材としながら，独自の論考，著書で注目を浴び，同時期，世界の思想界が構造主義から記号論という流れにあった中，日本では1980年代のニューアカデミズムブーム時期に，そうした流れと深いところで呼応しながらも，孤高の独自の思想を展開した。ニューアカデミズムの旗手，浅田彰から，現在の東浩紀へと連なる，日本の現代思想家の源流，師匠筋の存在と言えば，今の学生の方にもなんとなく伝わるだろうか。1970年代後半から80年代の大学生にとっては，知的ヒーローの1人だったのである。

　とはいえ，高度消費社会の資本主義の中心にあるマーケティング，ブランド論と，マルクスの思想を深く掘り下げ続ける柄谷とが，どうつながるのだろうか。正反対の方向を向いているのではないか。普通，そう思うだろう。しかし，そういう「高度消費社会の資本主義」「ブランド論」と「マルクス」「柄谷」は，同じ根本的な問題の周りを回っているのである。それが「交換」という概念なのである。

　そもそも，数学化，科学化を志向する以前の経済学というのは，人間の

「交換」に関わる哲学的思索からスタートしていると言ってよい。古典派経済学の始祖，アダム・スミスとマルクスとの間の距離は，実はかなり近い。人間の社会のそもそもの始めに社会が成立する過程で，交換ということが社会の中と外，異なる価値観を持つ集団の間でどのように行われたかを考えるのが，経済学のスタートとも言える。古典派経済学はそれを一種，思考実験的仮説で組み上げていったわけだが，例えばカール・ポランニーのような経済人類学というのは，未開社会を研究することで，それを実際に研究しようとアプローチしたわけだ。

　人間の経済活動の原点にある「交換」の在り方を考えること。経済学も，マーケティングも，ブランド論も，すべてここから発しているのである。

　「ブランド」というのは，そうした「交換行為」との関係で理解されるべきだというのが，田中の強い主張なのである。「価値」も「貨幣」も，「交換に内包する困難」という問題意識から，その定義をしたり，発生の理由を考えていったりする。そのあたりのことを『ブランド戦略論』から引用してみよう。

　　ブランドの基本的な解明課題（explanandum）とは，ブランドになぜ独自の価値が生じるのか，という問題である。ブランドとは単に商品の名前であったり，記号や象徴であったりする存在である。ブランドは企業の競争戦略において，商品機能のように「ハード的」「本質的」な存在ではなく，「ソフト的」であり「表層的」存在とみなされてきた（恩蔵，2007）。しかし，こうした「表層的」存在にすぎないブランドが，ブランドの付いていない商品よりも買い手に異なった行動や反応を引き起こすのはなぜなのか。（27～28頁）

　　なぜ「表層的」な存在にしかすぎないはずのブランドが，こうした「本質的」影響を消費者行動や企業業績に及ぼすのか。（中略）ここでは，この問題に交換という観点からアプローチする。（28頁）

　　交換をマーケティングの基礎として論じなおすとは，どのようなことだろうか。それは交換行為に内在する困難をあらためて認識しなおすことである。（29頁）

交換というのは「困難」を伴うものであり，それを解決する1つの手段としてブランドはある。ブランドを理解するということは，ブランドが解決する「交換の困難」を理解することである。

　　上原（2013）は，経済が量的な需給マッチングを実現しようとしているのに対して，マーケティング活動とは「質的需給マッチング」を実現させようとする活動であると論じている。（中略）ブランドが解決しようとしているのも，こうした質的な交換の困難という課題である。（31頁）

　　貨幣と流通とブランドは，同じ交換の困難を解決する手段であるがゆえに，相互に類似した役割を担うことがある。（31頁）

経済は「量的マッチング」を扱うから，数学化が可能だが，マーケティング活動，ブランドは質的交換の困難という課題なのである。そのため，質的課題を考察する，経済学とは異なるさまざまなアプローチが必要なのである。

(2) 本章における読書の醍醐味について

この章で大変に面白いのは，田中のきわめて強い主張，感情的と言ってもいい主張が，『ブランド戦略論』内で一番強く表れている点にある。

章冒頭「2-1 交換という視座」において，マーケティング論，ブランド論の世界での「交換」をめぐる議論を丹念に追い，「1990年代に入って，交換パラダイムは関係性パラダイムにシフトした」（28頁）と整理する。ところが，そこから一転，そのことに強く異論を唱えるのである。その部分を引用する。

　　交換から関係性へパラダイムが移行したという論理は不十分である。交換が基底にあって関係性が生じるのであって，交換がなければ関係性も存在しないことになる。（29頁）

ここだけは，田中の意志，意見が強い形で表れている。おそらく，この感情的反発には，柄谷を読み込んだ上で認識している「交換の重要性」をブランド学者たちが理解していないことへの苛立ち，反発があるのではないか。

　とはいえ，ブランド論と柄谷の間をつなぐ理路は，複雑で遠い。『ブランド戦略論』内ではその解説は特にない。柄谷行人については章末・脚注に小さな文字で，こう書かれているのみである。

　　空間的差異，後述の時間的差異については，柄谷（2001，360頁）を参照した。（38頁）

　そして，巻末参考文献をみると，柄谷行人『トランスクリティーク　カントとマルクス』（2001年）とあるのみである。

　柄谷は，その初期の名著『マルクス　その可能性の中心』（1978年）から最近の『世界史の構造』（2010年）といった著作まで，一貫して，マルクスを手がかりに交換の形態の分析や分類を通じて世界を理解しようという著作を発表し続けている。『トランスクリティーク』は，まさにそのテーマを深く論じた代表作の1つである。

　田中が，広告代理店に勤務するビジネスからの興味関心の発展としてマーケティング学者に転じたというのは，表層的事実である。しかし，その根底には「交換」を軸にして世界を理解しようという，そういう動機があったのではないか。高度資本主義社会の消費文化の中心課題であるブランドが，その根底でマルクスの思想と深く関係しているというのは，きわめて興味深い。昨今，高度資本主義社会の限界からマルクスを読み直すブームが到来しつつある。そうした関心とも，本章は呼応している。『ブランド戦略論』を読む先に，柄谷，マルクスへと関心を拡げるという道も，読者には開かれているのである。

　さて，実学的世界に思考を戻してみる。経済学者・岩井克人氏の分析から，田中は交換によって価値が生じるのは6つの差異によると分析分類する。その部分を引用する。

経済学者の岩井（1997）は次のように述べている。「なんらかの奇跡によってこの交換が成立すると，事後的に価値体系のあいだの差異から利潤が発生することになる」（182頁）。つまり価値が生じるのは，ある価値体系と別の価値体系との間に「差異」があるからである。（中略）その差異とは，①空間，②時間，③制度，④社会，⑤自然，⑥競争の6つの差異から生じる。（35頁）

そのうちの，「時間的差異が価値を生む」ということをブリッジとして，次節では，ブランドとイノベーションについてみていく。

8. イノベーションとブランド　起源の忘却—歴史学者・ベネディクト・アンダーソンに依拠しながら読む（39〜45頁）

この部分は『ブランド戦略論』理論編の中でも，面白さの点だけでなく，実務への示唆としても最も重要な部分である。田中も論文「『ブランド戦略論』の読み方」（2020年）の中で，「起源の忘却」を，重要なキーワードの1つと書いている。

まず，『ブランド戦略論』「3-1 起源としてのイノベーション」から引用する。

　現代的ブランドが生じた大きな要因はイノベーションにある（田中2002）。前章で，ブランドは異なった価値体系の差異から価値を生み出すと述べた。イノベーションこそは，技術的により進化し，時間を先取りした企業体から生まれてくる差異の典型例なのである。（39頁）

　では，なぜイノベーションが起こるとブランドが成立するのか。それはイノベーションの結果として，顧客が生活の変化を自ら経験し，その生活の変化をもたらしたブランドを強く認識することに帰せられるだろう。（41頁）

ところが，イノベーションによる最初の一撃だけではブランドは長持ちし

ない。最初の一撃でだめなら，さらに追撃のイノベーション，イノベーショ
ンの連打がブランド化には必要なのだろうか。普通の企業は，そう考えがち
である。しかし，ここで田中は，全く別のことを語る。「3-2 起源の忘却」
から引用する。

　ブランドとイノベーションとの関連において，より重要なポイントがあ
る。ブランドがイノベーションによって成立するにもかかわらず，実際にブ
ランドがブランドとして社会や市場に浸透していくのは，そのイノベーショ
ンが「忘れられた」ときである。ブランドは，イノベーションの「最初の一
撃」から生まれる。しかしイノベーションがブランドに進化するためには，
また別のメカニズムが必要となる。それが「起源の忘却」である。
　「起源の忘却」とは，ブランドがもともともっていたイノベーションの意
味が忘れられ，その名前だけが消費者の記憶に残り，社会的に流布し，さら
にブランドがメディアのメッセージによって新しい顧客知覚を得る，という
事態のことである。(42頁)

そして，この「イノベーションの最初の一撃」→「起源の忘却」という構
造は，ナショナリズムの起源を探る，歴史学の名著からヒントを得ていると
続ける。

　この「起源の忘却」という考え方は，ベネディクト・アンダーソンに負
う。アンダーソンは『想像の共同体』(Anderson, 1983)において国民国家，
つまりもともとそれぞれが異質な存在であったナショナリズムと国家とが結
合した制度が成立したのは，資本主義と出版産業が興隆し，そこに新たな想
像上の共同体が必要とされ，また国家がそれを活用したためだと述べてい
る。そして「国民」はこうした国民国家が，その起源は新しいにもかかわら
ず，古い過去から脈々と続いてきたものだと「錯覚」するに至る。(43頁)

国民というものは初めからあったものではない。印刷という技術革新に
よって，新聞と小説という2つのメディアが生まれた。この2つが，ある地

域における共同体としての一体感，同じ情報と物語を共有する共同体をつくり出し，それによって国家意識（ナショナリズム）が生まれる。そこで機能する新聞や小説自体は，別に政治的な小説ではない。

　明治維新後の国民意識をつくった国民的小説家が，夏目漱石である。その代表作は，新聞小説として連載発表された。その内容はご存じの通り，全然政治的ではない。ナショナリズムの成立に寄与する小説は政治的である必要は全くないのである。ただ，「坊ちゃん」や「三四郎」の主人公のことを自分たちの息子のように感じる人，「この主人公は自分の社会の若者だ」と感じる読者，そういう人たちの一体感が，日本人という塊をつくり出したのである。できてしまった後では，日本人という意識は，聖徳太子の時代にも，織田信長の時代にも，当たり前にあったと思ってしまう。過去に向かって想像の共同体が投影され，成立するのである。しかし実は戦国時代に「国」といったら，それは尾張の国，三河の国であって，日本というひとまとまりのイメージを一般民衆が持っていたということはないのである。あくまで，印刷技術，新聞，小説，そうしたテクノロジーとメディアが成立したことが，ナショナリズムの起源なのである。

　ブランド論，実務に話を戻そう。筆者の実務の経験からは，以下のようなことが言える。

　①イノベーションによって生まれた単発的ヒット商品は，そのままではブランドにならない。とはいえ，さらなる継続的イノベーションを目指しても，そうそうヒットにつながるイノベーションは連続しては起こせない。

　②「継続的イノベーション」を目指す企業は，往々にしてニッチなポジションに落ち込んでいく。例えば，缶コーヒー市場において，製法などの「テクノロジー上のイノベーション」にこだわり続けるブランドは，ニッチポジションから脱却できない。トップブランドは，より茫洋としたイメージや情緒価値にその強さの基盤を置く。自動車業界，住宅業界などさまざまなカテゴリーを見回しても，技術的イノベーションをブランド価値の根源に置く（忘却を拒絶する）戦略を持つ企業は，3位以下，ニッチポジションであることが確認できる。

③ブランドとして弱体化したときに，担当者は往々にして「最初の一撃」のイノベーションの歴史を，再びコミュニケーションテーマにしようとする。少数の熱狂的なファンはそのことを覚えているから，それを再活性化し広く認知されれば，ブランドは再生するのではないかという思いにかられる。しかし，それが奏功することは少ない。ブランド成立当時から，生活者の置かれている状況は変化してしまっており，その時代に鮮烈だったイノベーションによる生活変化，新しいライフスタイル創造の衝撃は，コミュニケーション施策だけでは再現されず，単なる「思い出自慢話」としてしか伝わらないことが多い。

「イノベーションの最初の一撃」→「起源の忘却」は，「結果としてなっている」ことの分析として有効であるが，では，「起源の忘却」が起きる時，具体的なマーケティング／コミュニケーション施策として，何が行われているのか，というのは興味深いテーマである。日々の売るためのコミュニケーション活動によってたまたま起源が忘却されたのか。それとも，意図的に起源の忘却を図ったのか。

本章冒頭でも触れたように，ケーススタディというのは，「ブランドになったものを事後的視点で分析」することである。

「イノベーションの最初の一撃」は，商品，技術としてなされるものだから，企業により意図的に起こされたものである。

しかし「起源の忘却」は意図的になされうるものなのか。それが「ブランド戦略」として意図して行われたのか，日々のマーケティング的努力の積み重ねの結果，その選択がたまたまブランド化に結びついたのか。「ブランド戦略」の教科書は，あたかもそれを意図的につくり出すことが可能であるかのように書くが，本当のところはどうだろう。

ブランド化に成功した担当者は，さまざまな社内外の場で成功事例を語る機会を得る。語っているうちに，あたかもそのような「ブランド化のための戦略」があったかのように自らも物語を信じていくようになる。ベネディクト・アンダーソンも，柄谷行人も，このような「事後的に語ること」「過去

に投影して，初めから存在したかのように認識が変化する問題」を繰り返し論じる。柄谷やアンダーソンを参照することの意味は，ケーススタディを学ぶ姿勢に対する批判的視点を持つ意味でも，実は重要なのである。

🎓 本章からの学び

『ブランド戦略論』は，興味深いレンズのような本である。こちら側から覗けば，ブランド戦略論の細部まで細かに観察する顕微鏡にもなる。反対側から覗けば，遠く，世界全体の成り立ち，人類の知の歴史の積み重ねを，（おぼろげにではあるが）感じさせる望遠鏡にもなる。多くの人は顕微鏡として読むのであろう。が，望遠鏡として読むのも，また楽しい。そのことが少しでも伝われば幸いである。

＊本章は，本書の編者である田中洋氏より依頼を受けて書かれた。2019年，筆者（原）は，自分の会社をたたみ，人文学（文学・哲学・思想など）の読書をしては書評をネット上に書くという隠居生活に入った。そんなおり，『ブランド戦略論』が出版されたので，「広告マーケティング実務の書としてではなく，人文学の書として読む」という主旨の感想をSNSに書いて田中氏に読んでいただいたことがあり，今回，その方向性での書評を，本書で書いてほしいと依頼を受けたわけである。本章執筆にあたっては，実務実学としてブランド論を学ぼうという人が主たる想定読者である本書において，なぜこのような変化球の依頼を，筆者のような非研究者にされたのか。その意図を考えながら筆を進めた。

■ 参考文献
田中洋［2020］「ブランド戦略論を読む」Meiku（ブランド・マネージャー認定協会会員限定ウェブサイト）https://www.brand-mgr.org/meiku/2020/09/10/ex-tanaka-7/（2020.9.16閲覧）

（原　正樹）

『ブランド戦略論』の概要

　ここでは，「2『ブランド戦略論』を読む。」を読むために，田中洋［2017］『ブランド戦略論』の全体像を概観する。図表は，その全体像を1枚の図式に表現したものである。

図表　田中洋によるブランド戦略論の概要

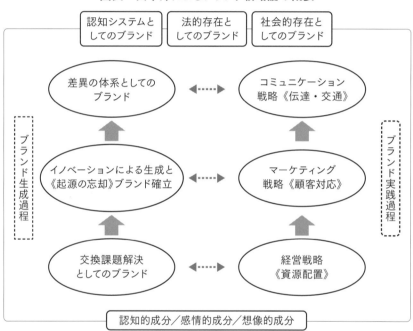

出所：筆者作成

　田中のブランドへの接近の大きな特徴の1つは，ブランドを「交換」関係の中に位置づけたことである。図表の左の柱にある「ブランド生成過程」とは，ブランドがどのように社会に成立していくか，その過程を表している。ブランドは，もともと交換に伴って発生する問題を解決する存在として出現した。さらに，買い手と売り手との間にある種々の問題を解決するためにブランドは出現し存在してきた。

現代に至って，イノベーションという現象が現出するようになると，ブランドはイノベーションの結果として立ち現れるようになった。これが現代ブランドの直接の出自であるけれども，ブランドが社会的に成立するためにはイノベーションだけが寄与するわけではない。「起源の忘却」という概念によって示されたように，イノベーションの「最初の一撃」から脱して社会的にブランドが共有されるためには，次のプロセスが必要である。もともとのイノベーションの意味が忘れられ，ブランドがブランドとして「自立」「自走」し，そのブランドが有名なのは有名だからである，という自同律が成り立つプロセスである。

　同じ図表の右側の柱にある「ブランド実践過程」では，ブランド生成過程を踏まえて，実際にブランドを構築するプロセスが叙述されている。ブランドが企業・組織によってつくられるためには，経営・マーケティング・コミュニケーションの3つのレベルから戦略とアクションを考えていく必要がある。

　まず，経営戦略レベルでは，どの「ブランドテリトリー」に，どの程度の企業資源をどの程度配置するかの意思決定がなされる。マーケティング戦略レベルは，どの顧客にどのように接近するかを策定する過程である。コミュニケーション戦略レベルでは，顧客にどのようなメッセージをどのように到達させ，また，顧客からの反応を得るかの意思決定がなされる。

　さらに，図表の上部に書かれているのは，認知システムとしてのブランド，法的存在としてのブランド，社会的存在としてのブランドの3つの存在様態の区分である。ブランドは基本的に商品や企業に関する「認知システム」と定義することができる。この認知システムに基礎を置きながらも，ブランドは同時に法的存在であり，かつ社会的存在でもある。

　図表の下部に記されてあるのは，認知システムとしてのブランドを構成する3つの成分である，認知的成分・感情的成分・想像的成分の3つである。認知的成分とは論理的・分析的な機能であり，感情的成分とは情動的・情緒的反応を担う成分である。想像的成分とはブランドの意味性やストーリー性を形作る成分である。

　田中の体系によれば，これら3つの成分がブランドを構成しているのであ

るが，想像的成分は認知的成分と感情的成分とをつなぐ役割を果たしているだけでなく，これら2つの成分を統合し，認知システムの中でブランドを1つの統合体になす役割を果たしているとされる。

　このように想像的成分はブランドを構成する要素の中でも重要な役割を果たしており，ブランドがブランドとしての働きを発揮するために本質的に重要な役割を担っている。

■ 参考文献

田中洋［2017］『ブランド戦略論』有斐閣。

（田中　洋）

第 II 部
ケース編

バーモントカレー
（ハウス食品グループ本社株式会社）

国境を越えるブランド力を育成する

 本ケースのねらい

　世界経済の動向を長期スパンでみると，日本企業が生き残るには，中国市場での成功が大きなカギを握ることに疑問の余地はない。日本やユーロ圏とは裏腹に，中国経済はこの25年の間に10倍近く成長している。このような状況を20年以上前に予見し，未知の中国市場を開拓し，かつ成功に導いてきた日本企業は稀である。その1つが，ハウス食品による日本式カレーの中国市場の開拓である。彼らはどのようにして，自身の基幹ブランドであるバーモントカレーを中国市場に投入し育成してきたのか，そのプロセスを明らかにする。

1. グローバルにおけるマーケティングとブランド戦略

　国境を越えて行われるマーケティングには，その形態により複数のステージが存在する。Douglas and Craig［1989］は，マーケティングが国境を越えて進化する過程を5つのステージで説明している。

　最初のステージは，自国商品を自国消費者に販売する「国内マーケティング」の段階。次は，その商品をそのまま別の国で販売する「輸出マーケティング」の段階。3番目は，国境を越えた現地消費者のニーズにより製品を開発し販売する「国際マーケティング」の段階。4番目は，複数の国々で標準化した製品を使ったマーケティングやブランド戦略を行う「多国籍マーケティング」のステージ。そして最後に，国境という概念を越え，全世界を1

つの市場として扱う「グローバル・マーケティング」の段階に到達する。

　本章で紹介するバーモントカレーのケースは，3番目の「国際マーケティング」段階における成功事例であるが，実はその前に日本式カレーレストランを展開するという2番目の「輸出マーケティング」を経ていることが成功のポイントにもなっている。

　本章では，人が変化に対して保守的になる「食」というカテゴリーにおいて，どのようなマーケティングやブランド戦略を実施し，国境を越えるビジネスを成功に導いてきたのかをみてみる。「国境を越える」ということは，販売先の場所が変わるだけではなく，さまざまな課題への対処が求められることを意味している。当該国の文化的要因，慣習などの社会的要因，商慣習や税制などの経済的要因，さらに法制度などの政治的要因，これらすべてに対応する必要がある。

　本国で実践していたマーケティングやブランド戦略のどの部分をどの程度標準化し，またどの程度現地化していけばよいのか，絶妙な調整が成功の要諦となる。国境を越えたビジネスにおいては，この世界標準化（本国仕様のまま世界へ展開）と現地適合化（本国仕様を現地ニーズに適合させ展開）の視点が重要になる。

　大石［2017］は世界標準化のメリットとして，コスト節約や世界的イメージの形成などを，そして現地適合化のメリットとして顧客満足の向上や特定

図表1-1　世界標準化と現地適合化のメリット

世界標準化のメリット	現地適合化のメリット
コスト節約	顧客満足の向上
世界的イメージの形成	特定市場での売上増
組織の簡素化/統制の改善	変化への迅速な対応
優れたアイデアの活用	すべての市場で対応可能
迅速な投資回収	現地法人の自社開発品への誇り
規格統一化	現地法人の自主性尊重
需要創造	現地法人人材の確保・育成

出所：大石［2017］

市場での売上増をあげている（図表 1-1）。

　本ケースでは，ハウス食品が行った日本式カレーの中国市場開拓戦略を
マーケティングとブランド戦略において，どの部分を日本と同じく標準化
し，どの部分を中国現地に適合化させていったのかについて考察していく。

2. ハウス食品グループのカレー事業と海外事業

(1) ハウス食品グループの沿革

　ハウス食品グループといえば，カレーやシチューをはじめスナック菓子や
デザートなどを中核事業とする大手食品メーカーである。創業は 1913 年。
浦上靖介が，薬種化学原料店として「浦上商店」を開業し，1926 年には粉
末カレー「ホームカレー（1928 年にハウスカレーに改称）」を発売している。
その後 1964 年にはプリンの素を，1966 年には粉末シチュー，1973 年には即
席ラーメン，1977 年からはスナック菓子，1983 年にはミネラルウォーター
（2010 年にアサヒ飲料に事業譲渡）を投入し，総合食品メーカーとして成長
を遂げている。

　社名は 1949 年に「株式会社ハウスカレー浦上商店」に改名したものの，
事業実態に合わせるため，1960 年には「ハウス食品工業株式会社」に，そ
して 1993 年には現在の「ハウス食品株式会社」に改められている。その後
2013 年に持株会社体制に移行している。

(2) 国内カレー事業

　ハウス食品の成長は，初期のカレー事業が順調に拡大していったことから
始まっている。浦上商店は 1926 年に稲田食品製造所から「ホームカレー」
の営業権と工場を譲り受けカレー業界に参入している。その後，商標の問題
から 1928 年に「ハウスカレー」にブランド変更を行っている。また 1960 年
には固形ルウカレー・ブランド「印度カレー」を投入，その後立て続けに，
1963 年「バーモントカレー」，1968 年「ジャワカレー」，1971 年レトルトカ
レー「ククレカレー」を投入し，カレー商品のラインナップ拡充を図っている。

カレーは今でこそ子どもに人気のメニュー第1位であるが，昔は香辛料のきいた大人の高級洋食であった。この認識を大きく変えたのが，1963年に発売された「バーモントカレー」である。当時，浦上靖介の次男であり副社長であった浦上郁夫が「大人も子どもも一緒に食べられるカレー」をつくり

図表1-2　現在のバーモントカレー

たいと発案し，リンゴとハチミツを食材に使用して開発されたユニークな商品であった。ブランドネームは，当時米国発であったリンゴ酢とハチミツの飲料を飲む「バーモント健康法」が日本でブームになっていたことから命名された。「カレー＝辛い大人の食べ物」の認識を変えるべく大々的なテレビCMと試食会を実施し，人々の意識を変えていった。また当時，学校給食に米食が取り入れられカレーライスがメニューに加わったことで，瞬く間に日本中の家庭に浸透していった。そしてその後，世界へ広がっていくことになる（図表1-2）。

(3) 海外事業の展開

ハウス食品グループの事業は5つのカテゴリーで形成されている。ルウカレーやレトルトカレー，スパイスなどを扱う香辛・調味加工食品事業，ウコンの力やC1000などを扱う健康食品事業，米国や中国，タイなどで展開する海外食品事業，壱番屋などレストラン展開を行う外食事業，そして惣菜等製造事業および食材輸入・販売事業などを扱うその他食品関連事業である。

海外事業は，米国・中国・東南アジアの3つのエリアで展開し，順調にビジネスを拡張し続けている。日本ではカレーやシチューのイメージが強いハウス食品であるが，米国では豆腐の製造販売で事業を軌道に乗せている。

カレーレストランとしての海外進出も米国が最初であったが，米を主食としない国柄という事情もあったためか，基幹事業には成長できなかった。

一方中国では，長年にわたる日本式カレーの国民食化プロジェクトの成果が実を結び，カレーライスが広く一般家庭へ普及するようになっている。

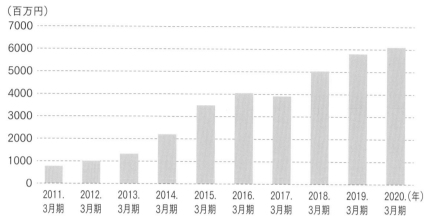

図表1-3　中国事業の売上推移

（百万円）

出所：ハウス食品グループ本社決算説明会資料，決算説明会ファクトデータより筆者作成

2011年から2020年まで10年間の中国事業の売上高推移をみると，約8倍近い成長を実現していることがわかる。ハウスによる日本式カレーの中国市場開拓戦略が，着実に成果を上げていることを物語っている（図表1-3）。

3. 中国におけるカレー事業の展開

　本ケースでは，中国市場開拓の成功事例としてバーモントカレーを取り上げる。バーモントカレーが市場に受け入れられた背景には，それ以前に行ったカレーレストランの展開と，レトルトカレー販売という2つのテストマーケティングを兼ねた助走期間の存在が大きかった。中国人に馴染みのなかった日本式カレーライスを普及させるため，「初めて食べてもらう場所」をカレーレストランで提供し，次に「家庭で食べてもらう商品」をレトルトカレーで提供し，そして「家庭で調理して食べてもらう商品」をルウカレーで提供したのである。本節では，その3つのプロセスについて，順に解説を加えていく（図表1-4）。

図表1-4　ハウス食品の中国市場開拓戦略プロセス

	1997	2002 04 05	20
レストラン展開	カレーハウス （初めて食べてもらう場所）	CoCo壱番屋 （手軽に食べてもらう場所）	
レトルト販売		味嘟嘟咖喱：ウェイ・ドゥ・ドゥ・カレー （家庭で食べてもらう商品）	
ルウ販売		百夢多咖喱：バーモントカレー （家庭で調理してもらう商品）	

出所：各種資料より筆者作成

（1）カレーレストラン事業の展開

　今でこそ日本企業の海外進出先1位は中国であるが，20年以上も前から中国参入を決意したハウスには戦略意図が存在していたと考えられる。その背景には，基幹事業であるカレールウ事業の日本市場飽和状態があった。ハウスが初めて中国にカレーレストランを開業した1997年以前から，日本全体のカレー生産量はほぼ横ばいの状況であり，また日本人のコメ離れも影響を与えていた。そして，今後の日本市場の人口減少化や胃袋が小さい高齢者の増加を想定すると，主力ルウカレー事業の落ち込みを中長期的に食い止める対策は急務の経営課題であった。

　そのタイミングで動き出したのが，中国市場の開拓戦略であった。今後，比較的裕福な中間層が急増すると予測されていた中国を標的市場としたのである。しかし，ハウスはいきなりルウカレーのバーモントカレーを投入するという決断は下さなかった。1983年に出店していた米国のカレーレストランの状況も考慮されたと思われる。ロサンゼルスの店舗に来るのは主にアジア系の人々。パンを主食とする米国人に，カレーライスを日常食として根付かせることの厳しさを感じ取っていたのかもしれない。

　ハウスが決断したのは，中国市場にカレーライスのニーズがあるか探るため，1997年上海にカレーレストラン「カレーハウス」を開業することであった。ハウス内では「米を食べる国はカレーを受け入れるはずだ」という強い信

念があったという。

　出店した場所は上海の一等地。203平米52席を有する店舗であった。「カレーハウス」というブランドネームとシンボルは米国のものを流用した。価格は原材料を輸入していたため，1皿42元に設定せざるを得なかった。これは当時の平均賃金が800元／月だった中国人の感覚からすると，日本円で約5000円の料理に感じたという。

　当初は食べに来るのは日本人駐在員くらいではないかとの心配の声もあったが，日がたつにつれ，その不安は消えていった。蓋を開けると，休日には行列ができるほどの人気店になり，2年目には単月黒字を達成する月を出すまでになっていた。日本のカレーライスをそのまま食べてもらうという「輸出マーケティング」が軌道に乗った証である。

　2004年までの7年間に70万人が来店したが，そのうち8割を中国人が占めたことで，ハウスは「中国人にカレーライスは受け入れられる」という感触を得ていた。その後レストラン事業を本格展開していくため，テストマーケティングに使用した「カレーハウス」店をたたみ，日本のカレーショップチェーンである株式会社壱番屋と組み「カレーハウスCoCo壱番屋」としての道筋をつけることになる。このように，カレーレストランの展開を通して中国人消費者に「日本式カレーライスを食べてもらう機会を提供した」のである。

(2) レトルトカレーの開発

　カレーレストランが受け入れられたことで，中国に日本式カレーに対する潜在的ニーズが存在することを確信したハウスであったが，それでもなお，すぐにルウカレーを発売することはなかった。その理由は，食事メニューとして一般化していなかった日本式カレーライスをルウからつくらせることで，本来とは異なるカレーライスが普及・定着してしまう懸念があったからである。

　もともと，中国に日本式カレーライスは存在していなかったが，カレー料理には馴染みがあった。それは香辛料として料理の味付けにカレー粉を活用し，煮物や炒め物の味付けに使用していたからである。ただ日本のカレーラ

イスのようにご飯にかけてワンプレートで食べる習慣はなかった。中国の一部地域では，ご飯におかずをかけて食べることや，ワンプレートにすべてを載せる食事スタイルは，貧しい家庭の習慣だと考える人も多かったためである。この課題を解決すべく発売されたのがレトルトカレーである。レトルトカレーであれば，主婦が家庭で調理する必要はなく，メーカー側が意図したい味の再現が可能になる。また当時上海など都市部では，夫婦共働き世帯が増加傾向にあり，手間なく食事が用意できるレトルトカレーであれば利便性も提供できるのではないかと考えた。

　また，一部地域ではまだ冷蔵庫の普及が進んでいない地域もあったが，レトルトカレーはその問題も同時に解決してくれる商品でもあった。そこでハウスは，2002年10月にレトルトカレーの「味嘟嘟咖喱（ウェイ・ドゥ・ドゥ・カレー）」の生産を開始した。なお販売は，当時すでに現地販売網を構築していた味の素株式会社に依頼している。

　このブランドは中国オリジナルのものであり，製品仕様は徹底的に現地ニーズを拾い上げゼロからつくられた。ターゲット顧客は20代〜40代の主婦とその子どもに設定し，一般家庭にも受け入れられやすいよう，販売価格は6元前後とした。販売は当初上海市に限定し，その後徐々に販路を広げていった。プロモーション戦略として，日本式カレーライスの味とレトルト食品の利便性を訴求するテレビ広告を打ち，スーパーなどで試食会も実施した。このように，レトルトカレーの販売を通して中国人消費者に「日本式カレーライスを家で食べてもらう」ことを実現させたのである。

（3）バーモントカレー・ブランドのルウカレーの開発と販売

　カレーレストランの展開とレトルトカレーの販売を通して，日本式カレーライスに対する潜在ニーズの確認と，中国家庭への啓蒙活動を行ってきたハウスは，2005年ルウカレーの投入に踏み切る決断を下すことになる。その背景には，ハウスとして売上確保以外にもう1つのねらいがあった。それは，日本でルウカレーのトップブランドとして君臨してきたバーモントカレーをグローバルブランドに育成するという命題の存在である。先行販売していたレトルトカレー「味嘟嘟咖喱（ウェイ・ドゥ・ドゥ・カレー）」のよう

に，中国独自ブランドとしてルウカレーを発売する選択肢もあったが，ハウスの選択は既存ブランドを世界に向けて展開していくことであった。

　日本のカレーライスは独自の発展をし，現在では世界オリジナルの食事メニューとなっている。カレーはもともとインド発祥だが，日本へは1870年頃に英国経由で持ち込まれたとされている。その後，粘性の高いドロッとした形状でご飯にかけるスタイルが普及し，一般家庭に日本式のカレーとして浸透していった。ハウスとしては，各国で独自ブランドを立ち上げていくより，日本NO.1カレールウ・ブランドのバーモントカレーを世界共通のトップブランドに育成することのほうが，今後の競争戦略において後発の参入障壁を築くという意味で有効であった。しかし，各国で独自ブランドを育成していくより，こちらのほうがはるかに難しい。それはすでに所有しているバーモントカレーの機能的価値や，ブランドとしての情緒的価値を守りながら現地に適合化してかなければならないからである。

　以降は，バーモントカレーのマーケティング戦略構築ステップである，R（調査）・STP（セグメンテーション・ターゲティング・ポジショニング）・4P（マーケティング・ミックス）の順番にみていこう。

①調査（Research）で明らかになったこと

　すでにカレーレストランとレトルトカレーを中国市場に投入し，さまざまな知見を獲得していたハウスであるが，ルウカレーの発売に際してさらに確認しておきたいことがあった。それは中国家庭でのカレー調理方法である。

　レストランもレトルトも，すでに調理済みのカレーが提供されるので，調理の手間は不要だった。しかしカレールウを受け入れてもらうには，主婦の調理環境や馴染みの食材，食習慣を確認しておく必要があった。そのため，ハウス社員は上海在住の一般家庭を訪問し，カレー粉を活用した料理への質問から，普段使用している食材の種類，また子どもの年齢から世帯年収までをヒアリングし，情報を蓄積していった。

　その結果，中国の食材特有の問題があることが判明した。例えば，中国人はカレーからカレー粉の色である黄色を連想し，日本式カレーの茶色を想起しない。よって茶色の日本式カレーに美味しさを感じにくいということが判

明した。このような知見を日々蓄積しながら開発した試作品数は，40種類以上に達した。またテストマーケティングを兼ねた試食会も積極的に実施し，のべ2,000人以上の中国人から改良のヒントになる感想を収集し，ターゲット設定やコンセプト策定につなげていった。

②バーモントカレーのSTP（Segmentation・Targeting・Positioning）

中国市場へのバーモントカレーの投入を決意した際，ハウスは「日本式カレーライスを人民食にしたい」という明確なビジョンを掲げていた。その意味するところは，カレーライスを富裕層だけが食べる高級な食べ物としてポジショニングするのではなく，日本と同じように一般家庭で食べる食事として普及させるということである。そこで，セグメンテーションとしてデモグラフィックな軸の中から，月収2500元以上の20代～40代の中流家庭にターゲティングを設定した。ポジショニングのコンセプトは日本と同じ「家族みんなで食べられるマイルドなカレー」を踏襲することを確認した。

③4P戦略（MarketingMix）の策定

1）製品戦略

製品仕様は日本のバーモントカレーを基本としながらも，香辛料を追加し，カレーの色彩を中国人の好みに適合させた。度重なる試食調査から，八角という家庭料理で頻繁に使用される香辛料を加えることで中国人の好む味になり，試食後の評価が上がることを突き止めた。また，色味も彼らが慣れ親しんでいるカレー粉に近づけ，仕上がりが黄色になるようルウの色を調整した。容量は日本の125gを中国用では100gに減量した。これはちょうど3皿分の量であり，一人っ子政策による3人家族を想定した設計になっている。

このようにさまざまな現地ニーズへの対応を行い，2005年4月に中国の家庭向けに「百夢多咖喱（バーモントカレー）」が発売された。（図表1-5）

図表1-5　百夢多咖喱

出所：ハウス食品（中国）ホームページ

2）価格戦略

　価格はターゲット顧客への浸透を第一に考え，1個6元（約90円）に設定された。参考にしたのは，中流家庭が日常的に購入している牛乳（5～7元）と即席ラーメン（3パック5～6元）の価格であった。日本企業の商品という原産国効果を演出して高価格に設定する選択肢も考えられたが，日本ブランドとしての付加価値は1～2年で褪せてしまうという懸念もあり，最初から庶民にも手が届く価格帯に設定することを選択した。ただし，誰もが買える低価格には設定しなかった。その理由は，安い中華カレーとのイメージの差別化を図る目的もあったからである。

3）流通戦略

　発売当初，百夢多咖喱（バーモントカレー）の取扱店舗数は上海と北京で合計1,200店であったが，その後販売地域に広州などを加え拡張させていった。2020年現在，近代的小売のハイパーマーケットなど大型小売店約15,000店以上に配荷を実現させている。

4）プロモーション戦略

　中国の一般家庭に普及させるため，2005年の発売直後から小売店頭での積極的な実演販売を展開していった。その数は，10年間で20万回以上にのぼった。2014年以降は，大型ショッピングセンターなどで，カレー博物館や試食コーナーを設けた「カレー王国」というイベントを開催。幼少期に日本のカレーライスを食べた子どもが，親になって自分の子どもに食べさせるというサイクルを考え，子ども向けの体験イベントや親子カレー料理教室の開催や工場見学などをしかけていった。ちなみに，親子の料理教室開催や工場見学会実施は日本でも行われている。

　一気に認知を高める施策としては，中国で人気の台湾出身女性タレントを活用したテレビ広告や，トランポリンの金メダリストを起用した交通広告なども投入している。近年はテレビを見ない若者向けに，微博（ウェイボー）やWeChatなどSNS上での情報発信や，日本のユーチューバーに該当するKOL（Key Opinion Leader）に商品を紹介してもらうことも行っている。

(4) 中国におけるカレー事業展開の成果

　中国市場におけるカレー事業展開の成果について振り返ってみよう。「カレーハウス」では，カレー粉ではなく日本の茶色いカレーソースをベースとした日本式カレーライスの提供を開始。当時の目標は「中国人に日本式のカレーライスを食べてもらうこと」であった。当初，中国人がカレーに抱いていたイメージと異なる味と色であったが，とにかく日本式のカレーライスという新しい食べ物を広めるという活動を実施し，ビジネスを軌道に乗せることに成功した。

　その後，「日本式カレーライスを家庭で食べてもらう」という目標の下，レトルトカレーを販売。徹底的に中国人消費者の好みを製品仕様に反映させ，中国独自のブランドを投入した。結果，共働き世代の台頭という時代背景にも助けられ，利便性とともに広く家庭料理として認識されるようになっていった。

　それらの土壌の上に，日本のルウカレー・トップブランドであるバーモントカレーを投入し，グローバルブランドに育成するというプロセスを歩んでいる。初めて上海に実験店舗を構えてから8年間の地道な啓蒙活動の結果，百夢多咖喱（バーモントカレー）の販売は成功につながった。その後，発売6年で売上は10倍に，10年で30倍にまで拡大した。

　食という人間が最も保守的になる製品を，国民性や文化の異なる国で販売していくのはきわめて難しい。その意味でも，ハウスによる百夢多咖喱（バーモントカレー）の中国市場開拓戦略は，食品カテゴリーにおける国際マーケティングのきわめて珍しい成功例と言っていいであろう。現在では中国メーカーが独自ブランド「安記香カレー」を開発し，当該市場に参入を果たしている。これは，中国一般家庭にルウカレーが本格的に浸透してきた証ではないだろうか。

4. マーケティングとブランド戦略の標準化・適合化

（1）4P施策の世界標準化・現地適合化フレームによる分析

　本節では，これまでまとめた百夢多咖喱（バーモントカレー）の4P施策を世界標準化・現地適合化のフレームを活用して分析し紹介する（図表1-6）。

　分析結果からわかるように，ハウスによる百夢多咖喱（バーモントカレー）の4P施策においては，世界標準化と現地適合化の両方を採用していた。「リンゴとハチミツを活用した子どもも食べられるカレーライス」というコンセプトや，試食会，料理教室の開催は世界標準化戦略を採用し，製品仕様については現地適合化が採用されていた。人の食生活を変えることは難しく，現地ニーズに適合することのほうが成功要因を高めるからである。

図表1-6　百夢多咖喱4P施策の世界標準化・現地適合化分類

4P	具体的施策	世界標準化	現地適合化
Product	リンゴとハチミツを使った基本設計	○	
	ルウの色を黄色に変更		○
	隠し味として八角を使用		○
	標準サイズ容量を100gに設定		○
Price	一般家庭での普及を目指した価格帯	○	
Place	近代的小売のスーパーなどへの配荷	○	
	歴史的小売のパパママ・ストアへの配荷		○
Promotion	大規模な試食会の実施	○	
	子どもや親子対象のカレー料理教室開催	○	
	カレー生産工場の見学会実施	○	
	人気タレントを使った広告	○	
	SNSを活用した情報発信	○	

出所：経済紙・新聞記事を参考に筆者作成

大石［2015］は，世界標準化と現地適合化の二極論ではなく，両施策のいいところ取りをする複合化の有効性を指摘している。グローバル・ビジネスを展開する多くの企業でみられるのが，本国親会社がコストやグローバル・イメージ形成を優先させ世界標準化を望み，海外現地法人が地元消費者のニーズを最大限に考慮した現地適合化を望むことである。そして，そこからコンフリクトが生まれ，ビジネスが軌道に乗る前に事業にストップがかかるという事態にまで発展してしまうケースもある。その際，この複合化の視点を持つことで，親会社と現地法人の目指すベクトルをうまく調整することができる。ハウスのケースでは，百夢多咖喱（バーモントカレー）発売前に，レストラン事業やレトルト販売を経験していたことで，中国市場における現地適合化のさじ加減を理解していたことが，スムーズに複合化を取り入れられた理由ではないだろうか。

（2）ブランド要素の世界標準化・現地適合化フレームによる分析

　次に，ブランド戦略の観点からも百夢多咖喱（バーモントカレー）がとった戦略の分析を行った。田中［2017］は，グローバルブランドをマネジメントする際に重要な3つの視点を挙げている。1つ目は，どのようにブランド要素を決定していくかをマネジメントする「知財戦略」の視点。2つ目は，マーケティングをどう戦略的に立案・実行していくかという「マーケティング戦略」の視点。そして3つ目が，ブランド価値向上を企業として実現していくための「企業戦略」の視点である。本ケースでは，田中の指摘する「知財戦略」に注目し，ハウスが選択したブランド要素を世界標準化と現地適合化に振り分け，類型化を試みた。ブランド要素とは，Keller［1998］によると「ブランド・アイデンティティとも呼ばれ，ブランドを識別し差別化するのに有効で商標登録可能な手段である」としている。具体的には，ネーミング，シンボル，ジングル，スローガン，パッケージ，そしてキャラクターの6つを指している。これらは，いわば顧客がブランドの記憶を自身の内部記憶から引き出す際のトリガーになるものである。強いブランドには顧客の記憶に残る要素が多く，かつ要素とブランド自体が強く結びついていることで，店頭で第一想起に挙がりやすい。結果，多数の顧客から選ばれやすくな

るのである。

　日本のバーモントカレーは優れたブランド要素を持つ商品であるといえる。リンゴとハチミツを使ったバーモント健康法をそのまま表現したブランドネーム。過去から一貫性あるパッケージデザイン。そして，「リンゴとハチミツとろ〜りとけてる」という独自性を表現したスローガンなどにより，バーモントカレーは顧客の記憶と強く結びついてきたブランドなのである。

　今回，日中のハウス食品ホームページやパッケージを観察し，分析を行った。その結果，図表1-7のようにジングルを除く5つの要素を世界標準化と現地適合化に割り振ることができた。

　結果，ネーミングやシンボル，パッケージといったブランド要素は世界標準化，スローガンとキャラクターは現地適合化という複合化戦略がとられていた。

　ネーミング開発において田中［2017］は，中国市場参入に際しては2つのパターンがあると指摘している。1つ目は，意味の上で共通する中国語を見つけて使用する方法である。2つ目は，発音で類似した中国語を見つけて漢字を当てはめる方法である。前者の例が，雀巣（ネスレ）であり，現地では「チュエチャオ」と発音する。本国の名称「Nestle」に鳥の巣という意味があり，その意味を中国語で表現したため，発音が他の国と異なっている。後者の例が，三得利（サントリー）であり，現地では「サントーリー」と発音

図表1-7　百夢多咖喱ブランド要素の世界標準化・現地適合化分類

ブランド要素	具体的施策	世界 標準化	現地 適合化
ネーミング	発音が近い「百夢多咖喱」を採用	○	
シンボル	右上がり赤黒色帯上に白抜き表示	○	
パッケージ	黄色地に右上がりシンボルや画像配置	○	
	カタカナ表記やサラダ画像の配置		○
スローガン	中国では「マイルドで香りが良いブロック状のカレー調味料」と明記		○
キャラクター	バーモントカレー・マンや点点ちゃん		○

出所：過去資料やハウス食品（中国）HPを参考に筆者作成

する。百夢多咖喱（バーモントカレー）も後者の戦略を採用しており，グローバルに「バーモントカレー」として発音してもらおうとする戦略的な意図が伺える。シンボルに関しても，日本と同じ右肩上がり赤地の矩形帯上に白抜きゴシック系文字でネーミング表記した形が採用されている。

　パッケージデザインにおいては，世界標準化と現地適合化の両方の戦略が採用されている。標準化戦略として，黄色地背景に左端から右上に向けてブランド・シンボルが配置され，カレーライス完成形シズル画像と，リンゴにハチミツがかかったキー・ビジュアルが配置されている。適合化戦略としては，日本製であることを訴求するためにカタカナで「ハウスバーモントカレー」と追記したり，中国人好みの豊かな色彩にするため，サラダの画像を配置している。

　スローガンに関してはパッケージ上の表記で確認を行った。日本のパッケージにはロゴ下位置に「リンゴとハチミツとろ〜りとけてる」という表現が使われているが，中国では同位置に「マイルドで香りが良い四角形のカレー調味料」と表記されている。その理由として，日本ではカレーライスが認知されているため，カテゴリー内での差別化が必要なことから特徴的な原材料訴求をし，中国では日本式カレーの認知が低いので，まずルウカレー自体の解説が必要だったことが考えられる。

　また，キャラクターには，日本に存在しないバーモントカレー・マンと点点（てんてん）ちゃんを誕生させ，現地の子どもたちの記憶に残すべく現地適合化を採用している。結果的に，ブランド要素の戦略においても世界標準化と世界適合化の両方の戦略が採用されていることが確認された。

(3) 中国市場開拓におけるマーケティングとブランド戦略

　ハウス食品による百夢多咖喱（バーモントカレー）の中国市場開拓ケースは，改めてグローバルにおけるマーケティングやブランド戦略導入の難しさを示している。ハウスが中国市場に参入してから主力のルウカレーを投入するまでには，およそ8年もの助走期間を設けている。同じアジアの民族で，米を主食としており，カレー料理にも馴染みがあり，そして何より日本ブランドに強い憧れを抱いている中国消費者がターゲットであっても，準備期間

にこれだけの時間と労力が必要なのである。家電製品のように便利だから買ってみよう，アパレルやインテリアのようにオシャレだから買ってみよう，という判断だけで購買に至らないのが食カテゴリーでグローバル・ビジネスを展開することの難しさである。

　しかしながら，日本は今後も中国経済から影響を受けざるを得ない状況であることを考えると，今回のケースは注目に値するのではないだろうか。基本戦略として世界標準化を採用しながら，一方で現地ニーズを生活者レベルまで落とし込んで観察し，標準化実施で不都合が生じる部分をいち早く見つけ，柔軟に現地適合化を取り入れるプロセスは，多くの日本企業の参考になるはずである。

🎓 本ケースからの学び

　百夢多咖喱（バーモントカレー）のケースから，食品カテゴリーにおける国際マーケティング成功のヒントが見えてくる。例えば，将来性ある市場の選定である。ハウスは最初にカレーレストランを米国にオープンしているが，米を主食とし，人口もその数倍ある中国市場に，早い時期から目を向けている。また，市場に新たなカテゴリーをつくることで，同市場のパイオニア・ブランドとしての評判を得ることができる。そして，現地の人々の食習慣に新たな変化をもたらす場合，事前の啓蒙プロセスが非常に重要であることも本ケースから学ぶことができる。消費者にいきなり調理を任せるのではなく，まず気軽に食べられる場所を設置し，次に間違いなく美味しく調理できる手段を用意し，最後に自ら調理して食べてもらうというプロセスを用意することが，新しい食事に対する不安解消につながったのである。

　食品カテゴリーにおいて，国際マーケティングを成功させることは非常に難しい。本ケースのように，主食になるものを異国で受け入れてもらうには，さらに大きな困難を伴う。しかし，ハウスが果敢に挑んだことで，食の国際マーケティングを成功に導くための道筋が見えてきたのではないだろうか。

〈謝辞〉

　本ケースの執筆において，ハウス食品グループ本社株式会社広報・IR 部の上原様と国際事業推進部の木村様にご協力をいただきました。重ねて感謝申し上げます。なお執筆における責任は，すべて筆者に帰するものになります。

■ 参考文献

Douglas,S.P. and Craig,C.S.［1989］Evolution of global marketing strategy:Scle, scope, and synergy, *Columbia journal of World Business,* 24（3），pp.47-59.

Keller, K. L.［1998］*STRATEGIC BRAND MANAGEMENT,* Prentice-Hall,Inc.（恩蔵直人・亀井昭宏訳［2000］『戦略的ブランド・マネジメント』東急エージェンシー出版）

大石芳裕［2015］「複合化マーケティング：味の素の事例を中心に」『日経広告研究所報』284 号。

大石芳裕［2017］『グローバル・マーケティング零』白桃書房。

長内厚［2009］「ハウス食品：カレールウ製品の開発」『一橋ビジネスレビュー』57（3），126-134 頁。

金炯中［2018］「食品企業の海外市場創造活動：ハウス食品の事例」『中央大学商学論纂』59（3・4），115-130 頁。

産経新聞THE SANKEI NEWS［2020］「変革　ハウス食品グループ：カレーを人民食に　手探りの中国市場」（2020.1.25 付）

田中洋［2017］『ブランド戦略論』有斐閣。

日経ビジネス［2005］「ハウス食品：中国 4000 年の味に挑む」2005 年 4 月 25 日・5 月 2 日合併号，70-72 頁。

毎日新聞［2018］「ハウス　中国進出 20 年（その 1）食の国に日本カレー」2018 年 12 月 2 日東京朝刊。

松下元則［2009］「上海の日式咖喱の誕生：ハウス食品による潜在需要の発見と事業化」『函大商学論究』41（2-3），69-91 頁。

■ 参考資料

Corporate Communication Lab［2018］「日本のカレー文化を中国に広めるハウス食品の夢」日経 BP コンサルティング（2018.7.20 付）https://consult.nikkeibp.co.jp/ccl/atcl/20180710_1/（2020.8.27 閲覧）

Digima［2019］「75,000 超！　日本企業の海外進出拠点の『国別割合・進出形態・目的』を徹底分析！」（2019.8.27 付）https://www.digima-japan.com/knowhow/

world/8392.php（2021.2.16 閲覧）

Lifenet JOURNAL online［2018］「いかにして中国全土に日本のカレーを根付かせたのか？／羽子田礼秀さん」（2018.10.5 付）https://media.lifenet-seimei.co.jp/2018/10/05/13525/（2020.8.27 閲覧）

Lifenet JOURNAL online［2018］「10 年間に試食デモ 20 万回！　日本のカレーライスは中国全土に広まって」（2018.10.26 付）https://media.lifenet-seimei.co.jp/2018/10/26/13768/（2020.8.27 閲覧）

日興フロッギー［2019］「ハウスのカレーを「国民食」から「人民食」へ【前編】」（2019.6.7 付）https://froggy.smbcnikko.co.jp/17544/（2020.2.16 閲覧）

ハウス食品グループ本社 HP［2011〜2015］「2011〜2015 年 3 月期決算説明会」https://housefoods-group.com/ir/ir_library/explanation/index.html（2021.3.21 閲覧）

ハウス食品グループ本社 HP［2020］「2020 年 3 月期決算説明会ファクトデータ」https://housefoods-group.com/ir/ir_library/explanation/pdf/210511kessan_factdata. pdf（2021.3.21 閲覧）

（長崎　秀俊）

QBハウス
（キュービーネットホールディングス株式会社）

「ヘアカット」ビジネスを革新するブランディング

本ケースのねらい

　ヘアカットを 10 分，1,000 円（現在は通常価格税込 1,200 円）で行うQB ハウスは「ヘアカット専門店」として，今から約 23 年前の 1996 年 11 月に東京・神田美土代町に 1 号店をオープンした。さまざまな困難を乗り越えながら「QB ハウス」というヘアカット業態はすっかり日本に定着した。

　20 年以上たっても，QB ハウスの業績は伸び続けた。2015 年には利用者 1500 万人を達成し，2019 年度決算までは創業以来連続して売上を増加し続け，営業利益率も 2019 年度には 9.4％と高い水準に達していた。親会社であるキュービーネットホールディングスは 2018 年に東証一部上場を果たしている。コロナ禍に見舞われた 2020 年度決算でこそ売上高を 8.5％減少させたものの，なんとか黒字決算に踏みとどまることができた。同社はなぜこのような持続的成長が実現できたのだろうか。

1. 北野社長の想い

　キュービーネットホールディングス株式会社（以下，特に店舗業態で区別しない場合はQB ハウスと表記）の代表取締役社長・北野泰男氏は，1969 年生まれの 52 歳。2009 年から社長に就任している。大学卒業後の 20 代に海外を放浪して直感したのは，「これからはモノよりサービスを提供する時代

が来る」ということだった。欧州ではコーヒー一杯でもチップを払う。付加価値のある進化したサービスが必要だと思ったのだ。

北野氏は会社経営を学ぶために，日本債券信用銀行（日債銀，現あおぞら銀行）に入行して10年間勤め上げた。その後，1998年に日債銀はバブル崩壊後の不良債権によって破綻を迎える。この経験から北野氏が得たのは，世の中に必要とされていることをしなければならないこと，また社会の問題を解決するのが企業の役割だということだった。

QBハウスを運営するキュービーネット株式会社（現キュービーネットホールディングス株式会社）に北野氏が移ったのは2005年。「散髪」に思うところがあった北野氏からみたQBハウスは，理美容業界の問題に対してまさに提案・解決している企業にみえた。

しかし，QBハウスに入社したところ，実際には期待と違う点が多々あった。新しい店舗が次々とできる一方で，社員教育が思ったようにできていなかったのだ。北野氏は社員へのケアがもっと必要だと感じていた。

北野氏はQBハウス入社後，財務部長，経営企画室長，専務取締役管理本部長，副社長を歴任して，2009年に代表取締役社長に就任する。そのとき，創業社長はすでに一線を退いていた。

00年代の半ば，それまで急成長を遂げてきたQBハウスであったが，離職率の高さなど質的な面では課題を抱えていた。しかし，北野氏たちはそれらの課題にチャレンジし克服するに至った。QBハウススタッフを1,700名以上擁しつつ，一番高い時期で50％あった離職率を8％にまで低下させることができたのである。

なぜこのような改革ができたのか。改めてQBハウスのビジネスを創業当時の構想にさかのぼってみてみよう。

2. QBハウスとは

QBハウスの創業者である小西國義氏は，もともと医療機器商社の経営を担っており，全国を飛び回っていた。その頃，東京・赤坂のホテル内にある1回1万円もするような高級理髪店を，小西氏は月1回の癒しの場と割り

切って使っていた。ただ店内を見ている
と，従業員がタオルやホウキを取りに行
くなど，ムダな時間が多いように感じ
た。このムダな時間とコストを客側が負
担するのは納得が行かないと，それまで
満足していた高級理髪店から足が遠のく
ようになった。

　どこかに従来の理髪店にはないサービ
スを提供している店があるのではないか
と思い，小西氏はあちこち探してみたも
のの，どこにも低価格の理髪店はなかっ
た。事前調査も行った結果，男性客の
30％以上が理髪店の在り方に不満を抱
いていることもわかった。理美容業界で

リサイクルされて使用されたチェア
（1996-2001年）
出所：キュービーネットホールディングス
　　　提供

は全くの素人だった小西氏がQBハウスを立ち上げたのは1995年，55歳の
ときである。

　当時，ウィンドウズ95が出始めた頃で，小西氏は「これからはインター
ネットの時代だ」と直感し，インターネットを用いた多店舗展開を構想し
た。当初の社名が「キュービーネット」であったのはこのためである。店舗
やイスなどのハードウェアにはできるだけコストをかけず，レジ打ちの時間
がもったいないということで導入した券売機は，当時よく使われていた公衆
電話用の「テレホンカード」販売機を用いた。理容業としては初めての事前
決済の導入だった。

　また，ネットワークを介して券売機の売上が自動的に本部で把握できるよ
うになっていた。さらに掃除機やお店の外のシグナルともシステム連動して
いた。その上，スタイリストのカットの時間，髪の毛を吸い取る時間など
が，すべて管理できる仕組みとなっていた。QBハウスはまさに「時間を売
る」ビジネスなのだ。

　このようなシステム施策の結果，QBハウスではスタイリストはヘアカッ
トに集中でき，カットの腕が目に見えて上達するだけでなく，一般の理髪店

よりもはるかに短期間で高いヘアカット技術が修得できるようになる。

3. 既存業界との違い

　旧来の日本の理容業界を一言で表せば「護送船団」方式，つまり，組合の力が強く，定休日，営業時間，料金などがほぼ一律で決められていたのである。さまざまなハサミを使い分け，時間をかけてヘアカットを行い，ヘアカットを行う前と後には洗髪して，ひげそりとマッサージを行うなど，どの客にも同一のサービスが行われ，顧客はサービスを選択できなかった。1980年代後半から若い男性客は美容院へ行くようになり，節約志向からヘアカットの回数も減少するようになった。

　QBハウスの事業コンセプトが考えられた背景には，こうした理容業界の状況があった。QBハウスの提案は，忙しいビジネスパーソンを主要顧客と定め，短時間・低価格のヘアカットを行い，「お手軽な価値」を提供することであった。カットを10分で行い，髪に付いたカットした毛を吸い取るために特製の吸い取り機（エアウォッシャー）を採用し，床に落ちた髪の毛を壁の下にある吸い取り口から吸い取るという一連の流れから，次の5つの「お手軽な価値」を提供している。

　①低価格，②短時間，③高利便性，④ヘアカットのみ，⑤予約なし。

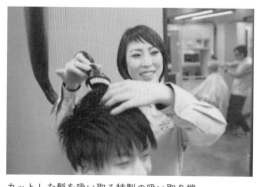

カットした髪を吸い取る特製の吸い取り機
（エアウォッシャー）
出所：キュービーネットホールディングス提供

　こうした5つの価値は，既存の理美容院が高価格，長時間であるのに比較して明確な差異化を行うだけでなく，後述するようにヘアカットの優れた技術も生み出すことができたのである。

　QBハウスは同時に，既存サービスのオペレーションのムダを徹底的に排除し

た。先に述べたように業界で初めて券売機による事前精算制度を導入し，レジ業務をなくすことで現金の事故リスクを低下させ，店員をヘアカットに集中させることができるようになった。また，券売機のシステムと店外の「シグナル」とを同期させることで，店内の混雑状況を来店客にわか

「シグナル」で混雑状況が来店客にわかる
出所：キュービーネットホールディングス提供

りやすく知らせることを可能にした。

　かつての厚生省の通達（1948年12月8日）では，理容師と美容師が同一の店舗で働くことが禁止されている（美容法務ドットコム［2018]）（注：現在では一定の条件の下に認められる場合がある）。またコールドパーマやカッティングなど，理容師と美容師が行う施術の範囲も区別されている。このためQBハウスでは，理容師と美容師を両方雇用（現在4割が理容師，約6割が美容師）しながらも，それぞれを別々の店舗で運用している。しかし，同社の社員育成カリキュラムでは，ヘアカットに絞り込んで教育を行っている。

独自の教育カリキュラムによって10分間ヘアカットやスタイリストの技術の平準化を可能にしている
出所：キュービーネットホールディングス提供

このヘアカットカリキュラムでは，10分間でヘアカットを可能にする独自の技法の習得を目指した教育が実施されている。かつてのような「先輩の技術を見て盗め」ではなく，ロジカルでわかりやすい技術の教育が行われ，スタイリストの技術の平準化が可能となった。また，美容院業界独特の習慣である「指名制」も排除することで，座席の稼働率を上げることが可能となった。

こうした画期的な理容院のビジネスモデルを確立させるまでには，例えば地域によっては「洗髪設備」をつくることが条例で義務付けられるなど，QBハウスにとっては出店にブレーキがかかる可能性となる動きもあったものの，顧客からの強い支持を得てQBハウスは成長してきた。

4. 課題の改善

QBハウスの現在の成功を理解するためには，北野氏らが成した第二期，2009年以降の施策もみていかなければならない。

現社長の北野氏によれば，第二期の成功は優秀な「スタイリスト」を揃えることができたからだという。「スタイリスト」とはヘアカットを担当する人たちのことである。スタイリストの世界では，人の関係に「ヒエラルキー」（階層）や徒弟制度がある。従来の理美容業界にはスタイリスト人材を育成するための特別な教育プログラムがあるわけではない。新人が直感的に先輩から学ぶような仕組みになっている。その先輩の「教え」は文書などに言語化されてもいない。言語化すると盗まれる恐れがあるからである。こうした事情から，美容院では本当の意味での人材育成をしてこなかったのである。

そうした人材育成のやり方であっても，美容業界の景気が良い間は誰にでもチャンスが与えられていた。しかし，2005年頃から美容業界は縮小し始めた。「ソバージュ」や茶髪の流行が去って，客単価が下落し始めたのだ。

もともと，パーマや髪を染めるカラーリングは髪の毛を痛めつける原因になっていた。美容院がパーマとカラーを顧客に勧めたのは，その収益性の高さも関係している。しかし時代は変わり，女性のヘアスタイルはどんどんナチュラルヘアへと変化してきた。美容院の収益モデルが変わることになる。

この結果，若手のスタイリストが低い給与で使われるようになり，そこから離脱したスタイリストたちがヘアカット業界にやって来るようになった。ちょうどQBハウスがサービスの質的な改善を求めて人材育成に注力し始めた2008〜2009年頃である。

QBハウスではスタイリスト育成のために，ヘアカット教育を徹底している。10分で終えるために何工程で済ませるか。例えば，スポーツ刈りは一番難しい髪形の1つである。ごく短い髪でシルエットを丸くつくっていく必要があり，繊細なハサミ技術が必要とされる。QBハウスは正社員で採用後，6カ月という期間で社員研修を行っている。

5. 現在とこれから

現在のQBハウスは当初のフランチャイズ中心のビジネスから脱し，国内の直営店比率は約96％にも上っている。2019年には国内567店舗，海外127店舗を有している。売上・来客数とも2019年度まで連続して増加していた（図表2-1，2-2）。2020年度はコロナ禍に影響され売上こそ減少したものの，黒字決算は維持した。香港，シンガポール，台湾，ニューヨークにも

図表2-1　来客数推移

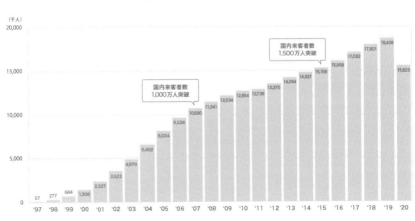

出所：キュービーネットホールディングスHP

図表2-2　キュービーネットホールディングス売上の推移

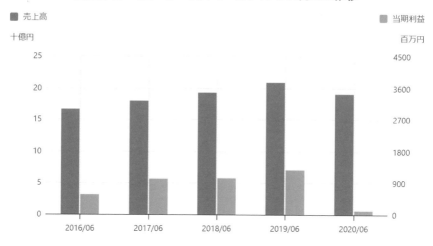

■ 売上高　　　　　　　　　　　　　　　　　　　　　　■ 当期利益

十億円　　　　　　　　　　　　　　　　　　　　　　　百万円

※損益計算書ベースの数値とは合計が異なる場合があります。

出所：日本経済新聞［2017］

進出して，日本よりも高い利益率を稼ぎ出している。

　また現在，QBハウスとは異なったヘアサロン業態，FaSSを13店舗出店している。これはカットとスタイリングだけで20分，2,000円（税別）という働く女性をメインターゲットとしたヘアサロンである。当日に限り事前予約が可能なのが特徴である。

　QBハウスでは2019年2月1日に価格改定を行い，従来の1,080円（税込）から1,200円（税込）にアップした。2019年には東京・大手町駅に「QB

国内店舗の1つ，青山オーバル店
出所：キュービーネットホールディングス提供

台湾のQBハウス
出所：キュービーネットホールディングス提供

QBハウスとは異なったヘアサロン業態。（左）FaSS中目黒店の外観，（右）店内
出所：キューピーネットホールディングス提供

PREMIUM」をオープンした。1,650円（税込）で，プレミアムクオリティのヘアカット・スペシャリストが担当し，客の要望があれば簡単なスタイリングも可能，アプリ予約も可能という新しいコンセプトショップである。

　人手不足と働き方改革，コロナ禍など，さまざまな時代の荒波を乗り越えながら，現在もたくましく成長を続けているのがQBハウスなのである。

🎓 本ケースからの学び

　現在ではすっかりヘアカット専門店としてブランドを確立したQBハウス。90年代にかけて急成長を遂げた後，成長が踊り場にさしかかる兆しがみえたとき，北野社長のリーダーシップにより離職率を劇的に低下させ，そのヘアカットスキルにいっそう磨きをかけ，グローバル化を着々と実現し，再び成長軌道に乗せることができた。コロナ禍にあって2020年度決算では一時的に足踏み状態を余儀なくされている同社ではあるが，すでに全国の主要なロケーションに出店を行い，ブランド力と優れた立地の確保で経営の素地を築き，QBハウスは次の成長ステージへと向かっている。

■ 参考資料

ITMedia エグゼクティブ［2011］「55歳で起業：10分／1000円のヘアカットで新しい価値基準を提案」（2011.4.25付）https://mag.executive.itmedia.co.jp/executive/articles/1104/25/news019.html（2021.5.3閲覧）

キュービーネットホールディングスHP「実績・沿革」http://www.qbnet.jp/history/（2021.5.3閲覧）

日本経済新聞［2021］「キュービーネットホールディングス」https://www.nikkei.com/nkd/company/kessan/?scode＝6571（2021.5.3閲覧）

美容法務ドットコム［2018］「美容室と理容室は同じ場所で営業できる？ 美容師と理容師のダブルライセンス問題」（2018.7.25付）https://biyou-houmu.com/management/+double-license（2021.5.3閲覧）

夕刊フジ［2003］「サンパツ戦国時代 QBハウス 小西國義会長インタビュー」http://www.zakzak.co.jp/tsui-sat/tsuiseki/contents/2003_04-09/030712_03.html（2021.5.3閲覧）

（田中　洋）

Airレジ
（株式会社リクルート）

中小企業の「商うを，自由に。」を実現する デジタルブランド

 本ケースのねらい

　店舗の大小を問わず，店舗に必ず置かれている「レジ」。デジタル時代，キャッシュレス時代となり，iPad や iPhone で会計する店が増えていることにお気づきだろうか？　リクルートが提供する Airレジは，無料でダウンロードできる POS レジアプリである。誰もが目にする店頭の「機械」だが，導入時にはさほどのスペック比較もなく購入され，毎日使う割に興味関心も持たれない。そんな「あって当たり前」の商品であるレジが，デジタルなのに店主の心をつかみ，アプリなのにまるでパートナーのような身近な存在として信頼されている。Airレジの成功の裏にはどのようなブランド戦略があるのだろうか。

1. 事業構想

（1）リクルートの成功モデルとAirレジ

　株式会社リクルートの親会社である，株式会社リクルートホールディングスは，1960 年に創業され，大学新卒者向けの求人情報誌からスタート，その後中途採用，アルバイト採用などの求人から，進学，住宅，旅行などライフスタイル分野に進出し，紙メディア中心に大きく成長した。今ではそれらをデジタル領域に拡張し，海外企業の M&A も活発化し，2014 年10 月には，東証一部に上場を果たしている。2021 年 3 月期売上高は 2 兆 2693 億円，同

社のサービスは現在世界 60 カ国で展開されている。リクルートの新規事業を生み出す力には定評があり，旧来の概念を革新的なサービス形態に置き換えて新たな価値を創造することを得意とする。

　同社のビジネスモデルは「リボンモデル」といわれ，商品・サービスを求める消費者（ユーザー）と，それらを提供する企業，飲食店やサービス業（クライアント）が出会う場（マッチングプラットフォーム）を作り出し，双方の満足を追求することで，最適なマッチングによって世の中の「不」の解消に寄与していくことが，成功モデルとされてきた。

　しかし，ここで取り上げる「Airレジ」は，業種も規模も関わりなく，個人でも誰でも無料でダウンロードできるアプリである。ある意味，リクルートの成功モデルにはまらないで成長してきているようにみえる Airレジだが，そこには，デジタル領域やプラットフォームビジネスでは後回しになりがちなブランド戦略が，実は事業の構想のときから強く意識されていたことが大きく貢献している。

　今では，同社の中軸を担う事業にまでなった「Air ビジネスツールズ」の最初のサービスである「Airレジ」について，その構想から，事業成長のプロセス，そしてこの先の前進にも不可欠なブランドの成立をみることで，その価値の過程を検討してみよう。

(2) Airレジとは

　Airレジとは，店舗などで商品やサービスなどの会計場面で使用される，売上入力，計算機能を有する，いわゆるレジスター（金銭登録機）の，iPad，iPhone 専用アプリケーションである。

　消費者もよく知る，どこの店舗でも見かけるレジにもいくつかの種類がある。1つは，「メカレジスター」。「ガチャレジ」とも呼ばれ，基本的な計算機能にキャッシュドロア（現金を入れる引き出し）やレシート印刷ができる機能が付いていることが多い。消費税率など税制の変更や自社のメニュー，商品ラインの改訂などの際には，メンテナンスにコストや手間が取られることもある。閉店後のレジ締めで売上を集計する作業は，レジに残った現金とレジ打ちされた結果を照合する点が面倒で閉店後に数時間を要することもあ

る。またいわゆるこの「ガチャレジ」ではデータを蓄積することができない。

　もう1種類のレジは，大規模スーパーやコンビニで見かける「高機能POSレジシステム」で，バーコードから商品情報を読み取り，売上の購買時点データ（POS（Point of Sale）データ）が入手できることも含めて，たくさんの機能を備えている。当然のことながら，「ガチャレジ」より高価で数百万円するようなタイプもある。複数台を必要としたり複数店舗を展開する場合は，どのような機種を導入するかは相当な投資となるので，検討も慎重にならざるを得ない。

　しかし，Airレジはこうした従来のレジの在り方と一線を画している。

　改めてAirレジとは何だろうか。「0円でカンタンに使えるPOSレジアプリ」である。iPadやiPhoneを端末として用いるため，従来のレジを置くための大きなスペースは必要ない。これまでのレジスターが金庫機能もあり，重いために移動や持ち運びが難しいのに対し，Airレジの本体はiPhone，iPadだから，簡単に持ち運ぶこともできる。ネットに接続できれば，クラウド上に蓄積したデータをいつでも，どこでも分析することもできる。これがなんと0円なのである。

　この便利で手軽なサービスが，App Storeから簡単にダウンロードできる。つまりiPadまたはiPhoneとインターネット環境があれば，誰でもどこでも無料で「POSレジ」を入手・利用できるのである。対象店舗も飲食店，小売店，サロンなど業種を問わない。現在AirレジはPOSレジアプリの利用店舗数で第1位である（調査主体：株式会社リクルート／調査実施機関：株式会社インテージ／調査実施時期：2020年11月20日（金）〜2020年11月24日（火）／対象者条件：店舗数30店舗以下の飲食業・小売業・サービス業で，勤務先の店舗や施設でレジを導入，または使用している男女18〜69歳／サンプルサイズ：n = 1,053）。

(3) Airレジの構想

　Airレジのもととなるプランを発想したのは，現在，株式会社リクルートで「海外Airプロダクトマネジメントユニット」ユニット長を務める大宮英

紀氏である。大学卒業後，2003年大手電機メーカーで主に証券会社の新規システム開発などに携わった後，2007年にリクルートにエンジニアとして中途入社。リクルートでは旅行サイト「じゃらん」という成果課金型の事業に始まり，2010年共同購入型クーポンサイト「ポンパレ」の立ち上げに加わる。

当時のリクルートの事業は一般消費者向けが中心で，縦割りの事業領域ごとで大きな成長を果たしていたが，大宮氏はポンパレの開発の頃から，領域横断的な事業構築の可能性を感じ，それはこれからまだまだ進化するデジタルテクノロジーで解決できるのではないかと考えていた。

そして大宮氏が転職した2007年は，iPhoneが発表された年でもあった。このプロダクト，そしてスティーブ・ジョブズの発想に大きな衝撃を受けていた大宮氏は，いつかiPhoneのアプリを使ったサービスで社会にインパクトを与えたいと考えていた。その根底には，「多くの人に使われる新しい"いいもの"，プロダクトやサービスをつくればいい。多くの人が使い，愛されるものは"いいもの"だ」という思いがあった。その思いは，その後4～5ほどのサービスの企画提案となって提出された。その中の1つがAirレジの原型である。

当初，大宮氏が考えたサービスは多機能で決済機能も含まれていた。地域限定でテストも行ったが，技術面以外でのいくつかの問題がクリアできず，時期尚早であるとしてリリースには至らなかった。

(4) アプリだからこそブランドが大事だ

大宮氏は常に「人の行動を変えるプロダクト」をつくりたい，と考えていたが，そのためには「ブランド」が大事になる，と直感的に，しかし揺るぎない思いを持っていた。つくったものを，"すべての人"に使ってもらいたい。大宮氏は，エンジニアであるからこそ，自分がつくったもののストーリーを熟知しており，また，でき上がったものへの愛情も持っている。これはまさに，自分の子どもや恋人に感じる感情と似ているが，だからこそ，これからつくり出されるアプリが，"人"として愛される必要があると感じていた。

「今つくろうとしているこうしたアプリは，もしかすると学生が3人くら
いで時間をかければすぐつくれるかもしれないが，これほど参入障壁が低い
プロダクトが勝つためには，このサービスに"好意を持って"使う人がたく
さんいることが不可欠だ」，そういう思いを抱きながら，3カ月でプロトタ
イプをつくり，実店舗でテストを行った。その結果，Airレジの原型が完成
し，サービスリリースのゴーサインが出た。

　このアプリは無料で提供することとなった。Googleも検索は0円だが，
そこに人が集まると，広告やお金が集まる。このアプリも，それ単体は無料
だが，アカウントが増えれば増えるほど，多くのサービスと連結でき，将来
的には有料課金サービスや，決済サービスも搭載できる。つまりブランドに
よってアカウントを増やし，次のフェーズで利益を出す。決済手数料の利幅
が薄いといっても，たくさん積み上がれば大きい。だからこそ，このAirレ
ジは，プロダクトそのもののアカウント数や認知によって広がっていくもの
でなければならない。

　しかし，それはまだ大宮氏の頭の中だけのことであり，当時は，経営がこ
の事業に強い期待を抱いていたとは言い難い。それでも「やりたいことがあ
るならば，言い出しっぺのやりたいヤツがやればいい」というリクルートの
新規事業のスタートアップに対する考えが，この事業，Airレジを自由にし
たことは間違いない。

2. リリース期・顧客の支持を得る

(1) "人"が中心のサービス

　2013年11月，「0円でカンタンに使えるPOSレジアプリ　Airレジ」がリ
リースされる。サービスリリース当初のブランド認知率は数％と低かった。
そもそも「POSレジアプリ」というカテゴリーの認知率自体，わずか3割程
度であった。しかし，リリース2カ月後の同年末には，早くも40,000アカ
ウントを突破して，好調なスタートとなった。

　Airレジの"Air"は空気，つまり，常に人の周りにあるもの，そして物質

図表3-1 Airレジロゴ

出所：株式会社リクルート提供

としては軽く，その存在を人に感じさせないものである。Air という言葉には，開発の思い，「人が機械に合わせるのではなく，機械が人に合わせる。"人"が中心で，機械は最終的に空気のような存在であってほしい」という思いを込めた。またアカウント数も大事だが，"イケてるプロダクト"であることも大事と考え，デザイン面や告知方法，タイミングも周到に考えた。

　実際「Airレジ」というロゴは，シンプルでスタイリッシュなデザインで，店頭のステッカーやカードリーダーに入っても，それぞれの店舗のイメージを邪魔しない。しかも目を引く（図表3-1）。このデザインは，2014年にグッドデザイン賞を受賞している。店頭でも目につくアイコニックなデザインは，ブランド要素の中でも重要な要素の1つではあるが，当時はまだそれを「ブランド戦略」とは呼んでいなかった。

（2）「競合」スクエアとのアライアンス

　そしてリリースから半年もたたない2014年3月，米国スクエア社と，次いでクラウド会計ソフト freee とも提携が決まった。単なる店頭の装置の1つであった Airレジに，決済サービス，会計の業務支援の機能を，外部リソースで広げていく。スクエアとのアライアンスにあたっては，リリースの記者発表会を開催した。実際，スクエアにとっても，初のグローバルなアライアンスであったこともあり，周到な準備がなされた。大宮氏はこの発表会のスクエアとのやり取りの中でも，ブランドについて多くを学んだ。

　また，このアライアンスは，「競合」と組むという選択で，API のアライアンスとしても新しい形式であったが，双方のブランドの価値観が明確であったことが，お互いのブランドを毀損せずそれを可能にし，さらにAirレジが「ユーザー優先」であり「革新的」であるという印象付けにも貢献したといえる（林［2020］）。

3

ブランド構築

（1）顧客の期待に応えるサービスを連携

　2014 年 11 月，サービス開始から 1 周年で，アカウントは 100,000 を超える。リリース当初の，レジ機能に特化した会計機能，商品管理，レシート発行などのシンプルなサービス形態は，すでにこの時，クレジットカード決済，顧客管理，在庫管理，会計ソフト連携，バーコード読み取りなど，店頭での接客場面で必要なレジ機能から，バックヤードの管理業務にも連動する業務支援系のサービス群に拡充されていた。

　サービスリリースから 1 年後，1 周年記念カンファレンスを開催。順番待ち管理アプリ「Air ウェイト」，予約管理 Web サービス「Air リザーブ」を発表する。これらは，Air レジの ID があれば簡単に連携できるが，Air レジを利用していなくても，それぞれ単体のアプリをダウンロードすればすぐに無料で利用できる。Air レジが単なるレジではなく，中小企業の現状に対する不安や不満といった「不の解消」をするために，これからも業務支援のラインナップの拡充が期待できることを示した発表となった。

（2）アライアンスは価値観をともにする企業と

　この年の前後は，アライアンスの提案が数限りなくやってきた。ただ，その多くは，リクルートの営業力に期待しての申し出であった。自社のサービスを広げるアライアンス先として，日本の事業者の 99.7％を占める中小企業にアクセスできる可能性を感じさせるリクルートに対する期待値は高かった。しかしながら，当時はリクルートの営業網を活用しておらず，多くの企業はそれを知ると消極的になっていった。

　そのような中，2014 年の 7 月に，「ケイコとマナブ .net」編集長を務めたこともある野村恭子氏（現・株式会社リクルート SaaS 事業本部 Air プロダクトマネジメントユニット　ブランドマネジャー）が事業に参画してきた。野村氏は，リクルートの Web サービスの，集客アライアンスを担当していた。

野村氏は，大宮氏からAirの事業の展開と今後の計画を聞くうちに，その構想に大いに共感し，ブランディングの必要性を痛切に感じた。大宮氏は，野村氏に来年のカンファレンスではこう，その次の年はこう，と何年後までも先の事業の姿と打ち手のイメージを語っていたので，ある意味この時期に確たるブランドロードマップを共有したともいえる。

　まだ言語化されていなかったブランド・コンセプトを明確にしたので，意思決定はスピードアップした。しかし，それでも最盛期のアライアンス案件は月に100を越えることもあるほどで，まだまだブランド構築のための具体的な動きをする余裕はなかった。ただ，アライアンス相手はできるだけ絞り込み，Airレジのブランドバリューを崩さないよう，こだわって選択をしていった。

　そして，新しいサービスやアライアンスは決まった都度リリースをするのではなく，年1回のカンファレンスに合わせて事業の構想も含め意味付けをして出すことがインパクトを与えると考えた。そうした機会には，ブランドミッション，ブランドステートメントもとても重要になる。本格的なブランド構築に着手するタイミングが来た。

（3）トラブルから学んだ顧客の真の思い

　2016年5月，順調に拡大傾向にあったAirレジに突然大きな事件が起きる。UIのリニューアルを行ったところ，大規模な障害が発生した。UI変更へのクレームに加えて，レシートプリンターにも不具合が生じ，店頭の支払い場面でお客様が待たされる。店舗からの問い合わせやクレームが集中した。

　大宮氏と野村氏は，休日返上で名古屋や大阪にも赴き，顧客を訪ねた。怒りが収まらないクライアントからは「無料だからって，適当なもんつくってるんじゃないよ!」「ばかにしてるのか?!」という言葉を投げつけられることもあった。しかし，2人はその声から，さらにこの事業にとって大切な部分を聞き逃さなかった。「これまで大好きだったのに，許せない問題が起きると，好きだったところが一番嫌いなところになる」「0円だからいいと思ったのに，0円だから動かなくなるということなら期待しても仕方がないと思

う」これまで使っていて，とてもいいと思っていたからこその，怒りもあった。

　そしてもう1つ，「だからといって，Airレジを捨てたら仕事に穴があく」，「レジは簡単に入れ替えることはできない」という顧客の苛立ちも2人は理解した。顧客にとっては，Airレジはインフラだったのだ。単なるアプリ，機械ではなく，商売の”ライフライン”とも言うべきものになっていた。そんな頼りになる，いいものだと思っていたものが，思うようにならない。そしてお店にとって大事なお客様にも迷惑をかけた。そんな思いがAirレジに対する怒りを大きくしていた。2人は何年トラブルなくやってきても，たった1回のトラブルが完璧に信頼を奪うことを目の当たりにし，ショックだった。

（4）増え続けるアカウントとサービス体系の確立

　当然のように，App Storeでの評価は大きくダウンした。障害前の4月には，ビックカメラにサービスカウンターを設け，実際に見て，触って，試すことができる取り組みを始めていた。アプリでこのようなサービスはなかったので，マスコミでも多数取り上げられていたが，このトラブルにより，新規のアカウントは思うように伸びず，苦しい時間を過ごすこととなる。大々的に行おうと考えていたPR計画も，実施が延期された。

　しかし，その年2016年12月に行われた第3回カンファレンスでは，大きなニュースを提供することができ，この年前半の停滞を払拭するインパクトがあった。自社開発の決済サービス「Airペイ」を発表することができたのである。

　先立つ9月には，世界で4億5000万人のユーザーがいるAlipayとのアライアンスも果たしており，また12月にはモバイル決済も搭載され，Airレジと連携できる決済サービスが格段に充実し，競合他社に対する優位性が明らかになった。そしてこの時点で利用者は，すでに小売業や飲食業，サービス業など多様な業種に広がっていた。

4

ブランド化の実際

（1）Airレジのブランドビジョン,ミッション,バリュー

　Airレジのブランドづくりが更に加速したのはそれからのことである。もともと,「商うを,自由に。」というビジョンのフレーズは,リリース時から存在していたが,それ以外の広告のキャッチコピーなどは頻繁に変えていた。そこで,ブランド戦略を行う上で,まずブランドステートメントの策定に取りかかった。かねてから大宮氏と野村氏の間で常に確認されていた機能的な価値だけでなく,情緒的価値も盛り込むために,それを言語化して落とし込んだ。

　　「必要なことは,近道も教えてくれ,伴走もしてくれるパートナーがいつもそばにいるということ。だからこそ,シンプルで,カンタンで,スマートで,誰にでも手が届く,そんな,頼もしいパートナーになりたい」。

　レジを「人（パートナー）」に見立ててブランディングしたのである。
　ブランドビジョンは「商うを,自由に。」と,これまでも使われてきたスローガンを置く。「自由に」というのは,「freedom」ではなく,事業者が開業前にもともと思い描いていた「やりたいこと」「かなえたいこと」を心のままに自由に,実現できる支援をしたい,という思いである。
　そしてミッションは,「お店をとり巻く煩わしさを減らし,自分らしいお店づくりができるようにする」とし,ここでも「自分らしいお店づくり」のために,それを阻害するあらゆることを減らすソリューションを提供できる「パートナー」となることを約束した。
　さらに,バリューは,単なる「機械」「道具」であったはずのレジを"お店のパートナー"という愛される存在にするために,「誰にでも手が届く」と「信頼」を情緒的価値として,機能的価値と情緒的価値をそれぞれ明記した。

〈ビジョン〉

　商うを，自由に。

〈ミッション〉

　お店をとり巻く煩わしさを減らし，自分らしいお店づくりができるよ
　うにする。

〈バリュー〉

　機能的価値：シンプル・カンタン・スマート

　情緒的価値：誰にでも手が届く・信頼

図表3-2　ブランドブック

出所：株式会社リクルート提供

　そして組織内でも，ブランドステートメントとその背景や想いを共有する
ためにブランドブックを作成した。所属組織や職種を超えて，1つのブラン
ドビジョンのために，共通のブランドバリューを日々意識する。このブラン
ドブックは，Airレジが目指すサービスづくりにとっては何より大事なもの
となった。

(2) 質重視のブランド管理

　Airレジのブランディングは，「質が担保されている状態で量を増やす」を
基本方針として，マーケティング活動を実施した。ここでいう「質」とは，
「こう思ってほしいというブランドイメージを感じてもらうこと」「ニーズ発
生時に真っ先に思い出してもらうこと」「好きだな，魅力的だな，と感じて

もらうこと」の３つ。質の重視は，ポジティブな口コミを生むからだ。これはまさに顧客の情緒的側面にフォーカスしている。消費者に，思ってほしいイメージが蓄積されることで，ニーズが発生したときに思い浮かべてもらうことができ，それが売上や口コミにつながる。「Airレジ」のブランディングでは「思ってほしいブランドイメージ」をあらゆるタッチポイントでユーザーに刷り込んでいくことを意識した。

(3) ブランドバリューは数値化できる!

2017 年に立ち上げの責任者である大宮氏が，異動により現場を離れる。しかし，野村氏はブランド戦略の重要性を説き続け，社内でもその理解を得ていき，2018 年には，その取り組みに対して「ブランディングが評価される」という異例の社内表彰もされた。結果，この事業に対する期待値，関心はさらに高まる。事業の拡大とともに経営からの投資対効果の説明要請も増し，ブランド投資を継続してもらうためには，ブランドのビジネスへの貢献を明確にする必要があることを痛感するようになる。「実際の売上にブランドはどのくらい役立つのか?」と尋ねるトップマネジメントは，どこの会社でも少なくない。

そこで，ブランドのビジネス貢献を誰にでもわかるよう，定量的に証明しようと検証を行った。しかし，社内を説得できるほどの明確な数値はなかなか把握できずにいた。ちなみにブランド認知率は，2015 年から 2019 年の 4 年半で 6.2 倍になっている。しかし，野村氏はブランド認知率が高いということに満足しているだけでは意味がないと考えていた。そこで，ブランドの専門家にも相談しながら，「ブランドの"質"は，蓄積されたブランドイメージをイメージ総量として捉え，その推移をアカウント数の推移と相関させてみてはどうか?」というヒントをもらう。試行錯誤しながら検証してみたところ，これが本当にきれいに Air レジの事業 KPI であるアカウント数と相関を示した。この検証の一番の目的である「ブランディングのビジネス貢献を明確に示し，経営層から継続的な投資を獲得する」ことが見事実現することとなった。

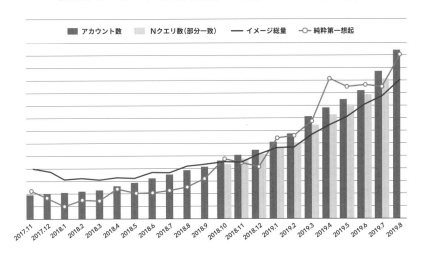

図表3-3　イメージ総量，純粋第一想起とアカウント数の相関

凡例：■ アカウント数　□ Nクエリ数（部分一致）　── イメージ総量　─○─ 純粋第一想起

(横軸) 2017.11 2017.12 2018.1 2018.2 2018.3 2018.4 2018.5 2018.6 2018.7 2018.8 2018.9 2018.10 2018.11 2018.12 2019.1 2019.2 2019.3 2019.4 2019.5 2019.6 2019.7 2019.8

出所：株式会社リクルート提供

(4) 数値化と検証

　具体的に野村氏が用いたのは「イメージ総量」というデータである。これは，Airレジについて「思ってほしいブランドイメージ」の項目にアンケートで「そう思う」と回答した総量のことである。例えば，「シンプル」に対して，「そう思う」という人がどのくらいいたか，「スマート」という項目に対してどのくらい「YES」と反応したかを足して，回答した人数で割り返していく方法である。また「純粋第一想起率」，これは「POSレジと言えば，どのブランドを思い出しますか」という質問に対して，最初にAirレジと挙げる人の率を指すが，これも推移を追った。またこの指標をつくるときに重視したのは，「情緒的価値」についての評価軸を必ず入れ込むことである。ここがAirレジが最も顧客に問いたいところであり，共有したい点だからである。毎月測定されるこれらの指標を移動平均化し，KPIであるアカウント数のデータと並べてみた。

　驚くべきことに，これらの指標は見事に高い相関を示した。経営層もこうしたデータに驚き，改めてブランド戦略の重要性を認識したのである。

(5) インターナルマネジメント

　さらに，Airレジは，領域を拡大し，Air ビジネスツールズとなり，組織
も拡大して多くのスタッフが携わることとなった。多くの人が関わるように
なると，ブランドステートメントが浸透しづらくなり，解釈にも齟齬が生じ
ることが多くなる。そこで，社内に向けてブランドを守り育てていくための
仕組みをつくった。オンラインでの「ブランドレビュー」である。

　このレビューの目的は，Air のサービスのブランド「らしさ」をつくり，
維持していく点にある。社内ツールを使い，制作物やマーケティングやセー
ルスの施策などのアクションについて，Air のブランドにふさわしいかどう
かをオンライン上の対話を通じてレビューする。ここでは，「アカウント数
や売上が上がるから」という理由だけではレビューを通過することはできな
い。レビューされたうち，通らなかったものについても，その理由や別の方
策や考え方についてのフィードバックを行う。

　結果として，ブランドバリューに基づく一貫した印象と体験とはどのよう
なものなのかが，現場のメンバー1 人ひとりが理解できる。レビューに回す
ことは，担当者側も面倒と感じるもので，多くの企業でもその穴から水が漏
れるようにブランドが維持しにくくなる。しかし，現在の Air の事業ではレ
ビューの仕組みに載せることは当たり前のこととなっている。1 カ所に知見
やアイデアが集積するメリットも大きい。

　また，社員へのインターナルな啓発の意味で「ブランド勉強会」も開催さ
れている。勉強会では，ブランドの成り立ち，ブランディングを大切にして
いる事業背景を学ぶとともに，「ビジョンムービー」も用いてブランドの在
り方をイメージやビジュアルで伝えている。

　これらは当初はブランドマネージャーである野村氏がほぼ1 人で行ってい
たが，現在ではブランドマネージャー，デザインマネージャー，インターナ
ルブランディング担当，アートディレクターなどで構成される「ブランドマ
ネジメント チーム」が中心的な役割を果たしている。こうした組織的な動
きが，ブランドにとって重要な一貫性を担保しているといえる。

（6）強力な支持ユーザー（ロイヤルカスタマー）の存在

　もう１つ，Airレジブランドにとって欠かせないのは，熱烈な支持ユーザーである。例えば，東京・南青山のレストランオーナーは飲食業界で著名人であり，オーナーが自身に対する取材の中でAirレジの良さを伝えている。

　農業の分野にも Airレジの代弁者がいる。ある農園は，直売率99％超で知られており，商品が売れ残らないための在庫管理と売上管理をきっちり行っていることで知られている。この農園のマネージャーは，活躍している Airレジを強く支持している。

　こうしたユーザーの声は，HP にも多数掲載されている。ユーザー1 人ひとりが Airレジを知り，選択し，使って喜び，また他の人に伝えていく，という好循環が，Airレジ，Air ビジネスツールズの発展の礎である。

5. 今後のAirレジ・Air ビジネスツールズ ―SaaS事業の中軸として

　Airレジはすでに50 万アカウントを超え，次いで決済サービスである Airペイのアカウント数は22.8 万，前年同期比 141.6％増と急拡大している（2021 年 6 月）。

　そして Airペイ利用者のうち，他ソリューションも併用しているアカウント数は 14.6 万となり，大宮氏が開発前に目論んだ決済サービスが中小企業に浸透し，事業拡大の核となる時代に入ってきた。Airレジのブランド活動の成果は数値化されて経営に示されることで，さらなる事業の拡大戦略に合意を得た。スタート時には大きな期待をかけられていなかった事業は，今や次の時代の中心的事業となったのである。

本ケースからの学び

　Airレジの発展のキーポイントは，3つの時期ごとに考えられる。
①着想時点から「顧客側の視点」によってプロダクトを開発する
②成長期に「顧客の期待」を再確認する
③次のフェーズに向かう前に，経営とブランドに関する「数値ベースでの合意」を取る。

　ともすると，事業の発展とともに，ブランドは拡散してしまうことが多いが，このケースにおいては，この3つの期間を通して変わらず「Airレジは顧客のパートナー」というレジを人に見立てるブランディングが根底にある。常に一貫性を持ちながら，周囲とのイメージのずれがないよう確認し続けることが重要なのである。

　本ケースのAirレジのブランドイメージの測定尺度は，シンプルでありながらわかりやすく，経営に対しても社内のリテンションに対しても，強いインパクトを与えた優れたノウハウであるといえる。事実，この成果に対しては，Japan Branding Awards 2019 Winner（株式会社インターブランドジャパン），2019年度ブランディング事例コンテスト準大賞（一般社団法人ブランドマネジャー認定協会）などの受賞で，社外からの評価も得ている。

　Airレジは，発想当初からブランドにこだわり，ブランドバリューに情緒的価値を見出していたことによって，ブランドによる競争優位性が大きく発揮され，成長し続けているのである。

〈謝辞〉
　このケースは，株式会社リクルートSaaS事業本部海外Airプロダクトマネジメントユニット　ユニット長大宮英紀氏と，同社SaaS事業本部Airプロダクトマネジメントユニット　ブランドマネジャー野村恭子氏への2020年8月25日のインタビューを中心に，両氏の取材記事・映像，各賞の受賞コメントなどを元に再構成しました。改めて両氏のご協力に感謝申し上げます。（肩書は取材当時のもの）

■ 参考文献

林佑威［2020］「APIがもたらす新しい企業アライアンスの形」中央ビジネススクール
　2020年度9月修了生課題研究

■ 参考資料

Airレジ HP　https://airregi.jp/（2021.4.30閲覧）

株式会社リクルートホールディングス HP「2021年3月期 通期 決算概要」https://
　recruit-holdings.co.jp/who/value/post_151.html（2021.9.25閲覧）

株式会社リクルートホールディングス HP「INSIDE OUT 2020」https://recruit-
　holdings.co.jp/who/reports/2020/pdf/insideout2020_jp.pdf（2021.3.28閲覧）

株式会社リクルートホールディングス HP「2020年3月期第2四半期決算概要」
　https://recruit-holdings.co.jp/who/value/post_82.html（2021.3.28閲覧）

株式会社リクルート HP「1周年記念・新サービス発表『Airレジ カンファレンス
　2014』を実施」（2014.11.27付）https://airregi.jp/jp/news/20141127/（2021.3.28
　閲覧）

（京ヶ島　弥生）

セッジャーノ・オリーヴオイルPDO／アミアータ・テリトーリオ
（イタリア・トスカーナ州）

イタリアの地域ブランドを形成する「テリトーリオ」とは

◎ 本ケースのねらい

　多くの人がイタリアの農産物・食品に関心を持っている。パルマの生ハム，パルミジャーノ・レッジャーノチーズ，モッツァレッラチーズなどを使ったイタリア料理への憧憬は世界的な現象である。ではなぜイタリアの食がこれほど愛されるのであろうか。

　日本でも，モッツァレッラチーズを好きな人は多い。イタリア料理に少し詳しければ水牛のモッツァレッラが美味しいと言うだろうし，さらにイタリア通であれば南イタリアのカンパーニァ州の原産地呼称に登録されたモッツァレッラだけが本物だと言うだろう。イタリアは，農産物・食品の特性が地域の特性と結び付いている唯一性を活かして，地域ブランドをつくることができている。背景に，米国との貿易競争や持続可能な農業という課題において，EU，特にイタリアが市場と社会が調和した独自の概念である「テリトーリオ」を強調するようになったことが挙げられる。イタリアの食を世界で愛される地位に押し上げた「テリトーリオ」とはいったい何であろうか。

1. 背景

（1）持続可能な農業活動による農村開発政策

　今から100年ほど前，イタリアでは小麦はじめ穀物すら大量に輸入してい

た時代があった。第2次世界大戦後も農産物の貿易収支は赤字で，多くの食料は国内で自給できていなかった。都市の工業化が進み，農村の人口，特に若い人たちが流出し，耕作放棄地が増加の一途をたどる。驚くべきことに，現在も食料自給率はフランスの130％に対してイタリアは59％であり，小麦自給率はフランスが187％で世界第5位であるのに対して，イタリアは62％で3分の1は輸入に頼っている状況である。

　平野ではなく山岳地帯で非効率な農業活動を強いられる地域を条件不利地域（Less Favoured Area：LFA）と呼ぶが，イタリアは日本同様に国土に占める山岳地帯の比率が大きく，条件不利地域での農業を営む農家は多い。そこでの経営は，EUの共通農業政策（CAP）の補助金なくしてはとうてい成り立たない。なぜEUは，食料自給率を下げてまで非効率な農業を保護するのであろうか。

　それは，EUが過去に環境破壊や地域コミュニティの衰退を生んでしまった反省から，1988年以降，農業政策の転換により「農村地域のバランスの修復」を目指して，農村社会の発展を企図したからである（Commission of the European Communities［1988］）。

（2）農業活動による地域の内発的発展

　本ケースのキーワードは「コモンズの精神」と「テリトーリオ」である。「コモンズの精神」とは，社会関係資本を地域で共有すべき価値として人々に認識させ，行動させる価値概念である（Hardin［1968］）。「テリトーリオ」とは，都市的機能と農村的機能をネットワークによって結び付け共存させた新たな持続的社会システムであり，イタリアの地域ブランディングのために欠かせない概念である。日本語に訳すことが難しいことから，本ケースではそのままテリトーリオと用いる。

　農業活動（農村）においてコモンズの精神とテリトーリオとは切り離せない関係にある。農業は経済活動以外の活動に依存しているからである。「経済活動は地域に埋め込まれている」というPolanyi［1944］を嚆矢として，農村の活動は市場経済との絶えざる取引の下に置かれた上層と，地域コミュニティの共同行動に深く組み込まれた基層の2重構造になっている（生源寺

図表4-1　農業の2重構造

市場経済との絶えざる交渉の
もとに置かれた層　

資源調達をめぐって農村コミュニティの
共同行動に深く組み込まれた層　

出所：生源寺［2013］164頁

［2013］）。上層は貨幣経済での競争と取引によって経済価値を生み，下層は農業の多機能性等によって非経済価値を生む（図表 4-1）。

　テリトーリオは，二重構造で構成される。テリトーリオは単なる行政区分で区切られた領域としてのテリトリーでもなければ，自然要素と人的要素を合わせたその地域らしさを生み出す文化的共同体としてのテロワールでもなく，非市場的機能が社会に復活し市場と社会が調和した地域社会のことである。

　農産物・食品を活用した地域ブランドと聞くと6次産業化や食品クラスターを思い浮かべるかもしれない。6次産業化は，1次産業としての農林漁業と，2次産業としての製造業，3次産業としての小売業等の事業との総合的かつ一体的な推進を図り，農山漁村の豊かな地域資源を活用した新たな付加価値を生み出す取り組みである（「農林漁業の6次産業化」農林水産省HP）。食品クラスターは，経営学ではPorter［1979］のクラスター概念が広く知られている。クラスターは，国の競争力強化のために関連主体を地理的に集中させ，競争しつつ同時に協力するネットワークである。オランダのワーヘニンゲン大学を中心としたフードバレーが代表例の1つであろう。コモンズの精神とテリトーリオの概念を取り入れる本ケースは，既存の6次産業化とは異なり，食品クラスターの議論とも主張を異にする（図表 4-2）。

　6次産業化によって生まれる商品が貨幣経済・市場経済を前提とした「私」の欲望を満たすためのものだとすれば，図表 4-2 左下の象限は，特定の主体のシェア拡大と発展を目指すことになる。他方，コモンズの精神によって関連主体が社会関係資本を共有し管理するならば，人々の生活を豊かにしたり

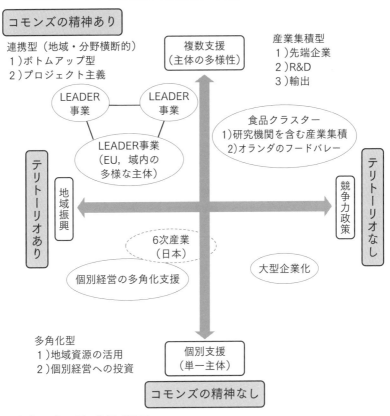

図表4-2　本章の論点と6次産業化や食品クラスター論との違い

コモンズの精神あり

連携型（地域・分野横断的）
1）ボトムアップ型
2）プロジェクト主義

複数支援
（主体の多様性）

産業集積型
1）先端企業
2）R&D
3）輸出

LEADER
事業

LEADER
事業

食品クラスター
1)研究機関を含む産業集積
2)オランダのフードバレー

LEADER事業
（EU，域内の
多様な主体）

テリトーリオあり

地域
振興

競争力
政策

テリトーリオなし

6次産業
（日本）

大型企業化

個別経営の多角化支援

多角化型
1）地域資源の活用
2）個別経営への投資

個別支援
（単一主体）

コモンズの精神なし

出所：山内［2018］82頁に筆者加筆修正

景観を守ったりといった外部経済効果を育む価値を高められる（図表4-2左上の象限）。左下の象限から左上の象限への移行によって，私企業が資源を囲い込むことで経済価値を生む商品は，関連主体が市場経済を地域社会に組み込むための媒介物となりえる。

　テリトーリオについては，図表4-2の右上の象限は産業集積が競争力を生むと主張するが，テリトーリオの人々のアイデンティティを考慮していない。他方，図表4-2の左側はテリトーリオと人々との結び付きが考慮されている。注目すべきは，図表4-2の左上の象限の複数セクターの複数主体によって地域の特性を活かした活動プロセスである。プロセスを通じて関連主

体は内部経済取引を通じて外部経済が付加されることに自覚的になっていく。取引（競争）関係が外部経済に共感する自覚へと転換され，内部経済と外部経済のバランスを取りながらバリューチェーンをつくることで内発的発展を実現させる。

EUは，テリトーリオ的社会システムにおいて生産された農産物・食品が持続可能な社会における差別化要因になると考え，テリトーリオと農業との結び付きを強化する政策を打ち出している（Pacciani, et al.［2001］；山内［2018］；木村［2019］；木村［近刊a］）。

テリトーリオ概念の実装化の例としては，テリトーリオの自然要素や人的要素との結び付きが強い産品を保護するEUの制度である，原産地呼称保護（PDO）と地理的表示保護（PGI）が挙げられる。原産地呼称保護も地理的表示保護も，特定地域で栽培・飼育・収穫された農産畜産海産物およびその地域内で既定の方法に従って加工・調整されている食品に適用される。

一方では，パルミジャーノ・レッジャーノチーズのようにわれわれが日本の量販店でも目にするように積極的に拡販させ経済価値を高めながら，もう一方でその生産者のみならず地域住民のアイデンティティを表し，昔からの景観を維持するといった外部経済価値を生みテリトーリオの発展に貢献しているのである。

グローバル化の脅威にさらされ存続の危機に陥った農村は，農業活動単独ではもはや国際的な競争相手に太刀打ちできない。農家は非効率な農業活動だけでは経済的に自立できず，農村に収入，雇用，経済成長の源泉をもたらすためには地域の人々が協力し合いながら，農業の経済側面と非経済的側面，すなわち農業の多面的機能を融合させ，テリトーリオの内発的発展を実現する必要がある。

農家単体では農業の多機能性から外部経済価値を生み出せないが，関連主体が「コモンズの精神」を持ちながら社会共通価値を活用し，農業生産物を市場経済に流通させながら動態的に非市場経済価値を生むプロセスを実践することでテリトーリオを活性化できる。言い換えると，農村を形成する経済・社会・環境のトレードオフのバランスを取ることで地域の持続可能な発展を実現することができる（生源寺［2013］；木村［近刊b］）。

(3) テリトーリオの活性化

　イタリアはこのようなテリトーリオ・アプローチに特に積極的である。テリトーリオ・アプローチとは，イタリアの自立した「公」，すなわち地方行政がボトムアップ哲学にのっとり，計画段階から利害関係者を積極的に参加させるアプローチのことである。農村変革の要である農産物・食品セクターを強化するためには，中央の行政機関による画一的な政策ではなくそれぞれのテリトーリオの実態に即したアプローチをとり，農産物・食品分野の経済的側面と，その根幹としての空間的，社会的，文化的次元の非経済的価値を融合させていく必要がある（FAO［2017］）。

　では，人々のどのような実践によって内発的発展を起こしテリトーリオを活性化できるのであろうか。そのプロセスには5つの要件がある（図表4-3）。次節で具体的な事例を取り上げて説明する。

図表4-3　テリトーリオ活性化へのプロセス

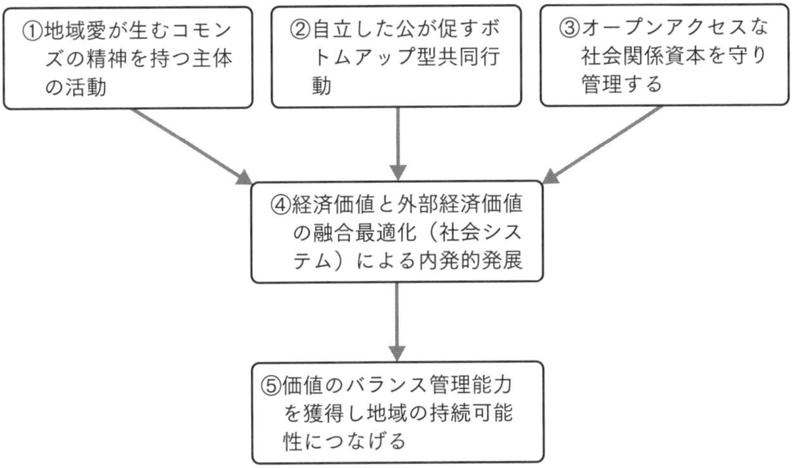

①地域愛が生むコモンズの精神を持つ主体の活動

②自立した公が促すボトムアップ型共同行動

③オープンアクセスな社会関係資本を守り管理する

④経済価値と外部経済価値の融合最適化（社会システム）による内発的発展

⑤価値のバランス管理能力を獲得し地域の持続可能性につなげる

出所：既存研究をもとに筆者作成

2. トスカーナ州のアミアータ・テリトーリオ

(1) アミアータの概要

　トスカーナと聞くと，映画やテレビ番組のイメージからなだらかな丘陵地帯に広がる小麦畑と糸杉の景観を思い浮かべるかもしれない。代表的な地域は，2004年にユネスコの世界遺産に登録されたオルチャ渓谷であろう。のどかな農村景観とそこで提供される郷土料理とワインは，ミラノやローマといった大都市への観光に飽きた国内外の人々を惹きつける。

　本ケースが取り上げるのはアミアータ・テリトーリオである。トスカーナ州で2番目に高い山である標高1,738メートルのアミアータ山の東側にシエーナ県のオルチャ渓谷があるが，山を挟んだ西側がグロッセート県のアミアータ・テリトーリオである。

　アミアータ山はトスカーナを象徴する山である。30万年前から噴火を始め，数枚の厚い溶岩流と東北東から西南西に並ぶ溶岩ドーム群を噴出したが，ここ18万年間は噴火していない。物理的な象徴だけではなく，テリトーリオの住民にとって精神面でもシンボリックな存在である。

　アミアータ・テリトーリオの主要なエリアは，①セッジャーノ，②カステル・デル・ピアーノ，③アルチドッソ，④サンタ・フィオーラ，⑤ロッカルベンニャ，⑥センプロニアーノ，⑦カステル・アッザーラの7つのコムーネ（自治体）で構成されている。これらはアミアータ西麓山岳部共同体のメンバーである。図表4-4の線で囲ったところがアミアータ・テリトーリオである。

　アミアータ・テリトーリオでは，関連主体が協力し合い，地域に根ざした農業を中心とする経済活動を実践しながら同時に非経済的価値を生むことで，トレードオフを融合した地域ブランド形成に一定の効果を上げている。具体的な効果として，グロッセート県の観光市場が成長している点が挙げられる（IRPET［2009］）。コロナ禍前のデータではあるが，訪問者の合計日数で測定した総需要は2005年から2007年の間に約6.7％増加し，2007年の

図表4-4　トスカーナ州のアミアータ・テリトーリオ

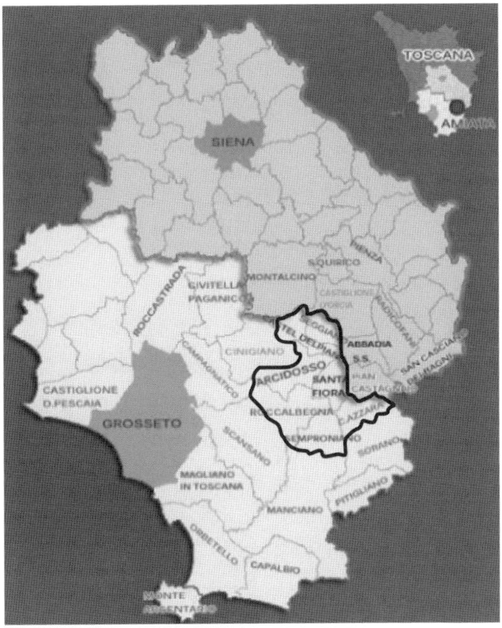

出所：Provincia di Grosseto HP の画像に線を筆者加筆

現地滞在日数は平均 5.3 日であった。目的地が農村の場合はさらに大きく需要が増加した。農村アメニティは 8.4%，山岳地帯は 13.9%，芸術関連の目的地は 31.4% それぞれ増加した（Mantino［2011］）。

　グロッセート県の農産物と自然・歴史的遺産に対する人々の関心の増加は観光市場を成長させ，ことさら農村ツーリズムが成長に貢献している。イタリア人観光客のトスカーナ州の訪問先はグロッセート県の農村ツーリズム（トスカーナ州の農村への総訪問数の 36%）とシエーナ県（同 22%）で 58% を占める。2000 年から 2007 年の間にグロッセート県の農村ツーリズムの訪問数は 2 倍になり（IRPET［2009］），フィレンツェやピサといった有名な観光地よりも成長率が高かった（Mantino［2011］）。

（2）水銀産業で栄えたアミアータ

　観光客を惹きつけるアミアータの魅力は，もとからそこにあったわけでは

ない。今から40年前までは異なる産業セクターで栄えていた。水銀である。

　紀元1000年頃は巡礼路フランチジェナ街道の亜流として巡礼者を迎え入れており，それなりに活気があった。12世紀から13世紀にかけてアミアータ山東側のラディコーファニ地域が軍事拠点と宿場町として急速に発展したことにより，アミアータの大部分の集落が放棄された。アミアータは「忘れ去られた景観」と呼ばれるようになり（西村［2002］），人々の貧しい生活が久しく続いた。

　再び栄えたのは水銀産業のおかげである。アミアータ山麓の鉱山の歴史は石器時代に始まったといわれ，エトルリア人も辰砂から水銀をとっていた。幅8キロ，南北たて35キロにわたって水銀の鉱床群がある。19世紀終盤，水銀産業の拡大によって町の開発が進み，人々の生活も豊かになった（山崎ら［2002］）。

　最盛期には大規模鉱山が3つと小規模な鉱山が多数操業していたが（図表4-5の1〜13までの数字），1981年にすべて閉山しアミアータは水銀生産地としての幕を下ろす。期を同じくして，EUが共通農業政策によって地域密着型の農村振興を目指すという指針を示した。日本がテリトーリオに由来しない，いわゆる箱モノをつくったりリゾート開発したりといった外発的発展によって農村を活性化しようとしてことごとく失敗に終わったのとは異なり（依光［1987］），イタリアは既存の資源である産業遺産をベースにエコミュージアムを展開することで新たな文化的価値を創出し，観光産業につなげた（梶田［2015］）。

　アミアータも，水銀産業に関連する文化的景観と自然的景観によって産業遺産が構成され，テリトーリオの魅力を生み出している。鉱山の坑道とインフラシステムを鉱山産業考古学公園にして，展望台からは手前にオリーヴ畑とブドウ畑が点在する丘陵地帯，奥にブナと栗の森の山岳地帯を一望でき，公園内ではテリトーリオの代表的な在来動植物を観察することができる。

　ここまでであれば，既存の内発的発展論で説明がつく。日本にも同様のケースがあることだろう。例えば，炭鉱で栄えた町で産業遺産を観光資源として活かす方法である。しかしながら，水銀産業後のアミアータは非効率ではあるが持続可能な農業によって，人々がコモンズの精神をもとに経済活動

と非経済活動を両立させ，テリトーリオの価値をつくっている点が新しい。

3. セッジャーノ・オリーヴオイルPDO

　アミアータには地理的表示保護（PGI）に登録されているアミアータ山栗PGI と原産地呼称保護（PDO）に登録されているセッジャーノ・オリーヴオイル PDO がある。この２つの産品にはそれぞれの取り組みがあり，相互に関連しながら，農業をめぐる人々の活動がテリトーリオの価値を生み出している。水銀鉱山跡に PDO/PGI 産品の生産範囲を重ねてみると（図表4-5），点線がアミアータ山栗PGI の生産地，左上の薄い実線がセッジャーノ・オ

図表4-5　アミアータの水銀鉱山とPDO/PGI産品の生産範囲

※１から13が水銀鉱山，点線内がアミアータ山栗 PGI 生産範囲，西側の薄い
　実線内がセッジャーノ・オリーヴオイル PDO 生産範囲
出所：Rimondi, et al.［2015］p.325，アミアータ山栗 PGI 協会，セッジャー
　　　ノ・オリーヴオイル PDO 品質保護協会資料をもとに筆者作成

リーヴオイル PDO の生産地である。数字は水銀鉱山跡である。点線のアミアータ山栗 PGI の生産地は鉱山をほぼ内包していることから，鉱山生活に密接に結び付いた産品であったことがわかる。一方のセッジャーノ・オリーヴオイル PDO はアミアータの西麓でのみ生産され，鉱山との結び付きはさほど強くなかったといえよう。

　本章で取り上げるのは 2011 年に PDO に登録されたオリーヴオイルのセッジャーノ・オリーヴオイル PDO に関わる活動である。2011 年の実績ではオリーヴの栽培面積は 47.15 ヘクタール，オリーヴオイルの生産量は 2,745kg であった（QUALIVITA Foundation［2017］）。近年の生産量は 2018 年 19,310kg，2019 年 4,140kg，生産者売上高は 2018 年 27 万 300 ユーロ（6,200 万円），2019 年 6 万 3,100 ユーロ（776 万円），消費者売上高は 2019 年 57 万 9,200 ユーロ（7,100 万円），2019 年 12 万 4,400 ユーロ（1,530 万円）である。セッジャーノ・オリーヴオイルはそれ自体，大きな生産高ではないし，農業につきもののこととして，年によって収穫量に増減があることがわかる。

　では，人口わずか 950 人のセッジャーノ村を中心とする，人口 16,000 人のアミアータ・テリトーリオが内発的発展を生んできた背景にどのような活動があったのだろうか。以下の 5 つのポイントから考察してみよう。

(1) 地域愛が生むコモンズの精神

　1980 年代，地域と自己アイデンティティの強い結び付きを感じるセッジャーノ・オリーヴオイル生産者たちは，自分たちのオイルによってテリトーリオの価値を高めることを望んでいた。1990 年代初頭に PDO 登録申請プロジェクトを主体的にスタートさせ，2011 年 12 月に PDO 登録がかなう。

　オリーヴ果実を複数品種のブレンドではなく単一品種で PDO に登録することはリスクが伴うが，生産者は在来品種のオリヴァストラ・セッジャネーゼ種にこだわった。この品種は 9 世紀からこのテリトーリオで栽培されているものであり，住民に共有されたアイデンティティだからである。大量生産したり，複数品種の利用でリスクを下げるなど効率的生産への「私的」欲求を抑制し，テリトーリオの社会共通価値を皆で守るというコモンズの精神に

（右）オリーヴ生産者ジリオッティ氏が手作りで作った展望台。（左）パノラミックな農村景観
を見渡す
出所：2019 年 10 月 22 日筆者撮影

よって登録した PDO 産品なのである。

　オリーヴ農家でありオリーヴオイル加工者でもあるルチアーノ・ジリオッティ氏は，村の中心部に向かう道路の途中に自作で展望台をつくった。自身のオリーヴオイルの拡販という「私」の欲望ではなく，テリトーリオの発展という「共」のために活動するという信念に突き動かされたのである。

(2) ボトムアップ型共同行動

　地方自治体が強い独立性を持つと国の多様性が担保され国を活性化させることができ，住民は「公」を信認するようになる（内田［2020］）。そのような地方自治体は住民のボトムアップ型活動を推進する。

　セッジャーノ・オリーヴオイル PDO は 2014 年から 2020 年の期間でテリトーリオ・アプローチを採用するトスカーナ州独自の補助金「農業と食品の統合型サプライチェーン・プロジェクト（Progetti Integrati di Filiera：PIF）」に採択され，5 億 6,000 万円の支援を受けプロジェクトをスタートさせた。

　プロジェクト採択当初に関わった主体は9つの公的機関，8つのコムーネ，アミアータ西麓山岳部共同体，農業関連の協会などテリトーリオの関連主体で，大手小売業も直接参加者であり支援者である。ネットワークのリーダーは産品を管理する品質保護協会の会員，すなわちオリーヴの農家とオリーヴオイル加工者であり，ボトムアップ型プロジェクトのリーダーとなって活動

している。

　取り組む主な課題は5つある。①耕作放棄されたオリーヴ畑の回復，②生産性の向上，③在来品種の生産支援，④市場ニーズへの対応，⑤テリトーリオのマーケティング活動である。これらは中央から押しつけられたものではなく，テリトーリオの経済側面と非経済側面を両立させるための課題である。

(3) オープン・アクセスな社会関係資本

　アミアータでは，人々はオープン・アクセスな社会関係資本を活用することに積極的である。補助金を受ける前からオリーヴ農家がボトムアップでテリトーリオの発展に取り組んでいた興味深い活動がある。

　2005年，オリーヴ農家とオリーヴオイル加工者を中心とする住民のモチベーションが高まった。フィレンツェ大学農学部教授の考えに触発され，ローマの研究所とともに「知恵の根プロジェクト」をスタートさせた。オリーヴ樹木幹と枝部分はチステルノーネ小広場に植わっているように見えるが（写真左），根の部分は水道インフラが整うまでセッジャーノに降る雨水を集め使われていた貯水槽内部の天井から空中に吊されている（写真右）。村の共有財である建造物を再利用したのである。セッジャーノの住民は知恵の根を革新的な観光資源と捉え，テリトーリオ活性化に自覚的になり，オリーヴオイル博物館を開館するに至った。

　関連主体はオリーヴオイル博物館のために新しい施設を建設したわけではない。1800年代終わりから1950年頃まで利用されていたチェッケリーニ旧

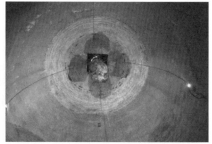

ボトムアップでイノベーションを起こす「オリーヴの知恵の根プロジェクト」
出所：（左）セッジャーノ・オリーヴオイルPDO品質保護協会，（右）2019年10月22日筆者撮影

図表4-6 分散する博物館（ムゼオ・ディフーゾ）

オリーブオイル博物館
（チェッケリーニ旧搾油所）

サン・ロッコ礼拝所
（Oratorio di San Rocco）

知恵の根がある
チステルノーネ広場

出所：地図は Benedetti ［N.A.］，写真は右下セッジャーノ・オリーヴオイル PDO 品質保護協会，右上
と左 2019 年 10 月 23 日筆者撮影

搾油所を活用した（図表 4-6 左）。旧市街にあるこの施設を中心に，既存資
源としての他の建造物，例えば 1490 年のフレスコ画が保存され村の住民が
祈禱するために訪れるサン・ロッコ礼拝所も修繕していった（図表 4-6 右
上）。旧市街全体の既存建造物を活用したことにより見どころが点在し，観
光客が市街を歩き回りながら見て回る博覧会会場のようになっていることか
ら「分散する博物館（museo diffuso）」と呼ばれる（図表 4-6）。観光客を招
くことで経済価値を生みながら，同時にコモンズを共同で管理し維持してい
る外部経済価値として住民の誇りやアイデンティティを形成している。

（4）経済価値と非経済価値の最適融合化

前出のオリーヴ農家，ジリオッティ氏らは経済活動も行っている。日本に
も販路を開拓し，250ml が 3,672 円，500ml が 5,832 円とプレミアム価格で
取引されている。品質の高さを認められ日本最大規模の国際オリーヴオイル
コンテストであるオリーヴジャパン 2018 で金賞を受賞した。2016 年からは
京都府宮津市と友好都市交流を開始した。ジリオッティ氏も来日し，東京の

セッジャーノの景観，オリーヴ畑の黄金の盆地
出所：セッジャーノ・オリーヴオイルPDO品質保護協会HP

イタリア文化会館でオリーヴオイルセミナーを開催し自身のオイルのみならず日本におけるオリーヴオイル文化の普及に尽力する。

　セッジャーノはオリーヴオイルを単に商品のプロモーションのため，すなわち経済価値のためだけに利用しているのではない。テリトーリオの内発的発展を表すシンボルとしても活用している。品質保護協会が開催するイベントのテーマからもそのことがわかる。テーマはオリーヴオイルがつくる農村景観とアミアータ・テリトーリオのアイデンティティ形成についてである。生産者たちが経済的に自立しつつ，住民の生活を心身ともに豊かなものにして環境とのバランスを回復させるための非経済価値を生むことで，テリトーリオ的社会システムをつくろうとしている。

　テリトーリオが持つ非経済的価値の代表として景観がある。9世紀から栽培されているオリーヴ畑は大木となって現在も管理され，村から見下ろす畑の眺めは黄金の盆地と呼ばれセッジャーノ特有のユニークな景観を生み出している。観光客を満足させるだけではなく，地域住民の誇りとなりアイデンティティとなっている。

(5) 価値のバランス管理能力

　アミアータ・テリトーリオの発展を助けている5つ目のポイントは経済価値と非経済価値の融合のための活動である。テリトーリオの経済価値と非経済価値のバランスを最適融合化させることで唯一無二の豊かな食文化が輝きを増し，新たに「エノガストロノミア」という価値がつくりだされる。

　2019年，セッジャーノ・オリーヴオイルPDO構成メンバーの中でも中心的存在であるラ・セッジャネーゼ協同組合は，オリーヴオイルの品質向上を目指してセッジャーノ旧市街のすぐそばに搾油所を開設した。搾油所の2階

エノガストロノミア・ツーリズム
（左）搾りたてのオリーヴオイル，（右）郷土料理とワインでもてなし
出所：2019 年 10 月 22 日筆者撮影

に併設されたキッチン付き食堂では，オリーヴからオイルを搾る様子を眼下に見ながら（写真左），セッジャーノ・オリーヴオイル PDO を利用したアミアータ・テリトーリオの郷土料理をこの地域産ワインであるモンテクッコ DOC とともに試食することができる（写真右）。これはエノガストロノミアと呼ばれる。エノガストロノミアとはワインを意味するエノと食文化を意味するガストロノミアを合わせた造語で（陣内 [2019]），近年，エノガストロノミア・ツーリズムはテリトーリオの活性化に大いに貢献していることが認められている（スタニーシャ [近刊]）。

　このように，アミアータ・テリトーリオの発展の背景には住民を主体としたさまざまな活動があり，そこに底流している，コモンズの精神，ボトムアップ型行動，オープン・アクセスな社会資本，経済価値と非経済価値の融合と管理などの思考方法があることに注目すべきであろう。

📖 本ケースからの学び

　農業は土地から価値を生み出す活動であり，テリトーリオに埋め込まれている（Polanyi [1944]）。言い換えると，農業は 2 重構造になっていて，市場経済の基層に地域コミュニティがあり，人々のコモンズの精神による非合理的活動によって非経済的価値を生み出すことができる（生源寺 [2013]）。図表 4-1 の基層，すなわち農業の農村的機能に目を

向け上層の都市的機能とのバランスを取ることなくして持続可能な地域のユニークな価値創出は実現しない。本章には3つの学びがある。

①テリトーリオ的社会システムは，経済価値を優先する6次産業化や食品クラスターとは異なる

6次産業化で開発した商品が「私」を満たす経済価値のためのものであるならば，コモンズの精神によって生まれた「共」の商品は人々の生活を豊かにする社会価値と，景観を守る環境価値といった非経済価値を併せ持つものである。例え恩恵を享受できる特定の所有者がある商品であっても，関連主体がコモンズの精神を持ち自己を抑制し，商品を価値の媒介物として循環させることでバランスを取ることができる。

②テリトーリオ的価値観が持続可能なフードシステムを生む

テリトーリオ的価値観はすでにどこかに存在するというよりは，コモンズの精神を持つ関連主体がテリトーリオ価値創出プロセスの中で動態的に形成していくものである。そのような活動を行っている社会システムは循環型であり，本来はトレードオフの関係にある経済，社会，環境価値が共存することで持続可能なフードシステムとなる。

③日本の農村開発のためのオルタナティブ

農産物を活用したこれまでの地域ブランド論は，6次産業化のストーリーが多かったように思われる。たしかに，イノベーティブな加工品の開発によってその地域が注目を浴び経済価値を生むことはあろう。しかしそれらは地域の経済性を追求する目的で提案され，生産物が地域性にどの程度根ざしているか，環境や社会やコミュニティの在り方を総合的に考えていない。経済が社会から離床（dis-embedded）しているのである。

他方，本ケースはテリトーリオ・アプローチに基づく農業活動を通じた内発的発展論である。経済は経済的制度のみならずテリトーリオの非経済的制度によって規定される（Polanyi［1944］）と考えることから，

これまでの議論へのオルタナティブとなる。

　すなわち，商品の取引による経済価値だけではなく，商品を循環させるプロセスで生み出される複合的な価値共創（Porter, et al.［2011］）に焦点を当て，市場と社会が調和するモデルを提示した。内部経済は市場主義社会の前提条件であることから無視することはできないが，それが地域社会にどのように組み込まれるべきなのかを考える必要がある。

　イタリアの場合は EU の農村振興政策や自立した地方行政の支援のおかげでバランスを回復させやすいのは確かだが，日本の農村もトレードオフと考えられている経済，社会，環境のバランスを取りながらテリトーリオの重層的価値を生む活動によって持続可能な内発的発展を実現することが期待される。

■ 参考文献

Casabianca, F., Sylvander, B., Noel, Y., Beranger, C., Coulon, J. B. and Roncin, F. [2005] "Terroir et Typicité: deux concepts clés des Appellations d'Origine Contrôlée," Essai de définitions scientifiques et opérationnelles In INAO (Ed.), Colloqu International de restitution des travaux de recherches sur les indications et appellations d'origine géographiques, Paris, France, pp.199-213.

Commission of the European Communities [1988] "The Future of Rural Society," Bulletin of the European Communities, Supplement 4/88 Commission Communication Transmitted to the Council and to the European Parliament on 29 July 1988. http://aei.pitt.edu/5214/1/5214.pdf. (2020.7.1 閲覧)

FAO (Food and Agriculture Organizations：国連食糧農業機関) [2017] "Chapter 5: A Territorial Approach to Inclusive Rural Transformation," The State of Food and Agriculture 2017: Leveraging Food Systems for Inclusive Rural Transformation, pp.97-119.（FAO［2017］「包摂的な農村変革に向けた食料システムの強化」『世界食料農業白書　2017 年報告』9-18 頁）

Hardin, G. [1968] The Tragedy of the Commons, *Science*, 162, pp.1243-1248.

IRPET (Istituto Regionale Programmazione Economica Toscana：トスカーナ地域経済計画研究所) [2009] "Economia Grossetana nel 2008," Firenze. (or Leonardo Ghezzi [2009] Economia Grossetana nel 2008 IRPET, Regione Toscana 2009 年 12 月 16 日)

Mantino, Francesco [2011] Developing a Territorial Approach for the CAP, *Discussion Paper, Institute for European Environmental Policy*, pp.1-48.

Pacciani, A., Belletti, G., Marescotti, A. and Scaramuzzi, S. [2001] "Policy Experiences with Rural Development in the Diversified Europe: The Role of Typical Products in Fostering Rural Development and the Effects of Regulation (EEC) 2081/92," presented at the 73rd Seminar of the European Association of Agricultural Economists held in Ancona, Italy, pp.28-30 June, 2001.

Polanyi, K. [1944] *The Great Transformation: The Political and Economic Origins of Our Time*, NY: Farrar & Rinehart. (野口建彦・栖原学訳 [2009]『新訳大転換』東洋経済新報社)

Porter, Michael.E. [1979] *On Competition*, Boston, MA: Harvard Business School Press. (竹内宏高訳 [1999]『競争戦略論Ⅱ』ダイヤモンド社)

Porter, Michael E. and Kramer, Mark R. [2011] Creating Shared Value: How to Reinvent Capitalism and Unleash a Wave of Innovation and Growth, *Harvard Business Review*, January-February 2011, pp.1-17. (DIAMOND ハーバード・ビジネス・レビュー編集部訳 [2011]「経済的価値と社会的価値を同時実現する　共通価値の戦略」『Diamond ハーバード・ビジネス・レビュー』36 (6), 8-31 頁, 2011 年 6 月号, ダイヤモンド社)

QUALIVITA Foundation [2017] Atlante Qualivita Food, Wine & Spirits 2017, Siena: Qualivita.

Rimondi, V., Chirantini, L., Lattanzi, P., Benvenuti, M., Buetel, M., Colica, A., Costagliola, P., Di Benedetto, F., Gabbani, G., Gray, J. E., Pandeli, E., Pattelli, G., Paolieri, M. and Ruggieri, G. [2015] Metallogeny, Exploitation and Environmental Impact of the Mt. Amiata Mercury Ore District, Southern Tuscany, Italy, *Italian Journal of Geosciences*, 134, pp.323-336.

Wilson, G.A. [2007] *Multifunctional Agriculture: A Transition Theory Perspective*, Oxfordshire: CAB International.

市川康夫 [2017]「欧米圏における農業の多面的機能をめぐる議論と研究の展開：ポスト生産主義の限界と新しいパラダイムの構築に向けて」『人文地理』69 (1), 101-109 頁。

内田樹 [2020]『コモンの再生』文藝春秋。

宇根豊 [2018]「農本主義が再発見されたワケ」内田樹・藤山浩・宇根豊・平川克美『「農業を株式会社化する」という無理：これからの農業論』家の光協会, 111-157 頁。

梶田真 [2015]「EU 諸国における農村開発の潮流から日本の農村開発を考える」『経

済地理学年報』61, 140-147頁。

河合明宣［2003］「欧米農業・農村の新たな動き」祖田修・八木宏典編著『人間と自然：食・農・環境の展望』放送大学教育振興会, 175-192頁。

木村純子［2019］「地理的表示（GI）の持続可能な開発目標（SDGs）への貢献：イタリアと日本の事例」『フードシステム研究』26（2）, 62-73頁。

木村純子［近刊 a］「テリトーリオの内発的発展：農業の多機能性と持続可能性」木村純子・陣内秀信編著『甦る都市と農村の交流：イタリアのテリトーリオ戦略』白桃書房。

木村純子［近刊 b］「酪農と地域社会の持続可能な発展」木村純子・中村丁次編著『酪農と社会の持続性：SDGs への貢献』中央法規。

生源寺眞一［2013］『農業と人間：食と農の未来を考える』岩波書店。

陣内秀信［2019］「日本人は80年代以後のイタリア文化をいかに受容してきたか：都市の魅力とテリトーリオの豊かさの視点から（特集 日本における〈イタリア受容〉の変化：1980〜90年代）」『日伊文化研究』57, 2-14頁。

スタニーシャ, バルバラ［近刊］「質の良い地域産品, 新しいライフスタイル, エノガストロノミア・ツーリズム：アドリア海沿岸のいくつかの州におけるオルタナティブな発展についての考察」木村純子・陣内秀信編著『甦る都市と農村の交流：イタリアのテリトーリオ戦略』白桃書房。

須田文明［2015］「文化遺産化される食と農：フランス及びイタリアのテロワール産品を事例に」『フードシステム研究』22（3号）, 359-364頁。

西村善矢［2002］「失われた街道集落：紀元千年のヴィア・フランチジェナとブルグス」『地中海学会月報』253号。http://www.collegium-mediterr.org/geppo/253.html.

矢部光保編著［2014］『草地農業の多面的機能とアニマルウェルフェア』筑波書房。

山﨑美恵・村尾智・山本真司［2002］「イタリア中部モンテ・アミアータ地区の水銀鉱業史外観」『地質ニュース』580号, 50-56頁。

山内良一［2018］「近年の EU における農村振興政策と財政支援制度」『熊本学園大学経済論集』24（経済学部開設50周年記念号）, 47-86頁。

依光良三［1987］「国土開発政策と森林・山村：四全総・リゾート開発を中心として」1987年度秋季大会報告1 統一テーマ：国土開発政策と林業・山村, 1987年度秋季大会報告『林業経済研究』112, 2-13頁。

■ 参考資料

Benedetti, Jacopo［N.A.］ "Celebration of a Local Heritage: The Museum of the Olive Tree and of the Land of Seggiano, Tuscany," Academia. edu https://www.

academia.edu/11660758/Celebration_of_a_Local_Heritage_The_Museum_of_
the_Olive_Tree_and_of_the_Land_of_Seggiano_Tuscany（2020.1.30 閲覧）

"Provincia di Grosseto"（グロッセート県 HP）http://www.provincia.grosseto.it/
index.php?id=370（2019.12.20 閲覧）

農林水産省［2017］「仮訳：G7 ベルガモ農業大臣会合コミュニケ：世界の食料供給の
ための農家のエンパワーメント，農村開発と協力の促進」（2017.11.21 付）http://
www.maff.go.jp/j/kokusai/kokusei/kanren_sesaku/G7_G20/attach/pdf/
G7italia-3.pdf（2018.11.23 閲覧）

農林水産省 HP「農林漁業の 6 次産業化」https://www.maff.go.jp/j/shokusan/sanki/6jika.
html（2021.3.13 閲覧）

（木村　純子）

李荘窯／アリタプラス
（佐賀県有田町）

地域の伝統産業から新しいブランドを創り出す

本ケースのねらい

佐賀県有田町は，人口2万弱のまちであるが，多くの中小規模の窯元が世襲的な熟練技術を有しながら，関連産業と有機的な連携を持った陶磁器産業集積を形成している。「有田焼」として知られる芸術品と呼ばれるものから一般向け量産品まで幅広い商品幅を持っていた日本でも有名な陶磁器の産地である。

日本の陶磁器産地の多くは衰退，停滞傾向にあり，解決策を模索している。本章では，陶磁器産地の窯元である「李荘窯」としてのブランディングとその窯元たちが集まり結成した「アリタプラス」の形成過程を考察し，地域にある他の資源や文化・風習などをどのように従来のものづくり産業に新しい価値をつくり出し，地域に新たな産地ブランドとしての価値や地域ブランドをつくり出していくのかを明らかにする。

1. 産地ブランドとしての有田焼と窯元ブランド

有田焼は17世紀初頭（1616年），朝鮮人陶工の李参平らによって，日本で初めて磁器が焼かれた磁器発祥の地である。有田焼は人間国宝に認定された窯元，量産を行うメーカー，中小規模の窯元の3タイプあり，中小規模の窯元において分業体制が地域的広がりをみせ，クラスターを形成していくことによって，生産規模を拡大している（波積［2019]）。人間国宝を有する窯では当主と職人の分業体制で産地ブランドを支え，量産型のメーカーは，職

人の独立を忌避せず，人材の流動性を認めながら，産地経済を牽引し，中小の窯元は独自の技術を代々継いできた（山田［2017］）。このような3つのタイプの陶磁に関わる組織，人が有田焼ブランドを支えてきた。有田焼といっても古伊万里，柿右衛門，鍋島という3つの流れがある。

　また，有田の周辺地域との成型，素焼き，下絵付け，施釉，本焼成など各工程を究めた分業システムを構築していることも特徴としてあげられる（大木［2012］；波積［2019］）。有田の周辺地域も陶磁器産地であり，採掘（天草）―製土（塩田，現嬉野）―成形（波佐見）―素焼き・施釉（有田・波佐見などの窯元）―焼成（有田・波佐見などの窯元）―絵付け（有田）といった生産工程を周辺地域分業体制で担ってきた歴史がある（波積［2019］）。中小規模の窯元を中心としながら，それぞれの工程の専門的かつ技術的な熟練のわざを持つ職人・企業がこの地理的な広がりの中で集積し，周辺の陶磁器産地と競争しつつ，連携・協力体制の下400年という歴史の中で伝統を積み重ねてきている。

　本章では，地域ブランドという視点から，有田焼の窯元である有限会社李荘窯業所（以下，李荘窯）の取り組みとその李荘窯を中心とする他の窯元との連携を考察する。

2. 競合する産地でのブランディング

（1）李荘窯の創業

　明治末期に工芸学校の指導者として有田の地に招聘された初代寺内信一氏が「李荘工房」として創業し，工芸指導のかたわら，磁器彫刻をつくっていた。窯名は有田焼の陶祖とされる李参平の住居跡地に創業したことに由来している。1958年に「李荘窯業所」として名前を改め，食器の製造を中心に徳利や盃などを生産するようになった。この李荘窯がある通りは「徳利通り」と呼ばれ，徳利，盃，珍味入れ，箸置きなどを生産する磁器工房が集まっていた。

(2) 李荘窯のブランディング

李荘窯は現在，4代目の寺内信二氏が継いでおり，李荘窯のブランド・コンセプトは「『感動』が創造を生む」と設定されている。このコンセプトをもとに「伝統」と「革新」という点から考察していく。

①伝統を守ること

李荘窯では，400年前につくられた青の染付の磁器が裏庭からたくさん出てくる。その時代の染付や絵柄を大切にしていくことが伝統を守っていくことであるが，李荘窯では，有田焼の原点である古伊万里にどれだけ近づけていけるのかということを大切にしている。呉須と呼ばれる藍色で絵付けをした「染付」にこだわり，染付磁器を守ることが伝統であり，その伝統は400年経っても色あせることなく存在している（寺内［2016］）。この伝統を守りながら，図表5-1に示したブランド・コンセプトをもとに，新しいものづくりを考えて実践している。

図表5-1　李荘窯のブランド・コンセプト

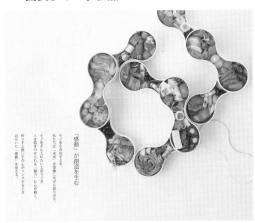

出所：李荘窯業所 HP

図表5-2 李荘窯の商品

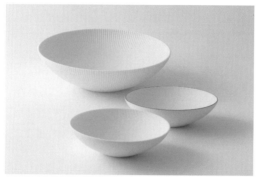

出所：李荘窯業所 HP

②革新的取り組み

　李荘窯では，最新のデジタル技術も積極的に取り入れた新しい商品の製作を行っている。その１つが，3D デザインなどを取り入れた新しい造形を試みだ。「鎬（しのぎ）」という食器の表面に連続して縦溝を刻む伝統技法があるが，その「鎬」では表現できない繊細な縦溝のデザインを，デジタル技術を用いて新商品を実現した。これは寺内氏がいう「昔の人が技術的な問題で実現できなかったことを最新のデジタル技術で実現したり，新たな解釈を加えて昇華させたりすること」を具現化した取り組みである。伝統的でありながら，新しいデザインを取り入れた商品となっている。

　李荘窯の手わざを活かした商品は，ろくろ師が成形を１つひとつ行い，絵付師が線を繋ぎ，ダミ師が色の濃淡をつけ，絵に立体感を持たせている。この工程そのものは有田のどの窯元も，似たような工程である。

　そのような工程を踏みながらも，新しいブランドはどのように生まれてくるのであろうか。田中［2017］によれば，ブランドには，企業が生み出した何らかの「革新」を保持，発展させるための役割があり，その「革新」を「価値」（顧客にとっての有意味性の程度）と「関係」（顧客が自分に関係があると感じる程度）という２つに転化することが，マーケティング上の最重要課題であるという。そして，「関係」とは「価値」が購入や情報接触の過程を経て「絆」に転化した結果であり，このようにして形成されたブランド

と顧客との「関係」をベースにしてこそ，1回限りでない長期間にわたる持続的な交換関係が成立することを指摘している。

　李荘窯は「『感動』が創造を生む」というコンセプトの下，伝統を重んじながら，新しい技術を入れた技法を考え，商品をつくり出している。例えば，お正月に使われるお重といえば四角の漆器を思い描いていた消費者が，李荘窯のお重を好きになったとき，その消費者にとっては丸いフォルムの磁器でつくられた特別なそのお重は，「価値」を持った「革新」的なものとなるだろう。ここには，「李荘窯」ブランドが存在し，李荘窯と顧客との関係には「絆」が生まれている。

　こうした有田焼産地における李荘窯の新製品開発プロセスは，李荘窯独自の企業努力という側面もあるが，窯元同士の「共創」によって産まれてきたものもある。その共創関係をさらに詳細にみていこう。

3. 「有田焼」窯元の協働 —なぜ同じ地域の企業と同じモノをつくるのか

(1) 有田の窯元・商社との共創

　有田での最初の協働プロジェクトは，2003年，NHKの番組「おーい，ニッポン　私の好きな佐賀県」の企画「とことんプロジェクト」の1つであるラーメン鉢づくりであった。李荘窯の4代目寺内氏が，有田町の窯元たちの集まりである陶交会にプロジェクトの参加を呼びかけ，13の窯元が集まり，このプロジェクトがはじまった。

　有田焼は「高級」なイメージがあり，その高級感を払しょくし，普段使いの食器として多くの消費者に使ってほしいということで「究極のラーメン鉢」をつくることになった。このラーメン鉢のデザインを参加窯元と共有し，型を共同でつくっていくという初めての窯元連携が実現した。この「ラーメン鉢」プロジェクトをきっかけに，有田での共創の取り組みが展開されるようになった。翌年に焼酎の香りを引き出す焼酎のグラス「香酒の杯」を地元焼酎メーカーの協力を得て，共同制作をした。

この取り組みには，新しいものづくりを競合する窯元同士が利害関係を超えて，情報や資源を共有し，協働していく「場」をつくりだした「共創」をみることができる。

　この共創は，有田町の中で 2005 年に有田焼卸団地協同組合が中心となって進めた「匠の蔵」シリーズの制作へとつながっていった。「匠」は窯元，「蔵」は商社を意味し，商社と窯元の共創による「至高の焼酎グラス」を生み出した。このグラスづくりでは焼酎の「まろやかさ」をだすことにこだわった。

　この商品のヒットを得て，さらに電子レンジ対応の酒器として「至福の徳利＆盃」を開発した。電子レンジによる加熱のムラを防ぐための流線形の形状や底部の凸をつくるなどの工夫を行い，家庭で手軽に燗付けが楽しめるような酒器にした。このような共創による商品づくりは「プレミアムビアグラス」，「極上のカレー皿」，「SAKEGLASS」と続いた。

　協働する窯元同士が連携し，商品を制作することによって共創の場がつくり出されるメリットは 2 つある。1 つは，有田の優れた技術や技能を活かした高い品質の商品開発であり，また窯元間の競争の回避（山田［2017］）である。

　もう 1 つの共創のメリットは，販売において，売り場でも単なる 1 商品が陳列されるのではなく，それぞれの窯元の商品を面で陳列してもらえるようになることである。アイキャッチとして，今までの商品陳列とは違い産地としての有田焼をアピールすることが可能になる。

(2) アリタプラス (ARITA PLUS)

　「アリタプラス」は寺内氏が代表を務めている組織である。この設立のきっかけとして，佐賀県による有田焼創業 400 年事業の 1 つであった「プロユース」プロジェクトがあった。このプロジェクトは世界各国のシェフと有田焼の窯元が互いに料理を盛りつけるオリジナル食器を開発する目的で行われ，2014 年にオープン型の勉強会を行い，参加メンバーでチームを結成し，商品開発を行うものであった。寺内氏らは 2015 年 1 月にフランス・リヨンにて開催されたシラ国際外食産業見本市の展示会に参加し，翌月の東京ビッ

クサイト「国際ホテル・レストランショー」にも出展した。

　このような国際的な展示会に出展し，世界で活躍する料理人と接し，世界の外食産業に関わる料理人がさまざまな素材や形の器を使っていること，またそれらの中には和食器に近い食器もあることから，有田焼がもともと得意としていたオーダーメイドや多品種少量生産という強みが活かせるのではないかという判断が生まれてきた（佐賀県有田焼創業400年事業実行委員会[2018]）。この時のチームで商品開発を行うという経験と，以前のNHKの協働プロジェクトの経験が，アリタプラスの設立へとつながっていった。当初のメンバーとは若干違うものの，李荘窯をはじめとして徳幸窯，やま平窯，安楽窯，吉右ヱ門，瑞峯窯 原重製陶所，福珠窯の7窯元が創業に加わった。

　チームで商品開発を行うことは，それぞれの窯元の得意とする技術や生産方法などを互いに学びあう機会にもなり，また求められている器に対して，それぞれの強みを活かした提案の方法を模索する機会にもなった。

　アリタプラスは，それぞれの窯元の良さを活かしたプロ集団として存在し，プロの料理人が求めるオーダーメイドやカスタムメイドの商品を有田の伝統の技法を用いて製作している。さらに，最先端のCADシステムを使った新しいデザインを組み合わせた，プロの料理人が使いたくなる器を提案していくことを目指すなど，有田焼の産地におけるデザインのハブの拠点として機能する集団として活動することになった。

　2017年にアリタプラスコレクション「TERROIR」，2018年に「frame」を発表した。有田創業400年事業で得たさまざまな食のシーンに合わせ，その料理人が使いたいと思う器づくりをすべく，その商品開発において，7窯元で協力しながら新しい器を提案していくという今までの産地になかったそれぞれの窯元の強みを活かしたものづくりが行われている。また，アリタプラスの知名度向上が，有田焼の知名度向上とそれぞれの窯元の知名度向上に結びつくという相乗効果が期待されている。

　共創するものづくりは，作り手の思いを共有するだけではない。加護野[2007]が指摘するように，競争が過剰になると，利益を得ることが難しくなり，利益を得なければ技術の伝承やイノベーションを行えなくなるといっ

た側面もある。同じ地域で同じアイテムの商品をつくるということは，競争が激しくなると価格競争に陥る可能性もある。そのような競争を回避することにもつながっている。

4. 地域ブランドを高めるために

（1）地域ブランドと地域創生

　有田町は，産業としての集積もあり，消費者認知もある地域である。つまり，産業としての魅力と地域の魅力をどのように伝えていくのかといったことが大きな課題である。このように，地域イメージと地域の特産品としての商品イメージの相乗効果で特産品と地域の両方のイメージを高め，消費者や観光客へのニーズを高めていく戦略として，地域ブランド論が近年注目を浴びている。

　地域ブランドにおける研究は，国内研究においては，2000年以降注目されるようになり，地域のイメージとその地域の特産品とのシナジー効果の重要性や組織間・産地の連携の重要性などが明らかにされ，国内における地域活性化の視点からの地域ブランディングとして研究されてきた（青木［2000］；久保田［2004］；関・及川［2006］；天野［2007］；電通abic project［2009］；小林［2016］）。国外研究では地域そのものに焦点をあてた地域マーケティング研究（Place Marketing）（Kotler［1993］；Cozmiuc［2011］）やマーケティング戦略やブランド戦略を手法として用いた地域ブランディング（Place Branding）（Dinnie［2004］；Kerr［2006］）などの研究がある。

　地域ブランドについて，陶山［2007］は「地域をマネジメントするということは，ステークホルダー（利害関係者）相互間やステークホルダーと地域資源との間のバリューの交換を効果的・効率的に実現していくこと」（11-17頁）と指摘する。また，武邑［2004］も「地域ブランドとは地域の内部と外部に存在する住民双方からコミュニケーションを強化する必要がある」（3頁）という。地域ブランドとは新しい資源から新しいものをつくり出すとい

うことではなく，地域にもともとある資源を再発見し，新たな価値評価を行っていくプロセスである。

　青木［2007］は「地域ブランド化は，魅力ある地域資源に相対的希少価値を付与する仕組みをどう構築するかにかかっている。地域に産出される農水産物や加工品などは地域の外部に送り出すブランド化，また商業集積地や観光地などは地域の内部に招きいれるブランド化の考え方で構築すべき」と述べ，「『相対的希少価値』を付与できるかどうかが重要である」（2-8頁）と指摘する（図表5-3）。つまり，地域ブランドとは地域内外のステークホルダーから評価される地域資源を再発見し，ブランドとして再構築し，新しい価値を付与していくプロセスであるといえる。

　有田の窯業の発展は，地域が密接に関わってくる。当然のことではあるが，陶磁器の原材料として最適な土や石があり，またその技術継承し，発展していく土壌となる地域の風土や文化がなければ，伝統産業としての窯業の発展はない。地域の資源やそこに住む人たちの資質，根付いてきた文化・風習が伝統的な陶磁器をつくるといっても過言ではないだろう。また逆に，その陶磁器をつくる産業がその地域の人の資質を伸ばし，文化・風習を発展さ

図表5-3　肥前窯業圏におけるブランディング

| 農水産物のブランド化　価値担保システム＋産地的正当性・独自性 | 送り出すブランド |
| 伝統産業のブランド化　原料等の正当性・差別性＋加工技術の独自性 | ものづくりのブランド構築 |

商業地のブランド化　集積性・空間構成の差別性＋経験価値の提供	招き入れるブランド
観光地のブランド化　「見える化」産業へ／体験型観光	まちづくりのブランド構築
生活基盤のブランド化　生活インフラの差別性＋経験価値の提供	

出所：青木［2007］を加筆・修正

せてきた。

　このような点を踏まえて，次項以降，「送り出すブランド」「招き入れるブランド」として有田焼・有田町を考察する。

(2) 送り出すブランドとしての有田焼

　陶磁器の生産は地理的要因の影響が大きい産業と言われる。立地状況，製品特性，業者の規模，生産組織，市場において異質性に富むと言われており，産地の特徴が，生産要素と産地の規模や需要構造のなどの地域の構造的な要因に規定される（山田［2013］32頁）。このような産地は，工業的に均一の商品を生み出す生産がまだできていない時代には，産地がブランドの役割を持っていた（田中［2017］67頁）。つまり，有田のような400年以上の歴史を持ち，工業的な生産体制を整える以前の時代から認知されていた有田という産地は，「有田」で生産されたものであれば，高品質のものであるという安心感を消費者に与えていた。

　実際の商品のブランド付与主体の明確化，品質管理の基準・保護が必要とされている点からみると，1977年に当時の通産省より伝統工芸品の指定，1984年に特許庁より有田焼の商標登録が図形商標として認可（申請者：佐賀県陶磁器工業協同組合）されている。しかしこの時点では，商標を示すにあたっての明確な基準はなかった（波積［2019］）。

　現在，有田では，産地シールが導入されている。その産地シールを使うには，有田焼としての基準を満たしていることが条件である。この産地シールは産地ブランド形成において，このシールがあれば，有田焼としての品質を保証してくれるという安心感を生み出すかもしれない。この産地シールは安心感という一定の保証機能を持っていると思われるが，有田焼が産地ブランドとして強くなっていくためには，想起機能や差別化機能を有することで他の産地との競争優位性を高めることが重要になる。アリタプラスのような産地の強みを活かしたものづくりを行っていくことが「有田焼」のブランドを高めていくことに繋がっていくのである。

　有田焼であれば，原材料の正当性や他の産地との差別性を出すことに加え，さらに，有田焼それぞれの産地特性を活かした技術を地域内外に示すこ

とがブランド構築には重要になってくる。その意味において，李荘窯の取り組みやアリタプラスの取り組みは有田焼の伝統を守りながら，新しい技術やデザインを導入し，有田焼のブランド形成に一役買っている取り組みであると評価できる。図表 5-3 が示す伝統産業のブランド化であり，このブランド化は外部に「送り出すブランド」と位置づけることができる。

農産物のブランド化について有田町の現状に触れておくと，2006 年に有田町は旧西有田町と合併した。この旧西有田町は棚田米をはじめ，きんかん，有田戸矢かぶなど農業が盛んなところでもある。また農家の中には積極的に有機農業を行っているところもあり，西有田の提供する「食（農作物）」と「器（有田焼）」を結びつけた産業振興をどのように進めていくのかは有田町の大きな課題でもある。有田町の「第 2 期まち・ひと・しごと創生総合戦略」では，「行ってみたい，住みたいまちをつくる」上での既存の資源の組み合わせによって多様な地域資源をつなぐ観光プランを出しており，ポテンシャルを感じさせるものである。

(3) 招き入れるブランドとしての有田町

2006 年の西有田町との合併により，有田町は新たな観光資源の魅力を付加したまちとなった。上述した棚田は「日本の棚田百選」に選ばれるほどの景観を有している。他にも，「秘色の湖」と呼ばれる有田ダム，「名水百選」「水源の森百選」に選ばれた竜門峡や，器のテーマパークの「有田ポーセリンパーク」など観光資源も豊かにある。このような環境の中大きな変革となったのが，2016 年の日本遺産認定である。佐賀県伊有田町，万里市，武雄市，嬉野市，長崎県の波佐見町，佐世保市三河内，平戸市の 7 地域が肥前窯業圏として日本遺産に認定された。この肥前窯業圏の魅力を観光客にどのようにアピールしていくかということが大きな課題として挙げられる。

有田町の「第 2 期まち・ひと・しごと創生総合戦略」では，体験型プログラムの開発による「ろくろ体験」や「絵つけ体験」といったクラフトツーリズムや，農村地域において自然，文化，人々との交流を楽しむ滞在型のグリーンツーリズムを推進している。有田町の陶磁器産業をものづくり産業としてその工程を「見える化」することによって，観光資源とすることも 1 つ

の戦略であるし，陶磁器産業のまちだからこそ提供できる観光資源になると考えられる。一方で，有田焼を中心に有田町の他の観光資源とどのように結びつけていくのか，観光だけなく，地域や地域の人々と多様な接点を持った関係人口を増やしていけるのかは大きな課題である。

陶磁器産業は，伝統工芸品としての技術を温存し，発展させていく必要がある。その一方で生活様式が洋風化してきている現代日本の生活の中で伝統工芸品を活かすことを考えた取り組みが求められている。つまり，以前から言われている産地や特産品といった商品としての魅力をアピールするだけではなく，「地域」特性という魅力を新しい価値として付加させた「地域ブランド」の構築を行っていくことが，「地域創生」へとつながっていく。

🎓 本ケースからの学び

「ブランド戦略とは，ブランド価値を高めるために企業・組織が意図的に行う経営・マーケティング・コミュニケーション上の行為である」と田中［2017］（102頁）は述べているが，このケースの有田の李荘窯のブランディングは，ブランド・コンセプトを策定し，そのコンセプトに基づいて，4代続く歴史の中で守っていく伝統と時代に合わせた新しい技術の導入，デザインという革新を行っていく「行為」が重要であるということが理解できる。またこの李荘窯の取り組みは，自社だけのブランディングを考えるのではなく，他の窯元と協働し，ユーザーのプロフェッショナルな要求に適切に応じていくことで「有田焼」という産地ブランドを高めている。

李荘窯のブランディングの形成は，1窯元として，祖先のつくり上げてきた李荘窯としての伝統を守ることである一方で，市場で求められる商品づくりにおいては，李荘窯としての独自の商品づくりだけではなく，同じ有田の窯元と共創することによって，新しいものづくりを行うことにより，「有田焼」としての産地ブランドの形成に大きく寄与しているといえる。

また，本ケースは有田焼が「産地ブランド」として価値を高めること

によって，有田の窯元やメーカーのそれぞれのブランドにも影響を与え，有田の地域そのものの魅力を伝えることに繋がり，地域の他の産業振興にもつながり，地域ブランドとしての魅力を増していることを示している。

■ 参考文献

Cozmiuc.C［2011］City branding- just a compilation of marketable assets? *Economy Transdisciplinarity Cognition,* l4（1），pp.428-436.

Dinnie, K.［2004］Place branding: Overview of an emerging literature, *Place Branding and Public Diplomacy*, 1（1），pp.106-110.

Kerr,G［2006］From destination brand to location brand, *Journal of Brand Management*, 13,.pp.276-283.

Kotler, P., Haider, D. and Rein, I.［1993］*Marketing Places: Attracting Investment, Industry and Tourism to Cities, States, and Nations*, New York: Maxwell Macmillan Int.

青木幸弘［2000］「ブランドの構築が重要な課題に：明確なビジョンに基づいたコミュニケーション活動が不可欠」『金融財政事情』51（41），58-62頁。

青木幸弘［2007］「地域ブランド地域活性化の切り札に」『地銀協月報』（全国地方銀行協会）560，2-8頁。

天野美穂子［2007］「地域ブランド そのマネジメント課題」『マーケティングジャーナル』27（1），4-19頁。

大木裕子［2012］「有田の陶磁器産業クラスター──伝統技術の継承と革新の視点から──」京都産業大学マネジメント研究会『京都マネジメント・レビュー』（21），1-22頁。

柿野欽吾［1985］「わが国陶磁器工業の構造」『経済経営論叢』20（2・3），82-109頁。

加護野忠雄［2007］「取引の文化：地域産業の制度的叡智」『国民経済誌』196（1），109-118頁。

久保田進彦［2004］「地域ブランドのマネジメント」『流通情報』418，4-18頁。

小林哲［2016］『地域ブランディングの論理：食文化資源を活用した地域多様性の創出』有斐閣。

佐賀県有田焼創業400年事業実行委員会［2018］『佐賀県有田焼創業400年事業記録報告書』

陶山計介［2007］「都市再生のブランド戦略」『CEL：culture, energy and life』大阪ガ

スエネルギー・文化研究所，11-17 頁。

関満博・及川孝信［2006］『地域ブランドと産業振興』新評論。

武邑光裕［2004］「地域社会のブランド構築：文化情報基盤整備をめぐって」『観光文化』28（1），2-6 頁。

田中洋［2017］『ブランド戦略論』有斐閣。

寺内信二［2016］「『有田の技量』を受け継ぐ」有田焼継承プロジェクト編『有田焼百景』ラピュータ。

電通 abic project 編［2009］『地域ブランド・マネジメント』有斐閣。

波積真理［2019］「クラスターによる地域ブランド形成と展開」日置弘一郎・大木裕子・波積真理・王英燕『産業集積のダイナミクス』中央経済社。

山口夕妃子［2020］「肥前窯業圏における窯業産業振興と地域創生」『日本産業科学学会学会誌』（25），101-104 頁。

山田幸三［2013］『伝統産地の経営学』有斐閣。

山田幸三［2017］「伝統産地の変貌と起業家活動：有田焼と信楽焼の陶磁器産地の事例を中心として」『上智大学経済学部百周年記念号』58（1・2），219-235 頁。

（山口　夕妃子）

ラ・フォル・ジュルネ
（株式会社KAJIMOTO）

地域を活性化させる革新的音楽イベントブランド

 本ケースのねらい

　東京丸の内でゴールデンウィークに開催されるクラシック音楽のイベント「ラ・フォル・ジュルネ」は，最多100万人の来場者を誇り，リピーター率80％という一大イベントである。確立された伝統と固定化したファンを持つクラシック音楽分野にあって，異例ともいえるこのブランドの立ち上げはどのようにして成功を収めたのだろうか。「安い，短い，気軽に楽しめる音楽祭」という新たな価値がクラシックファン層を拡大させ，開催地の活性化やイメージ向上に寄与するという副次効果をもたらした。「ラ・フォル・ジュルネ」が音楽祭というカテゴリーを超えたブランド価値を持つことになった経緯をみていこう。

1. 「ラ・フォル・ジュルネ」の成り立ち

（1）「ラ・フォル・ジュルネ」とは？

　ゴールデンウィーク中に，東京国際フォーラムを中心に丸の内エリアで開催されるクラシック音楽の祭典「ラ・フォル・ジュルネ・オ・ジャポン（La Folle Journée au Japon）」（現在は「ラ・フォル・ジュルネ TOKYO」）。2005年にスタートして2019年で15年を迎えたが，今まで最多で100万人（2007年，2008年）の来場者を記録するほどに成功を収めている。この音楽祭の特徴は，クラシックに縁がない人たちに気軽に来場してほしいというコンセ

プトの下，従来型のコンサートではありえなかった仕組みやサービスを導入
しているということだ。

　1回のコンサートは45分で（一部60分以上のものもある），チケットは
1000円台から2000円台が中心（中には3000円台のチケットもあり）。毎年
1人の作曲家や1つのテーマが掲げられ，複数の会場で9時30分から24時
近くまで，1日合計40以上のコンサートが行われる。チケットを1枚でも
持っていれば無料コンサート・イベントも楽しめ，フォーラム内のレストラ
ンや中庭に出店している「ネオ屋台村」で食事もできるので，一日中会場で
過ごすことが可能だ。また，0歳から入れるコンサート，3歳から入れるコ
ンサート，6歳以上向けのコンサートと指定されており，通常のコンサート
には行くことのできない小さな子どもたちや子育て中の母親たちにも門戸を
開いていることも大きな特徴である。

　このような仕組みにより，クラシックは近寄りがたいという心理的な垣根
を取り払い，クラシックに縁のなかった人も，小さな子どもも，子育て中の
母親も参加できるという，クラシック鑑賞における「ダイバーシティ」を達
成し，ファン層の拡大に寄与した。

（2）ナント発イベントを日本に招致

　そもそも「ラ・フォル・ジュルネ」は，フランスの音楽プロデューサー，
ルネ・マルタン氏がフランスの港町ナントで1995年に始めた音楽祭である。
「ラ・フォル・ジュルネ」とは，モーツァルトのオペラにもなった，ボーマ
ルシェ作の戯曲「ラ・フォル・ジュルネ，あるいはフィガロの結婚」から
取ったもので，「常軌を逸した日」という意味がある。その名の通り，クラ
シック音楽界の既成概念を破り，今までにない全く新しいコンサートの形を
つくって，将来のクラシック界を支える若い聴衆を開拓したいという思想が
根源にある。

　「U2のコンサートには何万人もの若者が行くのに，どうしてクラシックコ
ンサートには来てくれないのか」と疑問を抱いたマルタン氏が，「U2を聴く
人たちとストラヴィンスキーを聴く人たちの間に何か通路を作らなければな
らない」と思い立った（片桐［2010］）。美術館で部屋から部屋へ回遊しなが

らアートを楽しむように，一日中自由に楽しめる音楽会にしようと，質の高いコンサートを破格のお値段で，朝から晩まで何日間も立て続けに行うというスタイルができ上がった。そうして生まれた音楽祭はフランスだけでなく世界に広がりをみせ，2000 年からポルトガルのリスボン，2002 年からスペインのビルバオでも開催されていた。

ナントで素晴らしい音楽祭が行われていると聞きつけ，日本招致に動いたのは，梶本音楽事務所（現・KAJIMOTO）の梶本眞秀社長である。梶本氏は海外のオーケストラや劇場の日本公演を招聘したり，日本人アーティストの国内におけるマネジメントを行ったりしていた。そうした中で梶本氏は，日本のクラシック音楽界が硬直化していて，一部の特別な人だけのものになっている現状に鑑み，このままでは将来先細りしていくのではないかという危機感を抱いていた。

海外からの引っ越し公演は，海外エージェントを通して採算の取れるものが来る。つまり，ベルリンフィルやウィーンフィルなど有名なオーケストラや歌劇場ばかりが来ることになるため，必然的にチケットは高額で，観客が集まりやすい人気の曲や演目ばかりが演奏，上演されることになる。S 席が2 万円から3 万円というチケットも珍しくなく，ホールは特別な場所となり，初心者や子どもを受け付けない雰囲気の堅苦しい場所になってしまっていた。

梶本氏は，こうしたクラシック界の慣行に身を置きながらも，現状を打破するための活路を見出したいと模索していた。そんな時出会ったのが，ラ・フォル・ジュルネだったのである。

「これは，音楽を楽しむ新しい視点を日本にも提供できるに違いない」

梶本氏はそう思い，日本への招致を誓った。2001 年のことだった。

(3) 第1回開催

ラ・フォル・ジュルネ（以下，LFJ）は，東京国際フォーラムが主催，梶本音楽事務所（現 KAJIMOTO）が企画制作し，文化庁国際交流支援事業の助成を受け，民間企業からの協賛も得ながら開催するという体制で船出することになった。東京国際フォーラムは，東京都の外郭団体としてスタート

し，当初はホールの貸し出し業務が主だったが，2003年の7月に，石原慎太郎都知事（当時）の下，財団法人から株式会社に変更したことをきっかけに，都民に開かれたイベントを積極的に発信していくことを試行していた。そんなタイミングで梶本氏からLFJとマルタン氏を紹介され，その文化的価値と，ちょうど貸し館事業が閑散期となるゴールデンウィークに集客できるメリットを総合的に考え，イベント開催を決定したのだった。

「貸し館業」が主だった東京国際フォーラムにとって，LFJを主催することは，過去にない大きな挑戦だった。大規模な音楽祭を「主催」という立場で開催し，不特定多数の個人客にアプローチすることは初めての経験だったからだ。最も大きな課題だったのは，認知度ゼロのイベントをどのように広報していくかであった。初開催前年の12月4日に，特別協賛に付いた読売新聞上で，イベントを告知する全面広告を掲載したが，発売初日に売れたチケットは，元「ぴあ」田中泰氏の記憶によると，なんと13枚。ここでも，初めてのものにはなかなか手を出さない日本人の気質や，有名どころに集中するクラシックファンの傾向が壁となっていた。チケットがようやく動き出したのは，公演1カ月前に迫った4月に入ってからである。読売新聞にPR版のカラー折り込み紙を入れたところ，1週間で1万枚のチケットが売れ，それが4週続いた。本番直前までで8万枚くらいに到達し，販売総数の13万枚のうち6割以上が売れたことになり，関係者一同手応えを感じていた。

そして迎えた当日。2005年4月29日，「ラ・フォル・ジュルネ・オ・ジャポン」が幕を開けた。最初の年のテーマは「ベートーヴェンと仲間たち」。NHKのニュースなどで紹介されたこともあり，チケットブースが設けられていたガラス棟は，当日券を求めて人々が殺到して大混乱となった。これを見て，梶本氏は「成功した」と思ったという。クラシックコンサートでは主流である前売り券を買わないような，つまり普段クラシックコンサートに行っていない客層が来てくれている証拠だからだ。

チケットシステムを管理する「ぴあ」の社員（当時）で，LFJの日本招致にも一役買った田中泰氏（現・クラシックソムリエ協会理事）は，クラシックビギナーのために公演を紹介したり質問に答えたりする場を設けようと，会場内に「クラシックソムリエ」のブース設置を提案。自らもブースに出て

「ラ・フォル・ジュルネ」の様子。（左）子ども向け無料イベント，（右）屋台村が楽しい中庭
出所：筆者撮影

さまざまな質問に答えていたが，「どんな公演かわからないので教えてほしい」と，1人の観客が「第九」のチケットを持ってきた驚きを今でも覚えている。第九といえば，年の瀬に方々のホールで演奏されるベートーヴェンの代表作である。クラシックファンなら聴き飽きた人はいても聴いたことのない人はいないというあの第九を知らない人まで来てくれていようとは。その瞬間，「今までクラシックに縁がなかった人に来てほしい」という音楽祭の目標は達成したと田中氏は確信した。「ラ・フォル・ジュルネは第1回ですでにクラシック界におけるブランドになっていた」と田中氏は当時を振り返る。

　3日間の開催期間中，東京国際フォーラムと周辺施設で行われた公演は，有料公演120公演，無料を含めた全公演数は209。出演者数は1558人。チケット販売数は発行13万枚中11万6,500枚。来場者数は丸の内エリアで開かれたプレイベントなども含めて全体で32万3,700人に上った。東京国際フォーラムが行ったアンケート調査によると，クラシックコンサートに行くのは，「今回が初めて」と答えた人が15％，年間1〜2回と答えた人が36％。つまり，約50％はクラシックビギナーが来場していたといえる。「普段クラシックコンサートには来ない人々が来たのでは」という関係者の手応えが定量的にも示された結果となった。さらに，「来年も来たいですか」という問いには，実に94％が「はい」と答えていることからも，イベントとしての魅

力と継続性が十分にあるという実感がもたらされた。

（4）音楽祭の発展の過程

　図表 6-1 は全 15 回公演の概要をまとめたものである。

　LFJ は「ベートーヴェンと仲間たち」を掲げた第 1 回に続き，第 2 回はモーツァルト，その後もシューベルト，バッハ，ショパンなど，日本でも人気の作曲家をテーマとして毎年開催され，ゴールデンウィークに首都圏で行われるイベントとしての認知度を高めていった。第 2 回には，目玉企画といえる「0 歳からのコンサート」がスタートした。当時，小さい子ども，ましてや 0 歳の赤ちゃんが入れるコンサートなどは皆無といっていい状態で，その斬新さはクラシック界だけでなく社会からの注目も集めた。胎教や小さい子どもに聴かせる音楽としてクラシックはいいというイメージもあってか，この企画は大当たりで，朝一番に行われたコンサートに小さな子どもと親が数多く詰めかけた。5,000 席を有する「ホール A」のあちらこちらから聞こえる赤ちゃんの声。ホールの玄関に設けられたベビーカー置き場には大量のベビーカーが並んだ。心配された演奏者や他の観客への影響については，観客からクレームが上がることもあったが，温かい支援の声も多く寄せられたという。

　2007 年には，フォーラムでのメイン公演が 5 月 2 日から 5 月 6 日までの 5 日間，丸の内周辺で開催されるプレイベントも含めると 4 月 29 日からの 8 日間にわたってさまざまな公演やイベントが催されるまで規模が拡大した。この年，来場者は初めて 100 万人を突破。クラシックの音楽祭としては他に類をみないビッグイベントに成長した。翌 2008 年も同じ規模で開催し 100 万人を集客したが，2009 年からは当初の 3 日間開催に戻し，2017 年の開催までほぼ同じ規模で継続している。2011 年には，東日本大震災の影響で規模を縮小して，「とどけ！音楽の力　広がれ！音楽の輪」の合言葉とともに復興への思いを込めて開催された。アーティストの中には，「日本に行くアーティストがいなかったら私が行く」と申し出てくれる人もおり，LFJ の価値が再認識される年となった。

　LFJ は「低価格，短い演奏時間，気軽に楽しめる音楽祭」という枠組みを維持しながら，新しい要素もどんどん取り入れてきた。例えば，「0 歳から

図表6-1　LFJ, 全15回開催概要

	開催年	会期	テーマ	出演者数（人）	公演数（回）	チケット販売（枚）	来場者数（人）
第1回	2005年	TIF4/29~5/1 M 4/24~5/1	ベートーヴェンと仲間たち	1,558	209	116,508	323,687
第2回	2006年	TIF 5/3~5/6 M 4/29~5/6	モーツァルトと仲間たち	1,870	377	160,218	695,000
第3回	2007年	TIF 5/2~5/6 M 4/29~5/6	民族のハーモニー	2,264	473	200,441	1,060,000
第4回	2008年	TIF 5/2~5/6 M 4/29~5/6	シューベルトとウィーン	2,169	529	181,724	1,004,000
第5回	2009年	TIF 5/3~5/5 M 4/28~5/5	バッハとヨーロッパ	1,620	419	137,094	711,000
第6回	2010年	TIF 5/2~5/4 M 4/28~5/4	ショパンの宇宙	1,327	358	140,915	807,900
第7回	2011年	TIF 5/3~5/5 M 4/28~5/5	タイタンたち	1,342	274	45,145	220,774
第8回	2012年	TIF 5/3~5/5 M 4/27~5/5	サクル・リュス	2,097	351	122,610	460,000
第9回	2013年	5/3~5/5	パリ, 至福の時	2,170	344	138,014	510,000
第10回	2014年	5/3~5/5	10回記念 祝祭の日	2,261	366	151,001	612,000
第11回	2015年	5/2~5/4	パシオン	2,344	395	122,375	427,000
第12回	2016年	5/3~5/5	ナチュール 自然と音楽	2,330	340	114,222	429,000
第13回	2017年	TIF 5/4~5/6 M 4/29~5/6	ラ・ダンス 舞曲の祭典	2,501	326	115,778	422,000
第14回	2018年	TIF,池袋 5/3~5/5 M4/28~5/5	モンド・ヌーヴォー 新しい世界へ	2,458	451	119,177	432,000 （池袋含む）
第15回	2019年	5/3~5/5	ボヤージュ 旅から生まれた音楽	2,201	298	120,650	425,000

※出演者数には，プロのアーティスト，市民・学生アーティスト，イベント出演者も含む。公演回数には，有料公演，無料公演，関連公演も含む。来場者数は東京国際フォーラム来場者と関連イベント来場者の合計。日程の TIF は東京国際フォーラム，M は丸の内全体を示す。第14回のデータはすべて池袋エリアも含む。
出所：「ラ・フォル・ジュルネ開催実績」から筆者作成

のコンサート」などを目当てで来る親子連れを対象に，子どもたちが実際に楽器を触って音を出せるなどのさまざまなワークショップやキッズプログラムを開催している。実際に演奏する音楽家が登壇し，音楽の解釈や演奏の手法をレクチャーする「マスタークラス」は年々充実し，入りきらないほどの

聴講者が集まる人気プログラムになった。チケットを持っていない人たち，たまたまふらっと立ち寄った人たちにも音楽の賑わいを届けようと，地上広場に「ミュージック・キオスク」という仮設式のステージをつくり，関連コンサートを無料で行うこともすぐに定着した。音楽大学の学生出演や制作協力，中高生席の設置，U-25割引など，若い世代の音楽家を支援し，クラシックファン層としても取り込もうという理念はずっと貫かれている。

　2014年には10周年を迎え，記念公演も盛り込まれた。2015年からは，作曲家をテーマにする従来とは異なり，普遍的なキーワードをテーマとすることに一新された。2018年からは，主催が東京国際フォーラム1社から，「ラ・フォル・ジュルネTOKYO2018運営委員会」に体制を変更した。委員会メンバーには，今まで運営を行ってきたKAJIMOTOを筆頭に，東京国際フォーラム，三菱地所，豊島区が入った。初めての試みとして，従来の丸の内エリアに加え，池袋エリアにも会場を広げ，東京芸術劇場はじめ池袋西口公園などでもコンサートを開催した。

　2020年の第16回は初心に戻る形で，第1回と同じ「ベートーヴェン」をテーマに例年通りゴールデンウィークの開催を予定していたが，新型コロナウイルスの感染拡大により中止となった。2021年の開催については当初，「ラ・プティット・フォル・ジュルネ2021」と題し，1日限りの特別なLFJを開催する予定であったが，残念なことに収束のみえないコロナ禍により中止が決定された。

2. ラ・フォル・ジュルネは「ブランド」になったか？

（1）ブランドの創生

　LFJは一時100万人を動員したイベントとはいえ，世間一般の認知度は高いとはいえない。果たして「ブランド」は構築できたといえるのだろうか。

　そもそも，クラシック音楽の分野で認知を獲得しているブランドとは何だろう。「小澤征爾」などのアーティスト，「メトロポリタン歌劇場」などのオペラハウス，「ベルリンフィル」などのオーケストラを思い浮かべる人もい

るだろう。ただ，確立された伝統があり限られた層しかアクセスしないという特徴から，新しいブランドが育ちにくい分野であることは確かである。

　面白い枠組みとしては，パヴァロッティ，ドミンゴ，カレーラスという3人のオペラ歌手を「三大テノール」というブランドとして売り出し，世界的に認知とファンを獲得したケースが思い浮かぶ。「ブランドはその出発点で何らかの『イノベーション』から生まれる」（田中［2012］p.25）ことに照らせば，本来は1つのステージに主役たるテノールは1人という原則を打ち破り，1人でも十分に客を呼べる名歌手を3人もステージに揃えるというイノベーションから生まれたブランドといえる。普段クラシックに縁がない人たちも「三大テノール」というブランドに魅力を感じ，初めてオペラのアリアを聴きに劇場に詰めかけた。近年では，元祖のメンバーから刷新して「新三大テノール」や「日本の三大テノール」など，この枠組みを活用した売り方もよくみるようになった。

　それと似たような現象が「LFJ」でも起きた。クラシックビギナーでも楽しめる全く新しい音楽のお祭りの誕生は，お金がかかり堅苦しく，特別な人たちのものというクラシック音楽の既成概念を打ち破るイノベーションだった。主催者・企画者側が設定した「安い，短い，気軽」というコンセプトは，ターゲット層とした「クラシックに縁のない人たち」に届いた。「第九」を知らない人も来ていることがその証拠である。前出の田中氏が「1回目にすでにブランドになっていた」と述べた通り，その後の発展に続くブランドの創生はここから始まった。

　先に第1回参加者の半分がクラシックビギナーだったというデータを紹介したが，同じ調査で，83％の人が「音楽祭はよかった」と答え，94％の人が「また行きたい」と答えている通り，音楽祭への満足度は非常に高い。また，リピーターが非常に多いのが特徴だ。2010年の調査によると，「この音楽祭に以前も来たことがあるか」という質問に対し，「これまでにも来たことがある」という答えが55％，そのうち「これまで6回連続で来ている」人も24.3％いた。その後，リピーター率は年々上がっていき，2015年の調査では，「これまでにも来たことがある」人が74.1％，そのうち「11回連続で来ている」人は11.2％。2017年の調査では，「これまでにも来たことがある」

人が85.2％，そのうち「13回連続で来ている」人は7.4％。実に80％以上の人がリピーターであることがわかる。LFJ はその満足度の高さによりブランドとしてファンの心に記憶され，リピーターの多さにより「ブランドロイヤルティ」も獲得していったといえる。

（2）顧客満足とロイヤルティ

LFJ 来場者の顧客満足とロイヤルティはどのように形成されてきたか，筆者が設計に携わった来場者アンケートの分析結果から紹介する。ここまでみてきたように，LFJ には，個々のコンサートや演奏者の質など一般的な音楽イベントと同じ要素に加え，安い，短い，気軽，お祭り的演出，子どもも参加可能など，通常とは異なる要素が多分にある。そうした要素がどのように評価され，満足度を形成し，ロイヤルティを高めるのかを，2017 年来場者アンケートのデータから分析した。

その結果，図表 6-2 のように，各要素についての評価が顧客満足を生み出し，満足度が高いほど，友人に口コミをしたいといった「推奨意向」や，これからも来場し続けたいなどの「ロイヤルティ」も高いという関係性があることが確認できた。評価の仕方については，音楽や出演者，テーマなどの「音楽の質」，食事情や無料イベントなども含めた「雰囲気・サービス」，ゴールデンウィークに 3 日間開催するという「開催スタイル」，コストパ

図表6-2　LFJの顧客満足とロイヤルティ形成の概念図

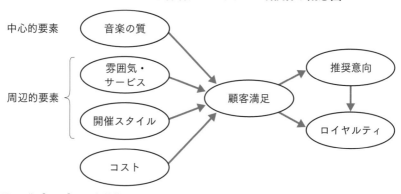

出所：八塩［2020］より加筆修正

フォーマンスなどの「コスト」という4つの軸によって評価されていることがわかった。音楽の質で評価されることは当然だが，LFJによって生み出された開催スタイルをはじめ，丸の内という場所や屋台村などがつくり出すお祭り的雰囲気といった「周辺的要素」も，そして大きなウリであるコスパの良さも評価軸となっていることは，ブランド価値に厚みをもたらしているといえる。

　顧客満足に与える影響は，中心的要素，周辺的要素，コストの順に大きい。興味深いのは，音楽祭の来場経験やクラシック音楽の愛好度など，参加者の属性によってこの順位が変わってくるということである。LFJリピーターやクラシック愛好家は中心的要素を重視し，LFJ・クラシックともにビギナーの人は，周辺的要素に重きを置いている傾向がある。今後さらに顧客層を開拓していく過程では，観客がLFJに何を求めているのかを見極めつつ，ターゲット層に応じた広告コミュニケーションが必要になってくるといえる。

　また，常にファン層の維持・拡大を求められている音楽業界全体にとっても，あって当たり前の音楽の質だけでなく，開催スタイルや食，雰囲気などの周辺的要素が競争優位を生み出し，顧客満足に寄与しているという知見は重要である。

3. もう1つのブランド―「地域ブランド」にもたらす価値

（1）丸の内にもたらす価値

　LFJは音楽祭そのもののブランドを創生しただけでなく，開催地である丸の内の地域ブランドにも価値をもたらした。丸の内のイメージが，オフィス街だけでなく遊びに行く場所として定着する過程に，LFJが深く関わっている。

　音楽祭がスタートした2005年以前は，丸の内のビルのほとんどは銀行やオフィスビルで，週末ともなると，1階部分はシャッターが下りていて，街は眠っているようだった。レストランなどの商業施設があるところは，

2002年にオープンした「丸の内ビルディング」くらいであった。そこで，オフィス街一辺倒から脱却し，食べたりショッピングをしたりする施設を積極的につくり，人々が集まりやすい街にしていこうという計画が持ち上がっていた。そうした再開発の中心となったのは，「大手町・丸の内・有楽町地区再開発計画推進協議会」だ。当時の三菱地所会長（現・同名誉顧問）の福澤武氏が協議会の会長を務め，かつLFJの実行委員会の委員長も務めていたことで，音楽祭と丸の内エリアとの連携を強めることにつながった。

　また，文化庁が丸の内を拠点としていた時期があることから「丸の内元気プロジェクト」がスタートし，LFJも第1回から参加事業に名を連ねている。東京国際フォーラムの中で行われるメイン公演とは別に，周辺の丸の内エリアでプレイベントを開催したり，開催期間中に丸の内仲通りにバナーフラッグを掲げたりといったコラボレーション企画は，音楽祭と丸の内の街づくりとの，このような関係性によって生まれた取り組みだったのである。

　2005年の音楽祭スタート以降，丸の内エリアでは，丸の内オアゾ（2004年），東京ビルTOKIA（2005年），新丸ビル（2007年），三菱1号館（2009年），KITTE（2013年），東急プラザ銀座（2016年）と続々と新しい商業ビルがオープンしている。その年にオープンしたばかりのビルで，関連イベントやエリアコンサートを企画するのが，音楽祭の恒例となっている。三菱地所が持つビルの場合は，三菱地所が主体となって，音楽祭のテーマに沿ったエリアコンサートを企画，開催し，それ以外（例えばKITTEなど）のビルでは，協賛金を出資してもらう代わりに，音楽祭側が主体となって企画，運営するという形をとっている。そのコラボレーションにより，東京国際フォーラムと新名所の間に人の流れができて，LFJと新名所の両方を楽しみたい人々にとって有意義で，かつLFJ側，新名所側双方の相乗効果が達成できた。

　「働きに行く街」から「買いに，食べに，遊びに行く街」に丸の内が変貌していく過程の中で，LFJは集客と街のイメージ形成において，中核的な役割を担ったといえる。丸の内に新しくできた商業ビルとLFJがコラボレーションすることによって，相互に行きかう人の流れができる。音楽祭そのものの魅力と丸の内周辺の目新しさが相まって，ここまでの来場者数が達成で

きたのである。毎年 GW に開かれるイベントとして定着したことで，GW に丸の内に人が来るきっかけとなり，丸の内エリアの最新の姿を広く発信する一種のプロモーションの役割も果たしている。つまり，丸の内という地域ブランドの価値向上に貢献したといえる。

（2）開催地にもたらす価値

LFJ は丸の内に限らず，さまざまな開催地にとっても同様な価値をもたらしている。それは「ラ・フォル・ジュルネ」スタイルの音楽祭が，街の活性化と集客を目的としたイベントとして，地方への展開が可能であるという点に起因する。LFJ 丸の内が成功を収めると，何十万人もの人を集められる文化的イベントの勢いを地方でも享受したいという動きはすぐに広がった。まずは，LFJ に第 1 回から参加している指揮者，井上道義氏が「オーケストラ・アンサンブル金沢」の音楽監督に就任にした縁もあり，2008 年から金沢でも LFJ が開催されることになった。その後，2010 年には新潟，びわ湖での開催がスタートし，2011 年には鳥栖が加わり，全国 5 都市で開催されることになった。

都市によって細かな事情は違ってくるが，共通しているのは，「人がたくさん集まるイベントを開催し，街を活性化したい」という点である。LFJ 生誕の地，ナントがかつて，港湾事業が低迷してしまい，街を活気づけるために音楽祭を開催しようと思い立ったのと同じ事情が，日本の地方都市にもあった。そして，LFJ によって，人を呼び，活性化するという目標はナント同様達成されている。

例えば，「ラ・フォル・ジュルネ鳥栖」は，「鳥栖には文化がない。助けてほしい」と橋本康志市長（当時）から呼びかけられてスタートし，2011 年から 3 年間開催した。初年度はベートーヴェンをテーマに鳥栖市民文化会館を中心としたエリアで，5 月 5 日〜7 日の 3 日間本公演が行われたが，その間来場したのは鳥栖市の人口とほぼ同じ 6 万 5,000 人だった。2013 年には鳥栖の人口が約 7 万 2,000 人を上回ったが，LFJ 鳥栖の来場者数も，プレイベント，有料公演合わせて 7 万 1,261 人に上った。市外から来ている観客も多くいるにしろ，たくさんの人々を集められる LFJ の価値が最大限発揮された結

果に違いない。

　また,「ラ・フォル・ジュルネ」を冠した地方シリーズだけでなく,「低価格,短い演奏時間,気軽に楽しめる音楽祭」の成功をみて,このスタイルを真似する音楽祭やコンサートが多数生まれた。例えば,LFJ から 1 年遅れの 2006 年にスタートした「仙台クラシックフェスティバル」は,仙台市内の 4 施設 10 会場で 3 日間にわたって開催され,1 公演 45〜60 分,1,000 円〜2,000 円で,0 歳から入れるコンサートもある。LFJ 式フレームワークを利用し成功を収め,開催は 15 回を数える。

　社会的背景に目を移せば,日本政府は地方創生を掲げていることに加え,国連の定めた 17 の持続可能な開発目標（SDGs）においても,「住み続けられる街づくり」が謳われている。LFJ や LFJ 的フレームワークを活用したイベントが地方都市で行われることによって,「集客」と「街の活性化」を見込める。そのような価値を創出できたことが社会的パーパスに合致したことで,LFJ は発展してきたともいえよう。

🎓 本ケースからの学び

　ラ・フォル・ジュルネは「安い,早い,気軽」な音楽祭というカテゴリーを創出することでブランドとなった。クラシックビギナーも参加しやすく,クラシックに興味がない人でも楽しめるというコンセプトが,人々のニーズと合致した。ターゲット層の求めるお祭り的雰囲気や無料イベントなどにより,参加者の満足度を高め,ロイヤルティを醸成していった。一連の過程は,ブランドが誕生しにくい土壌においても,コンセプトやターゲティング,実施・演出方法のユニークさによりブランドを生み出すことが可能であることを示している。また,地域ブランドイメージの向上や地方活性化など,社会価値を創出したこともラ・フォル・ジュルネの発展には欠かせなかった。

〈謝辞〉
　本原稿は東洋学園大学『現代経営経済研究』に掲載された 3 つの論文をベースに大幅に加筆修正を加えたものだ。インタビューへ応じていただき，データ提供のご協力もいただいた株式会社 KAJIMOTO，株式会社東京国際フォーラム，元ぴあの田中泰氏へ感謝申し上げたい。

■ 参考文献

片桐卓也［2010］『クラシックの音楽祭がなぜ 100 万人を集めたのか』ぴあ。

田中洋［2012］『ブランド戦略・ケースブック』同文舘出版。

八塩圭子［2017］「『ラ・フォル・ジュルネ・オ・ジャポン』がもたらしたもの：100 万人集客の音楽イベントが創出する社会的・経済的価値」『東洋学園大学　現代経営経済研究』4（2），84-106 頁。

八塩圭子［2018］「文化イベントの顧客満足とロイヤルティ形成についての研究：『ラ・フォル・ジュルネ』日仏比較と顧客満足モデルの提示」『東洋学園大学　現代経営経済研究』5（1），51-72 頁。

八塩圭子［2020］「文化イベントの品質評価と顧客満足，ロイヤルティ形成についての研究」『東洋学園大学　現代経営経済研究』5（3），1-30 頁。

（八塩　圭子）

エアウィーヴ
（株式会社エアウィーヴ）

「エビデンス」と「ストーリー」でブランドをつくる

 本ケースのねらい

　今までブランドがほとんど存在しなかった寝具というカテゴリーにおいて，いかにしてエアウィーヴというブランドを誕生させることができたのか。マットレスパッドで市場に参入し，わずか14年で180億円の売上を誇る総合寝具メーカーに成長できたのはなぜなのか。「睡眠の質」という新しい価値の認知・ニーズを獲得するため，エビデンスの確立とストーリーづくりの両輪でブランドを軌道に乗せた巧みな戦略を学ぶ。フィギュアスケートの浅田真央さん，パリオペラ座にスタンフォード大学，そしてオリンピック選手村。エアウィーヴが行ってきたさまざまなコラボレーションには，「一流を作るには一流と組む」という掟があった。

1. エアウィーヴの立ち上げ

　エアウィーヴのブランド誕生物語は，釣り糸などをつくる機械メーカーが，独自素材を使ってBtoC向け製品を開発しようとしたところから始まる。

　産みの親は現エアウィーヴ代表取締役社長兼会長の高岡本州氏である。高岡氏は日本高圧電気株式会社の代表取締役社長を務めるかたわら，経営が立ち立ち行かなくなっていた伯父の会社，株式会社中部化学機械製作所（現株式会社エアウィーヴ）を2004年に引き継いだ。釣り糸や漁網をつくる技術からできたクッション材をさまざまな用途で売ることから経営改革をスター

トしたものの，なかなか売れずにさらに赤字が積み上がってしまっていた。ベッドメーカーへ納品したところで結局は下請けであり，表からは見えない中のクッション材は消費者に認知も評価もされない。そんな状況に危機感を抱き，自ら新商品を開発しBtoC市場に打って出ようという大きな決断に至ったのだ。ねらうは寝具市場であった。

2006年当時の寝具市場は，テンピュールの枕がヒットしていて，ウレタン系の低反発商品が主流だった。眠りについての人々の関心が高まっているところにニーズを感じてはいたが，既存のベッドメーカーで占められている売り場に新規参入するのは至難の業である。そこで，いきなりベッドそのものを売るのではなく，今使っている寝具の上に重ねて使ってもらうマットレスパッドを開発しようということになった。折り畳めるマットレスパッドなら，売り場の片隅にでも置いてもらえるはずという目算もあった。そうして1年の準備期間を経て2007年6月，従来の寝具にはなかった「高反発」を特徴とするクッション材を使用した新商品，「エアウィーヴ」がデビューした。

独自素材「エアファイバー」を使用しているエアウィーヴは次のような特徴を持つ。

- 素材の復元性が高いため，寝返りの時に力がいらず，疲れが取れやすい。
- 体圧分散に優れていて，起きた時に身体が痛くなりにくい。
- 夏蒸れず，冬温かい。
- カバーは取り外し可能で，中のエアファイバーまで洗えて清潔。

この特徴をみれば良いことずくめにも思えるが，当初の販売は苦戦した。低反発が主流の時代に高反発という商品特性はなかなか理解されにくい。美容やライフスタイルに興味のある女性をターゲットに「睡眠＝美」を打ち出した雑誌広告を行ったが芳しい効果は上がらない。最初の1年は4000万円の広告費を使って1000万円の売上しかなかった。この状況を打破する突破口が必要だった。

2. ブランド構築

　これまでの寝具市場は変化に乏しく，既存メーカーが市場を独占していた。10年から15年に１度しか購入機会がないため，消費者にとっては売り場に来る時が購入のタイミングとなる。事前に試したり比較検討したりしにくい「経験財」であるため，売り場が消費者との重要な接点だった。「ベッドが欲しい」とカテゴリーを求めてやってくる消費者は，店員に勧められるがまま予算に見合った製品を買っていく。そこに商品の機能によって選択される要素は少なく，一定のブランド認知が必要なこと以外，販売員によるプッシュセールスや値引きプロモーションばかりが重視されていた。さらに，大きな商品ゆえにメーカーにはロジスティクスのスキルが必要であるため，その点においても参入障壁は高い。つまり，売り場とロジスティクスを確保できれば勝ちであるともいえるが，そのいずれも持ち得なかったエアウィーヴは，従来とは全く違った道を模索するしかなかった。高岡氏が力を注いだのは，強力なブランドの構築だった。それは，売り場に来た客に対する「プッシュ型マーケティング戦略」から，客をエアウィーヴの店頭に呼び寄せる「プル型マーケティング戦略」への転換を意味していた。

　「ブランドミッションを早い時期に決めたのが成功の鍵だった」と当時を振り返る高岡氏は，名古屋大学工学部で応用物理学を学んだ後，慶應ビジネススクールでMBAを取得。スタンフォード大学大学院で経済システム工学科の修士課程を修了している。多彩な学歴の中でも特にマーケティングの考え方の枠組みを自分のものにできたことが，節目節目の経営判断に活きているという。BtoCに乗り出す決断をしたのも，マットレスパッドに絞ったローンチ戦略も，そして早期にブランド構築に着手したのも，そうした知見に基づいた判断の１つであった。

　高岡氏が成功の鍵と称したブランドミッション，「The Quality Sleep」を制定したのは2008年。寝具を売るのではなく，睡眠の質という新しい価値を売りたい。一晩寝ただけではわかりにくい寝具も，１週間程寝るとその価値はわかる。ただ，１週間寝てから買っていただくわけにはいかないので，

1週間寝なくてもその価値がわかるようなブランドをつくりたい。そんな思いが込められていた。「The Quality Sleep」のミッションの下，エアウィーヴブランドを築き上げるために行ったことは2つ。消費者を説得するためのブランドストーリーづくりと，「眠りの質」とは何なのかを解明するエビデンスの収集である。

（1）ブランドストーリーづくり

　高岡氏は，エアウィーヴの特徴を最もよく理解し，その価値を体現してくれる存在として，早いうちからアスリートに注目していた。常に体調管理に敏感で，休養＝睡眠の質を重視するアスリートに使ってもらえば，その良さは必ずわかってもらえると思ったのである。オリンピック候補選手のトレーニング施設である国立スポーツ科学センターに採用してもらうことに成功し，使用した選手たちから「腰が軽い」などの良い評判を得ることができた。選手のリクエストに応えて開発された丸めるタイプのマットレスは，2008年の北京オリンピックで水泳の北島康介さんなどが使用してくれた。地道にアスリートやコーチ，トレーナーたちに商品説明をして周り，実際に試してもらうという施策を継続した結果，2010年のバンクーバー冬季オリンピックでは100人の選手団のうち70人がエアウィーヴを使用してくれるまでになった。その中に銀メダルを獲得したフィギュアスケートの浅田真央さんがいたのだ。

　アスリートへのアピール活動を行う一方で，コミュニケーション戦略も見直した。海外の有名化粧品ブランドの社長などを歴任した田所邦雄氏がアドバイザーとして経営に参加し，アドバイスを受けるようになった。継続的にコストのかかる広告から，少ないリソースでも成果を期待できるPRに重点を置くようにした。マスコミへの露出を増やしていく中で，浅田真央さんがエアウィーヴを愛用しているという事実は格好のPRネタとなった。浅田さんが海外遠征から帰国した際の会見では，手に「マットレス」という文字がマジックで書かれている映像が映し出された。大切なエアウィーヴを忘れないための浅田さんのお茶目な行動が話題を呼び，大きな後押しになった。

　そこで，エアウィーヴの価値を十分わかってくれていて，一流のアスリー

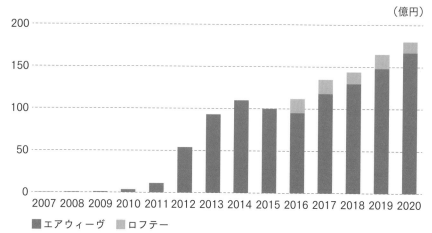

図表7-1　エアウィーヴの売上推移（ロフテー含む）

（億円）

■エアウィーヴ　■ロフテー

出所：エアウィーヴ提供のデータにより作成

トである浅田さんに，ブランドを強力に訴求してもらうエンドーサー（推奨者）になってもらおうと，2011年にブランドアンバサダー契約を締結。会見で大々的に発表し，新聞各紙に全面広告を掲載した。翌年には浅田さんが登場し，「2009年から私のすべての睡眠はエアウィーヴです」というキャッチコピーを使用したテレビCMを流した。この効果は非常に大きく，1カ月の売上が前年同期の3倍を記録した。2010年度4億円だった売上は，2011年度に11億円，さらに，2012年ロンドンオリンピックの日本代表選手団の強化用品（文部科学省「チーム『ニッポン』マルチサポート事業」）としてエアウィーヴが採用された効果も加わり，2012年度に52億円と，年々倍以上に伸びるという快進撃をみせた。（図表7-1）

(2) ブランドの「臨界」を起こす

　次なるブランドストーリーを紡ぐ場として，航空機やホテル・旅館が選ばれた。いずれも，顧客満足を向上するために，寝心地に神経を使う業界である。2010年に全日空のファーストクラス，その後日本航空の国際線ファーストクラス・ビジネスクラスと相次いでエアウィーヴが採用されたことは大きな実績となった。ホテル・旅館は，エアウィーヴにとっても試してもらい

にくい睡眠を経験してもらえる場として，消費者との重要な接点である。高級ホテルの頂点に立つリッツ・カールトンとフォーシーズンズの2社からアプローチを始めた。国内では，旅行新聞新社主宰「プロが選ぶ日本のホテル・旅館100選」で36年連続1位に輝いた和倉温泉の高級旅館，加賀屋の寝具に導入された。エアウィーヴを導入する宿泊施設は年々増加し，フォーシーズンズホテル丸の内など，ホテルには累計で30,000床以上提供し（2020年末現在），ワンフロアすべての部屋に導入されている「エアウィーヴフロア」も増えている。

　かくして，「浅田真央さんなどのアスリートも使っている。航空機のファーストクラスや高級ホテル・旅館にも採用された。今話題らしい。」といったブランドストーリーが世の中に拡散していった。その中には，エアウィーヴの誕生秘話やいかにしてユーザーを広げていったかという報道も含まれる。結果，「アスリートや高級ホテル・旅館が選ぶのだからエアウィーヴは間違いない」という機能面での保証効果と，「一流に採用されるからエアウィーヴも一流」というブランドイメージの両方を獲得することとなった。消費者の心理にブランドを植え付けることに成功したのだ。

　このストーリーの紡ぎ方には高岡マジックがある。

　「ブランドを説得する対象は，消費者との距離の遠いところから近いところへという順番でなければならない。」

　このように高岡氏は説明した。最初は，メダリストなど手の届かない遠いところにいるスター。次に，通り過ぎてチラリと見ることができる航空機のファーストクラス。続いて，お茶ができたりたまに泊まれたりする，手に届きそうな高級ホテル・旅館。というように遠いところからブランドを説得していき，だんだん消費者に近づいていく。その順番を間違えてはならないということである。その結果として起こることを，高岡氏は独特な言い回しで以下のように表現している。

　「ブランドを空間にちりばめていくと密度が高まり，お互いが情報交換す

るようになる。ブランドの匂いが高まっていって，『臨界』が起きる。」

　「臨界」を起こす存在として重要なブランドアンバサダーや CM キャラクターを選ぶ際にも重要なルールがある。それは「一流」である人を選ぶこと。浅田真央さんに続いてスポーツ界からはテニスの錦織圭さんとも広告出演契約を結んだ。アスリートだけの商品ではないと周知するために，歌舞伎役者の坂東玉三郎さん，ヴァイオリニストの五嶋龍さんなどの文化人にもCM に出演してもらった。「一流と組むことで，若いブランドにも『伝統あるブランドのフレーバー』が備わる」というのが高岡氏の信念だ。

(3)「眠りの質」を研究する

　ミッションに掲げた「眠りの質」を売るということは，「眠りの質」とは何かを明らかにしなければならないことを意味する。グローバル化を進めるためには，どの国でも通用するエビデンスをつくらなければならない。「技術は真似されるが実績は真似できない」との高岡氏の思いもあり，エアウィーヴは睡眠の質を向上させるという実績（データ）を蓄積するためにさまざまな取り組みを行った。

　この取り組みを行う上での最大のパートナーは，米国フロリダにある世界最大級のトップアスリート養成施設「IMG アカデミー」である。2013 年にアカデミーの寮の全室 500 床にエアウィーヴを寄贈した。スポーツアカデミーを舞台にエアウィーヴが睡眠の質にどのような影響を与え，パフォーマンスにどのように寄与するのかについて，スタンフォード大学の「睡眠・生体リズム研究所」所長の西野精治教授と共同研究を行った。IMG 所属の男子アスリートに対してエアウィーヴありで寝た時とエアウィーヴなしで寝た時，あるいは低反発マットレスで寝た時との比較調査を行ったところ，立ち幅跳びや 40m ダッシュなど敏捷性を確認する種目すべてで，エアウィーヴで睡眠した後のほうが良い記録が出たという結果が得られた。一連の研究は7 年がかりで，2020 年 7 月にネイチャー・リサーチ社が発刊するジャーナル『Scientific Reports』に掲載され，医学研究者も認めるファクト（事実）になった。

その他，国内でも複数の研究者と共同研究を行った結果，エアウィーヴで寝たほうが一般的な低反発マットレスよりも「入眠後の深部体温がスムーズに下がるので，深い睡眠が得られる」ことや「寝返り時の筋肉の動きが少なく，寝返りがしやすい」ことを実証するエビデンスが得られた。

こうしたデータの活用方法について，高岡氏は「早めに刈り取らないこと」をルールとしている。推奨してくれる医師や専門家を広告に出すだけという手法ではなく，データ収集を1回行ってすぐにプレス発表して終わりでもなく，学術ジャーナルに掲載されるまで丁寧にデータを蓄積する。学術ジャーナルに載るとスポーツドクターの目に触れる。するとドクターが選手に薦める。使う選手が増えて，その中からトップの選手と契約してブランドコミュニケーションに使う。そんな循環が生まれるからだ。

スポーツだけでなく，芸術の分野でもパートナーを増やした。2013年にはフランスのパリオペラ座バレエ学校の寮に採用され，通常では撮影させてもらえないバレエ学校の中でのCM撮影を許可されるまで信用を得られる関係となった。その信用から，英国ロンドンのロイヤルバレエ学校にも採用されることになった。国内では宝塚音楽学校にも採用されている。身体による表現と日々向き合い，睡眠の質にも敏感な将来のエトワールやアーティストをサポートすることは，同社にとってアスリートのサポートと同様の価値がある。オペラ座の東京公演でバレエダンサーが来日した際には，ダンサーの体形データを取らせてもらい，1人ひとりの体形に合わせてカスタマイズした寝具を提供した。こうしたデータの蓄積は，「眠りの質」を「見える化」すると同時に，商品の改良や開発に活かされる。

3. ブランドの成長

一流アスリートやアーティストに使用してもらい，コミュニケーション戦略に活かしていくことで，ブランドの認知とイメージの浸透を図る。一方では，スポーツ・芸術分野のトップと組むことで科学的なデータを蓄積し，エアウィーヴが良い睡眠と良いパフォーマンスをもたらすというエビデンスを収集する。それらがすべて実績となりエアウィーヴというブランドを構築

し，ユーザーから選ばれる存在となっていった。

　エアウィーヴはブランドをいかにして「成長」させるのか，というフェーズに入った。売り場とロジスティクスという課題を克服し，ハードの充実と同時にソフトの開発にも取り組む。引き続きデータ収集とブランドイメージの定着には力を入れながら，国内市場を伸ばしていく予定である。もちろんグローバル展開も視野に入っている。さらに，「寝具メーカー」から「睡眠のトータルソリューションカンパニー」へと発展させることを目指す。

（1）東京オリンピック選手村への採用

　ブランドの原点ともいえるアスリートへのサポートを結実させる場として，日本で開催される東京2020オリンピック・パラリンピックというチャンスが到来した。2008年の北京，2010年のバンクーバーでアスリートへの提供を行ってきたエアウィーヴは，2013年に日本オリンピック委員会（JOC）とのオフィシャルパートナー契約を締結した。2014年のソチ，2016年のリオ，2018年の平昌と3つのオリンピックで，選手1人ひとりに合わせたマットレスパッドやピロー，クッションなどを提供した。2016年には東京2020のオフィシャル寝具パートナー契約を締結し，選手村に入れる特別仕様寝具をこれまでの知見や技術をフル活用して3年がかりで開発した。

　選手村に供給された特別仕様寝具は，肩，腰，脚の部分に分かれる3分割構造になっている。それぞれのモジュールは両面で硬さが「柔らかめ／標準」「硬め／標準」「標準／さらに硬め」と異なっており，位置を入れ替えたり裏表を入れ替えたりすることによって何通りものカスタマイズが可能になる。競技によって体形も筋肉のつき方も変わるアスリートそれぞれに合わせた仕様のマットレスがつくれるという仕組みである。例えば腰の筋肉が発達している柔道の選手には，腰部分に硬めのマットレスを選ぶと沈み込みが少なくなり理想的な寝姿勢になる。肩が張り出している水泳選手には，肩部分を柔らかめや標準のマットレスにしたほうが，横に向いた時の抵抗が減り，寝返りしやすくなる。図表7-2のように，競技や体形に合わせた設定により，睡眠中の身体の負担を減らす効果が得られる。オリンピック開催中，「ダンボールベッド」として話題になり，「マットレスを持ち帰りたい」とい

図表7-2　競技別マットレスの組み合わせ例

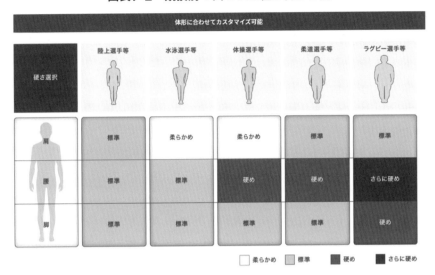

出所：エアウィーヴ提供

う声も選手たちから上がったという。

　選手たちに好評を博した3分割組替え式マットレスには，これまでの製品開発で培ってきた技術が使われている。このシステムは2018年に発売された「エアウィーヴ ベッドマットレス S01」から採用されている。現在は同じシリーズで4種類が市販されており，一般の購入者も自分の体形や好みに合わせてパーツを組み合わせてマットレスをカスタマイズできる。東京オリンピックでどんな体形の選手がどんな組み合わせのマットレスを選択したかというデータが活用できるとしたら，一般向けの購入サポートサービスも充実することになろう。

　一般向け製品開発とアスリートへの製品提供との間には相互にメリットがある。アスリートに対して，エアウィーヴの持つ技術を注ぎ込んだ製品を提供する。アスリートが使用する際のデータを蓄積し，「眠りの質」を研究すると同時に，製品・サービス開発にも役立たせる。そうしてできた製品がユーザーをさらに増やすという関係が生まれている。

(2) 過去の弱点を強みに転換

　新型コロナウイルスの感染拡大により生まれた，衛生面に神経を使う
ニューノーマルの生活スタイルは，エアウィーヴにとって追い風となった。
通常のマットレスだとスプリング，内部のウレタンに入り込んだ汚れはほぼ
永続的に取れないが，エアウィーヴの場合は水洗いが可能であるため，選手
村はもとより，ウイルス対策や清潔さが求められるホテルでもこの機能は歓
迎された。加えて，ホテル向けの「エアウィーヴ ベッドマットレス SH4」
という製品では，パーツごとに分割されたマットレスやパッドがダンボール
2つに入って届き，5分で組み立てを完了することができる（図表 7-3）。
パッドの前後ローテーションも簡単にできて，完全リサイクルが可能な
SDGs に配慮した製品となっている。

　マットレスを3分割してダンボールに詰めるという配送方法の開発で，弱
点だった物流を逆に強みに転換することができた。「売り場とロジスティク
スを取った企業が優位」だった寝具市場で，どちらも持ち得なかったエア
ウィーヴは強い競争優位性を手に入れた。そして，もう1つの「売り場」に
おいても，着々と存在感を増している。デパートやショッピングセンター，
大型総合スーパーなどにエアウィーヴショップを展開し，スリープカウンセ
ラーと呼ばれるスタッフを配置し，コンサルティング販売を行っている。そ

図表7-3　ホテル向け製品「エアウィーヴ ベッドマットレス SH4」の組み立て説明

上部のエアファイバーを並べます。

出所：エアウィーヴ提供

の数は全国で180店舗（2020年末）を超えた。特に気を使っていることは，GMS（総合スーパー）・スーパーでも「デパートライク」で高品位な売り場づくりをすることである。スーパーの客層もデパートの客層とさほど違いはない。デパートと同じ見え方，同じスタッフ配置，同じ価格で販売することは，ブランド維持という観点からも重要である。

　また，デジタル技術の活用も進む。2020年からは，全身写真を撮るだけで最適な寝具がわかる体形測定システム「マットレス・フィット」を店舗に置いたり，デパートで同システムを試すことのできる体験会を開いたりしている。また，「マットレス・フィット」はスマートフォンでも利用することができる。「店頭に行かずに寝具選びをしたい」というコロナ禍でのニーズに応えたもので，スマホのカメラで体の正面と側面の写真を撮り，身長，体重，性別，年齢をアプリに入力すると，AIが体形を瞬時に測定し，過去のデータとマッチングしてその人に合った硬さのマットを提案してくれる。AIのディープラーニングに東京オリンピックのデータも活用されることになれば，さらに精度の高い提案に結びつくことが期待される。

　「マットレス・フィット」の導入で準備は整った。近い将来，「体形に合わせた寝具のカスタマイズ」ブームが来ると高岡氏は確信している。オリンピック選手村でカスタマイズできる寝具が使われているということが報道を通して浸透し，一般の人の興味，関心につながるという読みである。そこでも，オリンピックでの実績がものを言う。

(3) 睡眠を可視化することで広がる市場

　エアウィーヴの売上高は，買収したピローブランド「ロフテー」も合わせて2020年度で180億円である（図表7-1）。当初，マットレスパッドから寝具市場に参入したが，2016年からはベッドマットレスに力を入れ始め，2020年度では30％の売上比率を占めている。将来的には比率を50％まで高めることを目標としている。寝具カテゴリーでは，マットレスだけでなく，枕，掛け布団，介護向けのモデルまでフルラインナップを揃え，クッションや犬用マットレスなどにも生産ラインを拡張した。国内市場はまだ伸び代があると見込み，300～400億円の売上目標を念頭に置いている。

同社が次にねらうのはグローバル市場である。海外展開するためには，やはりロジスティクスが肝になる。日本から輸出するにはコストがかかるため，海外拠点に工場をつくり，販売チャネルを持つのが現実的であるといえる。海外企業を買収するにも提携するにも資金が必要と見越して，2022年に株式上場を目指している。

　「The Quality Sleep」のブランドミッションの下，提供できる価値はまだまだある。高岡氏は「睡眠の中を徹底的に可視化していきたい。すると新たなマーケットができる」と意気込む。人が眠っている時間について，今まではブラックボックスだった。しかし，エアヴィーヴは，その時間に何が身体に起きているか，IMGなどとの研究によって精緻なデータを蓄積してきた。一般向けには睡眠時間や睡眠の深さを測れるアプリ「airweave sleep analysis」を提供しているため，そこからも大まかなデータは得られる。そうしたデータによって睡眠を可視化しようというのだ。

　体脂肪計が登場して身体の中が可視化されるようになったことでサプリや機能食品マーケットが活性化したように，睡眠を可視化することで新たなマーケットが生まれる。睡眠をどうサポートするか，またはどんなサービスに結びつけるか，という面での「ナイトタイムエコノミー」が誕生する。ナイトタイムエコノミーという言葉は，観光業界で「観光客が夜間，食事や観光をする消費行動」という意味で使われることが多かったが，今後はさまざまな業界で「睡眠関連市場」を指す言葉に変わっていくかもしれない。

　睡眠を可視化することで市場が生まれ，大きくなっていくことを見越して，エアウィーヴはさまざまな生活インフラ企業との関係性を深めている。2017年に外部資本を30％導入したのはそれが目的だ。導入資本のうち20％が楽天で，その他は森トラスト，ベネッセ，中部電力である。そのうち，中部電力との取り組みは睡眠時にエアコンを最適に利用できるサービスとして形になりつつある。眠っている間の環境のコントロールなど，より広い角度から眠りの質を高めるような取り組みも行われるだろう。

　睡眠関連のナイトタイムエコノミーが拡大すればするほど，この分野のトッププレーヤーであるエアウィーヴの成長につながる。エアウィーヴが目指すのは，睡眠の質を向上させて人々の生活を豊かにし，世の中に貢献する

ことである。「The Quality Sleep」の価値をさまざまなカテゴリーに展開し，そして世界中に広めたい。「睡眠のトータルソリューション企業」へ向けた次なるフェーズに足を踏み出した。

本ケースからの学び

　エアウィーヴが成功したのは，一言で表現すると，「サイエンスとアートの両立のなせる技」であるといえる。この場合の「サイエンス」とはセオリーやデータを活用したマーケティングを示す。「アート」とは経営者のセンスや直感を意味する。経営においてどちらが大事なのかというテーマは古くから議論されてきたが，高岡氏はその両立を実現した。

　エアウィーヴという新しい寝具を誕生させた過程では，マーケティングのセオリーがいかんなく発揮されている。すでに所有していた釣り糸製造技術をクッション材製造に転用することで新市場の開拓をした。商品のターゲットを「企業」から「消費者」へ，ポジショニングを「さまざまな用途に使えるクッション材」から「高反発クッションを特徴とした寝具」へと転換した。売り場とロジスティクスを持たないデメリットを冷静に見極め，ライバル製品の少ない「ブルーオーシャン市場」であるマットレスパッドから新規参入をした。従来型のプッシュ型マーケティング戦略ではなくプル型マーケティング戦略としてブランド構築を進め，ブランドストーリーと人々を説得するためのエビデンスをつくった。こうした取り組みは高岡氏が学び自分のものとしてきた知識や分析，論理といった「サイエンス」の賜物といえる。

　一方で，高岡氏ならではの感性としか言いようのない「アート」の面も経営判断に生きている。ブランドアンバサダー契約をしたりテレビCMに出演してもらう人材は，トップ中のトップアスリートを選ぶ。実績を蓄積するためにコラボレーションする相手にも，IMG，オペラ座，リッツ，宝塚，加賀屋など伝統に裏打ちされた「一流」を選ぶ。その導入順は一般の人からの距離が「遠いほうから近いほうへ」。これらは

教科書に書いていない高岡氏独自のルールである。また，「一流と組む
と若いブランドでも伝統あるブランドのフレーバーがまとえる」「空間
に散りばめるとブランドの匂いが高まって臨界に達する」などという，
独特な言い回しもアートだ。このような高岡氏の感性がエアウィーヴと
いうユニークなブランドをつくったということは，何度か高岡氏にイン
タビューを行った筆者が確信するところである。ちなみに，サイエンス
とアート，どちらが大切かと高岡氏に問うたところ，帰ってきた答え
は，「アート」だった。その理由は「サイエンスは外部から借りられる
けど，アートは自分で持つしかないから」だという。

　割合は企業や経営者によって変わってくるだろうが，理論やデータを
活用する「サイエンス」と，オリジナリティを発揮する「アート」のど
ちらが欠けても強いブランドはつくれないということを，エアウィーヴ
のケースは教えてくれている。

〈謝辞〉
　執筆に際し，エアウィーヴ高岡社長にインタビューさせていただき，資料提供など
全面協力をいただいた。また，過去に行った取材や講演の内容も本原稿に活かされて
いる。長年にわたるご協力に深く感謝申し上げたい。

■ 参考文献

田中洋［2013］「他企業に学ぶ"マーケティング成功のカギ"」第138回「一流の評判
　　を短期間に確立するマーケティング」NTT 東日本　BUSINESS，2013年2月。
東洋学園大学「現代経営研究会」第11期（2018年度）第2回「"The Quality Sleep"
　　の追究"睡眠のトータルソリューションプロバイダー"へ」高岡本州氏講演要旨
　　https://www.tyg.jp/pdf/koukaikouza/business/activities2018/2018-2_181017s.
　　pdf.（2021.5.10閲覧）

（八塩　圭子）

バタフライ
（株式会社タマス）

スポーツ用具を世界的なブランドにするアプローチ

 本ケースのねらい

卓球は，近年の日本代表選手のオリンピックなどの国際舞台での活躍やＴリーグの開幕により，メディアを通じて触れる機会が圧倒的に増えた競技である。また，昔から日本人にとって，ピンポンと呼ばれる馴染みの深いスポーツでもある。では，卓球用具についてはどうだろうか。卓球に詳しい人ならば，卓球用具「バタフライ」を知らない人はいないだろう。一流選手の間にも深く浸透しているこのバタフライ・ブランドを保有する株式会社タマスは，どのような活動を通じてバタフライを強いブランドにつくり上げてきたのだろうか。

1. 卓球の歴史と魅力

19 世紀後半，英国上流階級の貴族たちが外でテニスができない雨天時に室内でテーブルを使って楽しんだことから卓球の歴史は始まったとされている。1900 年頃には木材のフレームに羊の皮を張り合わせてつくられたバンジョーラケットでセルロイド製のボールを打つと"ピン"，相手の台に落ちると"ポン"と音がすることがら，「ピンポン（Ping-Pong）」と呼ばれるようになり，その後「テーブルテニス（卓球）」と正式な競技名となった。

日本には，1902 年（明治 35 年）に教育現場の欧州視察から帰国した坪井玄道氏が卓球用具一式を持ち帰ったことから伝来し，その後国内で広まったとされている。今日では，学校体育の授業種目やレクリエーション種目とし

て老若男女に幅広く親しまれて，体格差や年齢差が表れにくい"生涯スポーツ"として普及している。また，"競技スポーツ"としては，1926年に国際卓球連盟（以下，ITTF）が発足し同年にロンドンで初の世界選手権を開催，その後1988年第24回ソウル大会より正式にオリンピック競技種目に採用されたことで一躍認知度が高まった。パラリンピック競技種目としては，オリンピックより25年以上も早い1960年第1回ローマ大会より採用されており，健常者だけでなく障がい者にも競技スポーツとして早くから普及している競技である。

　卓球は，"100メートルを走りながらチェスを指すような競技"と言われている。サーブをする前から，相手コートのどの方向へ，どのような回転で，どの程度の力でボールを打つのかなど相手選手との駆け引きがすでに始まっている。息つく間もなく返球されるボールをさらに力強く打ち返すラリーは，無酸素運動そのものである。トップ選手が打つスマッシュやドライブとなれば1秒間に150回転ほど，時速100キロほどに到達する，繊細かつダイナミックな競技なのである。

2. 株式会社タマスについて

（1）創業の歴史

　株式会社タマス（以下，タマス）は，1950年（昭和25年）12月，山口県柳井町（現柳井市）に資本金100万円で設立された。創業者である田舛彦介（たます・ひこすけ）氏（1920-2004）は専務，初代社長は父である義一氏が就任した。タマスのルーツは大正時代にさかのぼり，父が営んでいた製菓販売業「天狗堂」である。戦後，1946年7月に天狗堂を改装し開業したタマス運動具店がタマスの前身となる。

　その頃の会社のビジネスモデルは，いろいろな運動用具を大阪や東京から仕入れ，山口で販売する地方卸・小売業であった。また，現役の卓球選手でもあった彦介氏は，当時の日本製卓球ラバーの性能に満足できず，進駐軍を通じて非常に高価な英国製ラバーをようやく手に入れられるような状況で

※（左）創業当時のロゴマーク。現在も一部製品に使用。（右）現在のロゴマーク。蝶が飛び立つイ
　メージを再現。
出所：タマスHP　https://www.butterfly.co.jp/about/message/

あったため，1949年3月にゴムメーカーの協力を得て，「バタフライ印」の
ラバーとラケットの製造販売を開始した（図表8-1）。

　"バタフライ"の由来は，「選手を花にたとえるならば，私たちはその花に
仕える蝶でありたい」と考えた彦介氏によるものである。美しい花が咲き誇
る陰には，花々を飛び回る蝶の存在があるように，バタフライは選手に奉仕
し続ける集団でありたいという選手ファーストの信条をシンボライズしたも
のである。彦介氏は同年12月に開催された全日本卓球選手権大会の混合ダ
ブルス優勝を機に選手を引退し，本格的に卸売業から製造業に向けた経営，
タマスの設立に注力した。

　同社が東京へ進出したのは1949年に出張所を設けたことから始まる。「バ
タフライ印」の卓球用具を手掛け，さらに1952年にタマスとして東京支店
を杉並区に設立し，翌年からラケットの自社製造を開始した。1956年3月
には，柳井本社を閉鎖し，東京支店を本社とした完全移転を果たす。その
後，1959年より2代目社長に就任し，1967年12月には現在も卓球用具の生
産拠点となっている所沢工場（現バタフライ・テック，埼玉県所沢市）を完
成させる。同施設は，ラケットとラバーの生産工場としてだけでなく，研究
開発の拠点としての機能も併せ持つ施設となる。

　タマスは，バタフライをブランド名とする卓球用具専業メーカーとしての
道を歩むことになるが，必ずしも先発企業ではなかった。卓球選手としての
経験がある彦介氏だからこそ，彼自身が満足する用具をつくりたいという強

い想いが原動力になっている。創業当時から続くモットー「卓球という井戸を深く掘り続ける」は，彦介氏が高品質で高性能なものづくりにこだわり続けた所以である。惜しまれつつ 2004 年 7 月に 83 歳で生涯を閉じるが，今もなお"創業のこころ"として，大切に引き継がれている。

(2) タマスの海外戦略

　バタフライ製品の本格的な海外戦略の起点となったのは，1954 年から 4 回にわたって実施した調査「世界卓球アンケート」である。世界選手権で各国の卓球協会会長やトップ選手らに対し，卓球人口や活動状況，使用している用具などについて直接調査を行った。また同時に，バタフライ製品を渡し，実際に使用した感想などを知らせてくれるよう依頼した。これらの調査から得られた結果は，バタフライ・ブランドの海外での認知度拡大につながる足掛かりとなっただけではなく，世界中のトップ選手の要望に応えるための用具開発戦略に多大な影響を与えることとなった。

　1973 年 1 月，海外拠点として最初に卓球先進国である西ドイツ（当時）メールス市に欧州現地法人「タマス・バタフライ・ヨーロッパ」を設立した。欧州市場の拡大，工業所有権の管理，情報収集を目的としたものであった。調査開始より十数年後と少し遅れた海外進出に思えるが，当時は商標の「バタフライ」が使用できない状況にあった。その理由は，1964 年にオランダの代理店によって，欧州における商標の不正登録が行われていたからである。苦闘の末，13 年後の 1977 年に商標権を奪回し，その後に EU 加盟国も含めた欧州市場とアフリカ市場にリーチできる販売網を構築している。

　また，アジア市場においては 2000 年以降積極的に，卓球強豪国であり日本のライバル国でもある中国と韓国にそれぞれ「タマス・バタフライ・チャイナ」（上海，2003 年）と「タマス・バタフライ・コリア」（ソウル，2009 年）の現地法人を設立している。さらに，近年卓球が人気スポーツとして認知・拡大傾向にある東南アジアの拠点として，タイに現地法人「タマス・バタフライ・タイランド」（2014 年）を設立し，これから成長が見込まれる魅力的な卓球用具市場への参入を果たしている。現在，100 を超える海外販売代理店を通じて，198 カ国の国々へバタフライ製品を届けることができる海

外販売網を確立している。

(3) バタフライ・アドバイザリースタッフの役割

　タマスは，国内だけでなく，世界の舞台で活躍する50を超える国々の約300名，主にアジアと欧州の選手およびコーチに「バタフライ・アドバイザリースタッフ」としての契約を結んでいる（2020年12月現在）。この契約を結ぶ基準には，世界ランキングや将来的に各国のナショナルチームのメンバーになれるかどうかといった客観的な評価だけではなく，"バタフライの選手"として真摯に卓球に取り組む姿勢を体現できるかなどの主観的評価も重要なポイントとされている。アドバイザリースタッフになると，大きく分けて以下の2つの役割を担うこととなる。

　第一の役割は，トップレベルの競技経験を活かし，卓球用具開発のアドバイスを行うことである。支給されるバタフライ製品を練習や大会などで使用したときの満足度や要望など詳細なフィードバックを繰り返すことにより，高性能な用具を一緒につくり上げることになる。卓球は，ラケットとそのラケットに貼り合わせるラバーによって勝敗に大きく影響するといっても過言でないほど用具が重要な競技である。体格差や筋力差，プレイスタイルなどの違いによって，選手1人ひとりが使用する用具の組み合わせは異なる。

　国内スタッフの1人である，リオ五輪卓球男子個人で日本男子卓球史上初のメダリストとなった水谷隼選手は，2016年と前年では，違うラバーを使用していた。五輪で世界トップランカーに打ち勝つためには，今よりも卓球台に近い位置から積極的に強く打ち返すカウンターを武器とするプレイスタイルが決め手になると感じていた。しかし，そのスタイルに変更するには，スピードよりスピンを重視したラバーへ変更する必要があった。水谷選手はアグレッシブな攻撃スタイルに変更するために最適な用具を選び，そして自身のプレイを進化させた結果，銅メダルを獲得することができた。

　アドバイザリースタッフの第二の役割とは，バタフライ・ブランドのイメージ向上である。この"バタフライ"を冠したアドバイザリースタッフは，各国それぞれで開催されるタマスのイベントや講習会に参加することによって，世界中の卓球ファンと触れ合い，夢と勇気を与えている。

ドイツ出身の国外スタッフのティモ・ボル選手は，1993年に当時12歳でバタフライ用具支給の契約を結び，その後，欧州選手権最多優勝記録7回や五輪・世界選手権で合わせて10枚以上のメダルを獲得する世界トップクラスの選手に成長した。四半世紀以上の長きにわたり，バタフライ製品を愛用する彼の活躍は，自国だけではなく欧州中に，そして世界中にバタフライ・ブランドの知名度とイメージの向上という多大な貢献をもたらしている。

3. 勝つための用具づくり

（1）タマスの製品管理体制

タマスが製造販売する基幹商品は，卓球競技用のラケットとラバーである。これらの商品のほぼすべてをバタフライ・テックで製造している。国内で両方を製造できる能力を持つ卓球用具専業メーカーは数が少なく，優位な経営環境にあるといえる。また，バタフライ・テック内に併設されている研究開発部は，ラケットとラバーに搭載する新技術について半世紀以上にわたり追求し続けている。

しかしながら，海外では模倣品が流通する事例が多く，監視体制の強化や商標権の管理が課題である。グローバルで展開する以上，国別のローカライズした販売戦略の構築は当然であるが，各国の卓球協会やステークホルダーとの連携強化が模倣品防止対策として最も重要で効果的だと考える。

（2）ルール変更vsイノベーション

1926年に第1回世界選手権ロンドン大会を開催した時のITTF加盟国と地域数は9であったが，2017年には226となった。これは，ITTFが初めて国際競技連盟に登録可能なすべての国と地域が加盟した"最大のスポーツ競技団体"となったことを意味する。卓球が，世界で最も普及しているスポーツとなった瞬間である。

これは，ITTFがすべての選手が同じ条件下で，公平公正に競技ができるようにと積極的にルールに関するハンドブックの改定を48回も行ってきた

成果であろう。その中でも用具に関しては，常にボールのスピードと回転量を抑制するルール変更が多い。ゲーム序盤から激しいラリーが展開され，エキサイティングな主導権争いが繰り広げられる試合を観られるようになったが，ルール変更が行われる度に，トップ選手たちは，勝つために尽きることのない要望をメーカーに伝え，メーカーはそれに応えるために革新的な用具開発を繰り返すという歴史がある。これは，卓球という競技がより進化するタイミングでもある。タマスが世界を驚愕させた商品開発のイノベーション事例を 2 つ紹介する。

①卓球用具史上空前の大ヒット商品「スレイバー」

　1959 年 ITTF 総会にて，「シートとスポンジを合わせたラバーは 4 ミリ以下」と規定された。これは，60 年以上も前から変わらない，今も世界共通のルールである。

　卓球において初めて登場したラバーは，"シート"と呼ばれる表面に凸部"ツブ"を持つ，厚さ 2 ミリ以下の硬めなゴムを用いたラバーで，国内では「一枚ラバー」と呼ばれている。1950 年代は，10 ミリにもなるスポンジだけをラケットに貼る"スポンジラバー"により，高弾性という特長を活かして，一撃で打ち抜くような超攻撃的な卓球が展開されていた。このラバーが1959 年のルール改正によって禁止されて以降，現在まで主流となっているのが，シートを表向き，もしくは裏向きにして，"スポンジ"と呼ばれる性質の異なる柔らかめなゴムを重ね合わせた，合計の厚さが 4 ミリ以下の「ソフトラバー」と呼ばれるものである。スポンジラバーの禁止とラバーの厚み制限により，メーカーは材料のゴムを一から見直し，ゴム製品としての特性に関する基礎研究を加速させることとなる。

　ツブについては，1 平方センチメートルあたり 10 個以上 30 個以下の密度で，均等に配置されなければならないとも規定されており，ツブの形状や長さ・大きさ，配列パターンなど，ルール範囲内で許容される性能に寄与する応用研究も飛躍的に進化した。

　ラバーを大きく 2 つに分類すると，シートのツブがボールと接する表面にある"表ラバー"と，シート裏側の平坦な部分を表面にした"裏ラバー"が

※（左）表ソフトラバー，（右）裏ソフトラバー
凸のある部分は"シート"，気泡のある部分は"スポンジ"と呼ばれ，これらを合わせてソフトラバーとなる。
出所：タマスHP　https://www.butterfly.co.jp/learning/beginners/rubber/out.html，https://www.
butterfly.co.jp/learning/beginners/rubber/in.html

ある（図表8-2）。現在主流となっている"裏ラバー"では，主に特性の異な
る4種類が知られている。

　裏ラバー登場初期の製品に比べて高い弾性を実現した"高弾性"ラバー
は，コントロールしやすく安定性に優れている。

　ゴム分子に高い緊張状態を持たせた"ハイテンション"ラバーは，ラバー
全体がトランポリンのような非常に高い反発力を生み出し，威力のあるス
ピードボールを打つことができる。

　強い粘着力をシートに搭載し，ボールとの接触時間をより長くすることが
できる"粘着性"ラバーは，シート面でボールを強く擦るように打つこと
で，強烈な回転のかかったボールを打つことができる。

　最後に，粘着性ラバーとは真逆にシートとボールの摩擦をできる限り小さ
くしたツルツルのシート面を持つ"アンチ"ラバーは，ボールがシートに接
触してもシート表面で滑りが生じることにより，回転に影響されることなく
打ち返すことができる。

　一方，表面にツブのある"表ラバー"には大きく2種類ある。

　一般的な"表ラバー"は，打球時にボールとツブの表面のみが接触するた
め，ボールとシートの接触面積が小さく，ツブの変形量も少ない。結果とし
て，球離れするまでの時間が短くなり，返球時のスピードが速くなる。

　ツブが細くて長めの形状になると，相手のスピードや回転のあるボールの

衝撃をツブが変形することによって受け止めることが可能となり，返球しやすくなる。このようなラバーは“ツブ高ラバー”と呼ばれる。

　なお，裏ラバーと同様，“表ラバー”や“ツブ高ラバー”にも“ハイテンション”ラバーがあり，より高い反発を活かしたスピードのあるボールを打つことができる。

　1959年のルール変更から8年後となる1967年に販売を開始した「スレイバー」と呼ばれる裏ソフトラバーは，2020年12月現在もラインナップしている商品である（図表8-3）。原料ゴムは，天然ゴムと合成ゴムのどちらを主原料にしても問題はないが，天然ゴムと比較して合成ゴムが持つ高い反発力の優位性に着目し，世界で初めて合成ゴムを使用した高弾性ラバーの開発に成功した。

　しかし，製造販売を開始した当時は，まだまだ製造機器の性能だけでは品質を安定させることは容易ではなかった。幾度と繰り返し積み重ねた研究データと熟練した技術者による職人技によって，安定した品質管理が可能となり，大量生産が実現した。卓球強豪国の1つであるハンガリーのトップ選手から評判が広がり，欧州から世界へ認知が拡大した。半世紀を超える卓球

図表8-3　スレイバー（販売当初1967年のパッケージ）

出所：タマスHP　https://www.butterfly.co.jp/story/history_of_
products/rubber.html

用具史上空前の大ヒット商品として，今も世界中の多くの選手たちに愛用される
れるモンスター商品として君臨する。

②革新的なスポンジ技術を搭載した商品「テナジー05」

また，ITTFでは，ソフトラバーをラケットに貼り合わせる際に使用する
有機溶剤性接着剤「スピードグルー」が2008年9月より禁止された。この
接着剤を使うと，スポンジが膨張し，柔らかくなることによってグリップ力
が向上するだけでなく，シートに対しても，外へ押し出す力が働き，弾みが
増す効果があった。

このように卓球用具を"加工"することは，1980年代から当たり前のよ
うに認識されており，世界中のトップ選手たちも疑いもなく行っていた。こ
の行為に対して，当時のITTF会長であった荻村伊智朗氏が卓球の普及やス
ポーツ精神の観点より禁止を提案したが，その時点では実現しなかった。

その後，健康に配慮したスポーツを求める議論が深まり2008年北京五輪
後にスピードグルーは使用禁止となった。また，「ブースター」と呼ばれる
補助剤をラバー貼り付け前に塗る行為が，メーカー出荷後のラバーを加工・
改造する行為にあたるとして，同時にブースターも禁止された。

これにより，世界中のラバーメーカーにおいて，スピードグルーを使った
時と同じ性能を持つラバーの開発が激化することとなる。しかし，バタフラ
イの研究開発部は，高品質で高性能なものづくりを追求する精神が根幹に
あったため，スピードグルーを塗る前提でラバーの研究開発は行っていな
かった。

タマスでは，スピードグルーが禁止される以前より，スポンジ性能を向上
する研究開発を1997年から始動していた。スポンジは，発泡剤を入れて加
熱することにより，独立気泡構造を持った"独立気泡スポンジ"または"単
独気泡スポンジ"と呼ばれるゴム製品となり，気泡が大きくなれば柔らかく
なる。同じゴム製品であっても，例えるなら小麦粉を同じ原料として，シー
トは"コシのあるうどん"，スポンジは"パンケーキ"ほどの異なる質感と
なる。

一般的に"硬め"または"厚め"のスポンジは，高弾性となりスピードの

あるボールを打つことができるが、重量が重くなりコントロール性能が低下する。"柔らかめ"または"薄め"のスポンジは、弾性が低下するため飛んでくるボールのエネルギーを吸収することができるが、スポンジが元に戻るための復元力は乏しく、威力のあるボールを打つために必要となるエネルギーを十分に生み出すことは難しくなる。

　禁止される5カ月前の2008年4月より販売を開始した裏ソフトラバー「テナジー05」も2020年12月現在ラインナップしている商品である（図表8-4）。このラバーには、バタフライが開発した「スプリング スポンジ」と呼ばれる新技術を搭載している。

　従来のスポンジの気泡より肉眼でもわかるほど大きい気泡を持つスポンジであるが、この気泡が打球時に圧縮され拡張する際にボールを力強く弾き返す"バネ"のように復元するエネルギーを生み出すことに成功した。10年を超える月日を重ねて完成させたスポンジは、高弾性でボールに伝えるエネルギー効率の高さにおいて、今までに例をみない完成度となっている。

　また、赤色に染めたスポンジは「エナジーレッド」と呼び、見た目においても競合他社商品との明確な差別化に成功している。純粋に最高のラバーをつくりたいという研究員の卓球への情熱によって生み出された技術革新によ

図表8-4　テナジー05

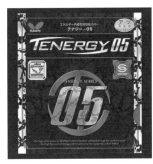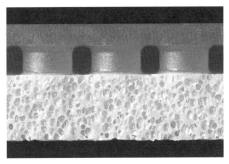

※（左）販売当初2008年のパッケージ。（右）横から撮影したテナジー05の断面。
出所：タマスHP　https://www.butterfly.co.jp/story/front_runner/vol5_03.html
　　　　https://www.butterfly.co.jp/story/front_runner/vol6_02.html

り，ルール変更とは無縁に，最高のタイミングとなる 2008 年にテナジー05 の販売を開始することができたのである。

1 年後に開催された世界選手権横浜大会では，出場するトップ選手たちのテナジーシリーズ使用率が 35％と驚異的な数字となり，世界中から注文が殺到し，出荷制限をかけなければならない事態となった。世界中の選手たちに認められた革新的な"勝つためのラバー"は，バタフライの卓越した技術力を世界に知らしめることとなった。

(3) 勝つ用具を生み出した評価システム

バタフライのロゴマークが印された製品は，品質と性能を保証するものである。バタフライ・テック内の研究開発部は，販売するすべてのラケットとラバーの性能について，専用の測定機器で科学的に測定を行い，その性能は商品カタログや HP にて明記されている。

ラケットでは，「反発特性」と「振動特性」の 2 つの項目を用いて評価を行っている。反発特性とは，ラケットの弾みを測定したもので，値が大きいほどよく弾む。振動特性は，ラケットの振動数の多さについて測定したもので，一般的に値が大きいほど手に響きにくいとしている（図表 8-5）。

一昔前では，アドバイザリースタッフによる試作品の試打により，各選手の感覚的なフィードバックやプレイスタイルなどから測定者が一語一句，一挙手一動を読み解きながら"スピード"や"打球感"という項目で評価を行っていた。同じ言葉や表現であっても，選手の意図する意味が正反対になることもあり，非常に手間と時間のかかる作業を繰り返していた。

ラバーの中でもソフトラバーは，シートとスポンジの特長を掛け合わせた相乗効果が性能として評価される。最新鋭の超高速カメラを導入し，「スピード」と「スピン」の 2 つの項目を用いて評価を行っている。ボールを打つ時に，シート越しにボールがスポンジに食い込む状態とは，接触面積が大きく，さらに押し込まれることによりシート面が巻き込まれてねじれるような"ひきつれ"を起こした様子である（図表 8-6）。

そして，ボールを真っ直ぐに押し戻そうと働く「並進運動エネルギー」や，ボールに回転を加えようと働く「回転運動エネルギー」などを計測し

て，「スピード」と「スピン」を算出計測している。

テナジー開発が大成功を収めた裏側には，ラバー性能を測定するこの評価システムを新しく構築できたことが要因の1つとして挙げられる（図表8-7）。

図表8-5　ラケットの特性比較

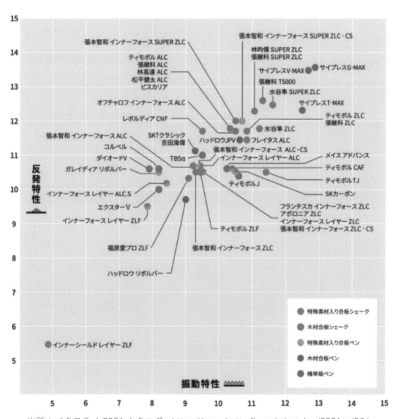

出所：バタフライ 2021 カタログ　https://www.butterfly.co.jp/catalog/2021ss/56/

図表8-6 「ひきつれ」状態について

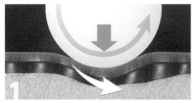

①シートが回転するボールに押し込まれて，さらに巻き込まれてねじれる「ひきつれ」状態
②「ひきつれ」状態から，元の状態へ戻る際にボールに逆回転と押し出すエネルギーが伝わった様子
出所：https://www.butterfly.co.jp/product/dignics/sheet.html より筆者一部改変

図表8-7 ラバーの特性比較

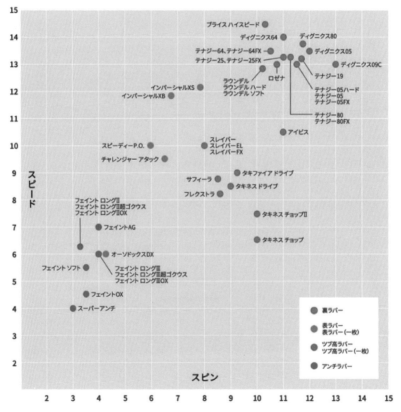

出所：バタフライ 2021 カタログ　https://www.butterfly.co.jp/catalog/2021ss/56/

4. タマスのマーケティング戦略

（1）卓球用具の市場規模

　日本国内における2019年の卓球用具の市場規模は，約130億円とされている（図表8-8）。スポーツ用品全体の割合でみると，この数字は1％にも満たないが，2016年リオ五輪での日本選手の活躍や2018年Tリーグの開幕が市場に好影響を与え，その規模は堅調に増加傾向にある。そして，用具の中でも特に，約4割にあたる約50億円はラバーが占めており，「ラバーを制すれば業界を制す」と言われるほどである。

　同じく2019年の国内卓球競技人口は35万人を超えるが，生涯スポーツとして卓球を楽しむ愛好者人口は120万人と推定されている。タマスは，従業員数が国内で150名ほど，海外を合わせても200名程度の卓球用具専業メーカーであるが，2019年の総資産は211億円を超え，純利益も21億円を超える。

　近年，大手総合スポーツ用品メーカーがこの卓球市場に後発参入を果たしたが，国内大会だけでなく，タマスはITTF主催の世界卓球選手権の公式用具スポンサーとしての実績を積み，この市場において絶対的な地位を築いている。

図表8-8　スポーツ用品分野別国内出荷市場規模推移（単位：百万円）

	2015年	2016年	2017年	2018年	2019年 （見込）
全体	1,411,380	1,450,250	1,486,700	1,536,400	1,569,110
卓球	12,150	12,250	12,830	13,640	13,230
ゴルフ	259,590	254,690	285,700	262,640	269,020
野球・ソフトボール	70,630	71,530	70,670	68,770	67,780
サッカー・フットサル	62,320	61,120	61,400	59,070	53,940
テニス	56,640	55,900	55,510	52,140	48,890
スキー・スノーボード	49,770	42,620	38,920	40,010	39,760

出所：（株）矢野経済研究所［2020］より筆者一部改変

(2) 数値化された評価に基づく商品戦略

タマスが実行しているマーケティング戦略の最も重要な部分は，商品戦略である。つまり，基幹商品は，バタフライ・テックで自社製造するメイド・イン・ジャパンである。バタフライのものづくりには，ブランド・アイデンティティでもある「選手を花にたとえるならば，私たちはその花に仕える蝶でありたい」という信条がある。

ITTF によってルール変更が行われる度に，選手の要望に応えるイノベーションを起こし，より良い商品開発を行ってきた。特に，1990 年代から増強してきた研究開発部が構築した評価システムは，蓄積されたデータベースを活用し，その後の商品開発に費やす時間と費用を革新的に改善させた。

見た目では，ラケットとラバーはどれも同じであり，性能については実際に打ってみないとわからないものである。しかし，数値化された評価は，製品ごとの特長をわかりやすくポジショニングし，消費者は迷わずに選べるようになった。まさに，"製品アイデンティティ"が付与されたことにより，競合他社との差別化に成功しただけでなく，自社製品同士のカニバライゼーションも避けられるようになった。

(3) タマスの頂上戦略

2001 年以降，世界選手権に出場する全選手のうち，半数の選手たちは，バタフライ製のラケットとラバーを使用している（図表8-9）。この圧倒的に高いトップ選手の使用率がタマスの強みであり，品質を保証するプロモーションにもなっている。頂上戦略のように，トップ選手たちが活躍する試合映像より，"あの赤いラバーはどこのものだ"と注目を集め，興味を持った消費者が検索した結果，バタフライ製品だと認知度を高める。

高価格帯な商品であるが，勝利した選手と同じようなボールを打ちたいという欲求や記憶が強くなる反応が起こり，その後の購買行動へとつながる。実際に使ってその商品に満足すると，SNS で発信したり仲間に共有したりするなど，知識と経験が成熟する過程においてロイヤルティの高い「ファン」へと昇華していく。タマスは，このような循環をつくり出すことを目指

図表8-9　世界卓球選手権における「バタフライ」の使用率

●ラバー

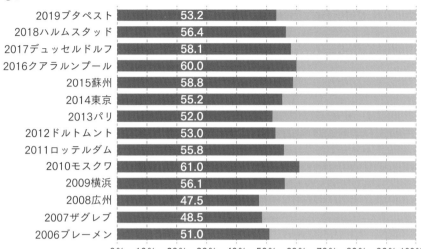

	使用率
2019ブタペスト	53.2
2018ハルムスタッド	56.4
2017デュッセルドルフ	58.1
2016クアラルンプール	60.0
2015蘇州	58.8
2014東京	55.2
2013パリ	52.0
2012ドルトムント	53.0
2011ロッテルダム	55.8
2010モスクワ	61.0
2009横浜	56.1
2008広州	47.5
2007ザグレブ	48.5
2006ブレーメン	51.0

●ラケット

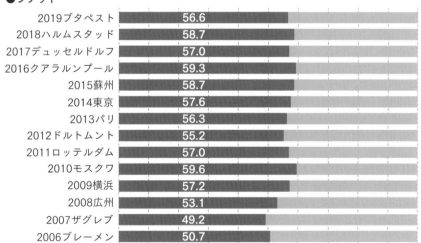

	使用率
2019ブタペスト	56.6
2018ハルムスタッド	58.7
2017デュッセルドルフ	57.0
2016クアラルンプール	59.3
2015蘇州	58.7
2014東京	57.6
2013パリ	56.3
2012ドルトムント	55.2
2011ロッテルダム	57.0
2010モスクワ	59.6
2009横浜	57.2
2008広州	53.1
2007ザグレブ	49.2
2006ブレーメン	50.7

※ラケット，ラバーの使用率調査はタマスによるもの。ラバーの使用率は，選手数ではなくラバーの数より算出。用具使用率は出場選手を個別調査したもので，有効調査率は平均96.8%。2020釜山大会は中止によりデータなし。
出所：株式会社タマスによる世界選手権用具調査データをもとに筆者一部改編

し，“勝つ用具”を提供するマーケティングを実践しているのである。

(4) バタフライ・ブランド

バタフライのロゴマークが印刷された商品は，世界中の卓球ファンから信頼されるブランドへと成長している。勝つ用具を手に取ることにより，プレイスタイルやパフォーマンスに好影響を与えるだけでなく，「これを使えば大丈夫だ」という安心感も与えるのかもしれない。

徹底した品質と商標の管理は，さらにブランドの資産価値，ブランド・エクイティを高めることに貢献している。世界的にも稀有な専業メーカーの1つであるタマスは，自社で開発し，製造し，販売する三位一体の総合力が強みであり，バタフライ・ブランドの強さの源なのである。

5. バタフライ・ブランドの強さとは

タマスは，中小企業規模の卓球用具専業メーカーである。2016年9月より5代目社長に就任した大澤卓子氏は，常日頃から各部署間のコミュニケーションが重要であると考え，“全体の最適を考える”行動を推奨している。専門性の高い職務に専念することも大切であるが，横とのつながりの関係性を構築し，限られた人材でも達成できる共通の目標に向けた組織づくりに取り組んでいる。

バタフライという強いブランドを卓球界に築いてこられた理由として，次の5つのポイントが重要である。

Point 1：世界のトップ選手も認める高品質で高性能な商品力
Point 2：アドバイザリースタッフと新たな付加価値を生み出す研究開発力
Point 3：顧客ロイヤルティを高めるコミュニケーション力
Point 4：卓球用具専業メーカーとしての開発・製造・販売できる総合力
Point 5：創業者の意思を継承し，全社員で最適を考える行動力

タマスでは，近年ITTFと協働で発展途上国への普及活動“ITTF Development Program Worldwide”に卓球用具を提供したり，パーキンソ

ン病患者らが参加するパーキンソン世界卓球選手権大会への支援活動を行っている。タマスはこれからも卓球を愛するすべての人々が豊かな人生を実現するために，世界中に卓球という小さい井戸を深く掘り続けていくことだろう。

 ## 本ケースからの学び

　バタフライのロゴマークが印された商品は，世界中の卓球ファンから信頼されるブランドへと成長した。"ものづくり"の原動力は，創業者である田舛彦介氏だけでなく，タマス社員たちも純粋に卓球が大好きだということである。1人ひとりが，より良いモノをつくるために何が大切なのかを考えて行動することがコミュニケーションを産み，それがシナジー効果のように波及し，より良いブランディングに寄与するのであろう。タマスは用具メーカーとして，卓球を「する人」を支え，「観る人」が楽しめるように，高品質で高性能な卓球用具の開発に注力し，卓球競技の高度化へ貢献してきた。これからも，卓球を「支える人」として，メーカーとしての枠に収まらないエネルギッシュな活動で多くの人々を魅了し共感を得る取り組みを行なっていくのであろう。

〈謝辞〉
　本ケースを執筆するにあたり，インタビュー，資料提供，内容確認など多大にご協力頂いた株式会社タマス代表取締役社長　大澤卓子氏，営業推進部　生和正樹氏，ならびに関係部署の皆様に深く感謝申し上げます（役職と所属は2021年5月6日打ち合わせ当時のもの）。

■ 参考文献
Brunner, C. [2006] *All Day I Dream about Sport: The Story pf Adidas Brand*, Cyan Communications.（山下清彦・黒川敬子訳『アディダス：進化するスリーストライプ』ソフトバンククリエイティブ，2006年）
Keller, K.L. [2008] *Strategic brand management: Building, measuring and managing*

brand equity (3rd ed.). Upper Saddle River, NJ: Prentice Hall.（恩藏直人監訳 [2010]『戦略的ブランド・マネジメント　第3版』東急エージェンシー）

Kotler, P.T. and Keller, K.L. [2006] *Marketing management*, (12th ed.). Upper Saddle River, New Jersey, Pearson Prentice Hall.（恩藏直人監修・月谷真紀訳 [2014]『コトラー＆ケラーのマーケティング・マネジメント　第12版』丸善出版）

秋山隆平・杉山恒太郎 [2004]『ホリスティック・コミュニケーション』宣伝会議。

出口将人 [2004]『組織文化のマネジメント』白桃書房。

廣田章光 [2000]「『頂上戦略』と製品開発：開発組織に内在する製品開発の『前提』」『国民経済雑誌』182（1），17-33頁。

『卓球王国』2016年8月号・10月号・12月号，2017年1月号・2月号・11月号，2019年8月号，卓球王国。

『水谷隼』[2016]『卓球王国』2017年2月号別冊，卓球王国。

■ 参考資料

会社活動総合研究所 [2019]「官報決算データベース：株式会社タマス第69期決算公告　決算末日2019年12月31日」https://catr.jp/settlements/0181c/149478 （2021.7.23閲覧）

国際オリンピック委員会 HP　https://www.olympic.org/（2021.7.23閲覧）

国際卓球連盟 HP　https://www.ittf.com/（2021.7.23閲覧）

国際パラリンピック委員会 HP　https://www.paralympic.org/（2021.8.24閲覧）

笹川スポーツ財団 HP　https://www.ssf.or.jp（2021.7.23閲覧）

産経WEST [2019]「ブーム逃すな　130億円卓球ラバー市場に参入「後発」ミズノの皮算用」（2019.5.6付）https://www.sankei.com/west/news/190506/wst1905060002-n1.html（2021.7.23閲覧）

株式会社タマス HP　https://www.butterfly.co.jp（2021.7.23閲覧）

日本卓球協会 HP　http://www.jtta.or.jp/（2021.7.23閲覧）

株式会社矢野経済研究所「プレスリリース No.2424　スポーツ用品市場に関する調査を実施（2020年）」（2020.5.11付）https://www.yano.co.jp/press-release/show/press_id/2424（2021.7.23閲覧）

東洋大学体育会卓球部女子インタビュー（2020年8月25日実施）

大澤卓子代表取締役社長インタビュー（2020年8月26日実施）

（西村　忍）

レクサス
（トヨタ自動車株式会社）

ラグジュアリーブランドを構築したトヨタの戦略

 本ケースのねらい

　トヨタ自動車株式会社（以下，トヨタ自動車）が製造，販売する高級ブランド「レクサス（Lexus）」は，1989年に米国市場で導入されたのを皮切りに，欧州，中近東，東アジア，オセアニア，日本，中国にも順次販売網を広げ，2019年には累計販売台数1000万台を達成した。

　1970年に小型で低公害な日本製大衆車の対米輸出が急拡大したことが日米貿易摩擦を引き起こし，1981年には日本政府と自動車業界が輸出台数の自主規制を行う事態に発展した。そのような時代背景の中で，トヨタ自動車が「少ない輸出台数でも利益を上げられる高級車」として企画したのがレクサスである。

　レクサスの2020年の地域別の販売比率は，北米（米国，カナダ）が約4割，中国が約3割であるのに対し，母国である日本は8％程度になっている。日本へのブランド導入が米国から16年遅れた2005年であったことをみても，レクサスは，企画当初からグローバル市場を視野に入れた，日本発のグローバルラグジュアリーブランドの数少ない成功事例である。

　本章では，既存のラグジュアリーブランド戦略との違いに注目して，レクサスのブランド戦略の独自性を明らかにする。

レクサスの市場導入

（1）米国でのブランド導入（1989年）

　レクサスブランドが米国で立ち上がったのは1989年である。トヨタ自動車にとっては，これが初めての本格的な高級車市場への参入であった。レクサス導入以前の米国の高級車市場はキャデラック，リンカーンといった米国ブランドとベンツ，BMWといった欧州ブランドが独占していた。

　当時のトヨタブランドの最高位車種はクレシーダ（日本のマークⅡ）であったが，その上のモデルがなく，キャデラックや欧州高級車に顧客が流出していた。その流出を食い止めるために，米国トヨタは新しい高級車ブランドの立ち上げを主張し，日本側が導入を決定した。これがレクサスブランドのスタートであった。

　米国での導入に際して，レクサスは従来の高級車とは異なるターゲット設定を行った。高級車購入層に戦後生まれのベビーブーマー世代が増えてきたからである。彼らは伝統的な価値観にとらわれずに，機能性を重視した理性的な消費行動を行う世代といわれた。彼らは権威主義的な既存の高級車を好まず，高級車市場にも合理的で品質が高い日本車を受け入れる土壌が市場にできつつあった。レクサスはこの層をターゲットにしたのである。

　以下では4Pの枠組みに沿って1989年の米国レクサス導入時にどのようなマーケティング戦略が実施されたかを整理する。

①Product（商品）

　米国市場に最初に導入されたモデルは，ベンツのSクラスに相当するフラッグシップセダンのLS（図表9-1）とミッドサイズセダンのESであった。特にLSは当時のトヨタ自動車の技術の粋を集めて開発された画期的なモデルであった。

　当時チーフエンジニアであった鈴木一郎氏の妥協を許さない開発姿勢は今でもトヨタ自動車の中で伝説的に語り継がれ，「Yet Philosophy（諦めない哲

学）」としてブランドブックにも記載されている。クルマの開発には，馬力を上げれば燃費が悪くなる，走行性能や乗り心地を良くすればスポーティな走りが実現できないといった二律背反が常につきまとう。鈴木は双方を妥協することなく

図表9-1　初代LS

© CG Library

レベルを上げること（二律双生）を追求した。

　また，ボディ，ボンネット，ドアの隙間の均一性や段差の少なさにも徹底的にこだわった。レクサスの工場には，わずかな製造誤差も見抜く特別な検査員が配置され，彼らは毎朝の体調チェックで少しでも体調が悪いと検査工程に入れないほど徹底した管理が行われている。まさに日本的ものづくりの徹底である。

②Price（価格）

　図表9-2はLS導入時の価格（＄35,000）を欧州高級車（ベンツ，BMW）や米国高級車（キャデラック，リンカーン）と比較したものである。LSの価格は米国車以上ではあるが，欧州車よりかなり低く抑えられた。このため欧州メーカーからは「ダンピング」「彼らはわれわれを滅ぼそうとしている」との声が上がった（Dawson［2005］）。しかし，このような価格でも当時の為替（1＄＝145円前後）では十分な利益があった（Templin［2016］）。

　一方，レクサスは値引きを極力行わない方針をとった。米国ではディーラーがテレビで値引き広告を打つことが多い。その背景には多額のインセンティブの存在があるが，値引きを極力しないレクサスはインセンティブも総じて少なかった。

図表9-2　89年レクスス投入時の主要高級車の価格

レクスス	ベンツ	BMW	キャデラック	リンカーン

- 420SEL: **62,600**
- 735i: **$54,000**
- 300E: **$44,800**
- 260E: **$39,200**
- 525i: **$37,000**
- LS: **$35,000**
- Seville: **$29,750**
- Continental: **$23,400**

$60,000
$50,000
$40,000
$30,000
$20,000

出所：中嶋［1990］より筆者作成

③Place（流通）

　レクスス導入にあたり，米国トヨタはディーラーの新規募集を行った。トヨタブランドとは違う高級車の販売手法を新しいパートナーと一緒につくっていこうと考えたからである。1,500社以上の応募の中から他ブランドでの販売実績や外部の顧客評価をもとに，約100社が選ばれた。ディーラーに対しては米国トヨタから徹底的な指導が行われ，特にセールススタッフの接客技術については，競合ブランドの研究のみならず，サービス業（ノードストローム，リッツ・カールトン等）のノウハウを積極的に取り入れた。当時は行きたくない場所の代表のように言われていた自動車ディーラーを「我が家でお迎えするような居心地のいい場所にする」という考え方の下で，ショールームにはコーヒーや週末の朝食ビュッフェ，ゴルフのパット練習場まで揃えられ，納車式用のスペースでは購入者を感謝とともに送り出すおもてなし

もあり，自動車ディーラーのイメージを変えたとまで言われた。

④Promotion（コミュニケーション）

　導入期のレクサスの広告には高級感を誇張するような演出や，派手な女性モデルを使わずに，品質の高さを巧みな広告表現で伝えることに成功した。

　初代 LS のテレビ広告はローラーの上に置かれた LS のボンネットの上に，15 個のシャンパングラスが静かに積み重ねられ，速度が 145mph（時速232km）に達しても，グラスでつくられたピラミッドはそのままの形を保ち，注がれたシャンパンは 1 滴たりともこぼれないというものであった。この広告を考案したのはサーチ＆サーチから独立した「Team One」のトム・コードナー氏である。静粛性，低振動性という理性的なメリットを情緒的に訴える手法で表現した（Templin［2016］）。

　ブランドのタグラインとしては，「Pursuit of Perfection（完璧の追求）」が採用された。製品品質，販売店接客の両面において常に完璧を目指すという意味である。

　以上のような米国での導入戦略は大きな反響を呼び，レクサスは，ディーラーが大量の受注残（商品を受注したが，まだ納品できていない状態）を抱えるほどの好調なスタートを切り，その後の車種ラインナップの拡大により，導入 10 年後の 1999 年に米国高級車市場で販売台数 1 位を獲得するに至った。

(2) 日本での販売開始（2005年）

　米国での成功に続き，1990 年代からレクサスは欧州をはじめとした世界展開を開始する。母国である日本市場に導入されたのは 2005 年である。

　米国での成功事例を参考にしつつも，メーカー，販売店が一体となって，米国以上にトヨタブランドとの差別化を強化した施策が展開された。

①店舗デザイン

　日本のレクサス販売店は，店舗規模ごとに標準デザインが策定され，内装素材等についても細かく規定されている。これほど徹底した店舗デザインの

共通化は米国も含めて他国では行われていない。建設費用は通常のトヨタ店舗の3倍とも言われている。

半個室的に仕切られた商談スペースとオーナー専用ラウンジが備えられており，あたかもホテルのラウンジのような雰囲気を持ったレクサスの店舗は，従来の自動車ショールームとは大きく異なるものになっている。

②営業スタッフ教育

レクサス店舗の店長はGM（General Manager）と呼ばれ，販売のスキルよりもサービス業的資質の高い人材が選任された。開業前にはリッツ・カールトン大阪，小笠原流，デパート等でのコンシェルジュ研修などが徹底的に実施された。さらに，富士スピードウェイ内に，ディーラースタッフの研修を行う施設（レクサスカレッジ）を開設し，各種の研修を継続的に行っている。

③ワンプライス戦略

日本のレクサスは値引きを行わないワンプライス戦略を採用した。米国のレクサスも値引きは極力抑制しているが決してゼロではない。欧州高級車が大幅な値引きを実施していた中で，かなり思い切った戦略である。

また，店舗に置く車両は展示車両と試乗車だけとし，在庫販売は行わない。オプション等を顧客とじっくり相談した上で決定，発注する受注生産方式とした。

2. 一般的なラグジュアリーブランドの戦略

本節では，レクサスのブランド戦略の独自性を明らかにするために，文献から一般的なラグジュアリーブランド戦略を考察してみる。

(1) 進む「ラグジュアリーブランドの大衆化」

欧州の伝統的なラグジュアリーブランドの多くは，小規模なファミリービジネスを起源としている。彼らの顧客層は，長年の間少数の上流階級に限定されてきた。

しかし，1980年の後半を境に，ファッションブランドを中心としてラグジュアリー産業は大きな変貌を遂げた。ビジネスのグローバル化と企業再編が進み，傘下に多数のブランドを有する強大な企業群が登場した。LVMHやリシュモンなどがその代表であるが，彼らは，従来の限られた顧客層に加えて，多様な所得水準とライフスタイル，購買動機を持った幅広い顧客を対象とするようになった。いわゆるラグジュアリーブランドの大衆化が起こったのである。

　一方，大衆化による販売数量の増加は，本来そのプレミアム価格を正当化していた特別感（exclusivity）と希少価値を低下させる恐れをもたらした（Twitchell［2002］）。現代におけるラグジュアリーブランドの課題とは，プレステージを低下させることなくブランドの認知度と売上を高めるという，矛盾した課題を同時に達成しなければならないこと（Wetlaufer［2001］；Okonkwo［2007］）である。

　こうしたラグジュアリーブランドが抱える現代的課題は，「ラグジュアリーブランドのパラドックス」と呼ばれている。この概念はもともとマーケティング研究者のデュボア（Dubois［1998］）によって唱えられた（Chevalier and Mazzalovo［2008］）。パラドックスとは，現在のラグジュアリーブランドがビジネスを拡大するために，伝統的なラグジュアリーブランドの手法と現代的なビジネスとを両立させなければならないことを示している。

(2) ラグジュアリー研究のまとめ

　ラグジュアリーブランドに関する研究の多くは，ラグジュアリーブランドの大衆化が始まった1990年代以降に行われている。これらの研究を参照する限りでは，ラグジュアリーブランドの定義は一様ではなく，さまざまな定義が論者によって唱えられているのが現状である。

　ラグジュアリーブランドにとって，①特別感を感じさせる，②広く認識されているブランド・アイデンティティを持つ，③高いブランド認知と知覚品質を維持する，④高い売上高と顧客ロイヤルティを確保することが可能であるかが成否の鍵である（Phau and Prendergast［2000］）。

　ラグジュアリーブランドには，「歴史」と「文化」，製品の品質，信頼性，

卓越性に関わる「製品の誠実さ」，著名人による支持・保証を意味する「エンドースメント」，ブランドイメージへの投資である「マーケティング」，そして「価値主導の創発」といった要素が必要である（Beverland［2004］）。

　国籍を重視する見方もある。Chevalier and Mazzalovo［2008］は，ラグジュアリーブランドの正当性を担保するものとして生産地へのこだわりを挙げており，長沢［2013］も，国籍のないのは文化がないのと同義であり，コト（文化）を売るラグジュアリーブランドにとって，出自（生産地）は重要な要素であると述べている。

　また，ラグジュアリーブランドとそれ以外のプレステージブランド（プレミアムやマステージ）を区分した考え方も提示されている。Kapferer and Bastien［2009a］は，プレミアムブランドは高いレベルの使用価値，機能的な楽しみは提供するものの，依然として他の商品と比較できる範疇のブランドにとどまっている。一方でラグジュアリーブランドを名乗るものは機能価値を超えた，唯一無二の存在であり，単なる歴史を超えた神話レベルの存在であるべきとの見解を述べている。これらのラグジュアリーブランドの特徴は次節の図表 9-3 にまとめる。

3. レクサスはどのようなラグジュアリーブランドなのか

（1）レクサスブランドへの評価

　レクサスブランドについて，ラグジュアリーブランド研究者の中には否定的な見解を持つ者もいる。Kapferer and Bastien［2009a］は，レクサスについて，レクサスは上級プレミアムブランド（upper premium brand）であり，機能面を超えたところにあるブランドの持つ理想が構築されていない。創造性に富む天才ではなく，戦略家や技術者によってつくられた工業製品であり，フェラーリやロールスロイスといったラグジュアリーブランドの持つ創造性，神話性，そして社会的名声が欠落していると評価している。

　レクサスブランドは，Kapferer らが述べるようにラグジュアリーブランドではないのだろうか。

前述の通り，ラグジュアリーブランドについての多くの分析は，ラグジュアリーブランドの大衆化が始まった1990年代以降に行われている。伝統的なラグジュアリーブランドの顧客が一部の富裕層から多様化した大衆層へと広がる中で，プレステージ性を維持しながら，売上の拡大も同時に実現することが求められるようになったことが，経営学での研究価値を高めたからだと考えられる。

　一方で，レクサスはラグジュアリーブランドの大衆化とほぼ同時に，大衆化の中心的なマーケットである米国で立ち上がったブランドである。つまり，伝統的なラグジュアリーブランドが守ろうとした歴史がレクサスには存在しなかった。この面から，ベビーブーマーをターゲット顧客としたレクサスが，伝統的ラグジュアリーブランドの価値観を一部否定する側面もあったことは確かである。

　図表9-3は前述のラグジュアリーブランドの特徴に対する，レクサスの該当度を筆者の主観によって判定したものである。

図表9-3　ラグジュアリーブランドの特徴とレクサスの該当度

◎：非常に当てはまる，○：当てはまる，△：一部当てはまる，×：当てはまらない

			レクサス
ブランド側	高品質	製品の完璧性，卓越性，信頼性	◎
	歴史・伝統	ブランドの長い歴史，経営者の世代継承	×
	文化	製造国へのこだわり，クラフトマンシップ	○
	高価格	品質を超えた情緒的価値の表示，排他性の維持	△
	限定的な生産	「実質的な希少性」を「認知された希少性」に変えるマーケティング手法	×
	限定的な流通		
	限定的な広告		
	デザイナーのスター化	憧れの対象	×
顧客側	社会的価値	富の象徴，プレステージ性	△
	審美的価値	美術品的価値	△
	経済的価値	希少品を保有する価値	×

出所：筆者作成

（2）ブランド側からみたレクサス

①レクサスに当てはまる特徴（高品質，日本の文化）

　品質へのこだわりはブランド導入以来のレクサスの中心的価値である。また製造国についても，競合する欧州ブランドが関税対策のために中国も含めた多くの国で現地生産を行っているのに対し，レクサス車のほとんどが日本のレクサス専用工場（愛知県，福岡県）で生産されている。

　また，レクサスは社外の匠技術の導入も積極的に行っている。老舗家具メーカーの天童木工の技術を活かし，製造に38日もかかる縞杢（しまもく）のハンドルがその一例である。

　レクサスの歴史は26年と他の競合車よりも圧倒的に短い。高品質と販売店でのおもてなしによって徐々にレクサスの新しい伝統が形成されつつある段階である。また，2012年には，価格3750万円，世界限定500台のスーパースポーツLFA（図表9-4）を発売するなど，新たな歴史づくりにも挑戦している。

②レクサスが一部当てはまる特徴（高価格）

　価格については，大衆車より十分に高価ではあるものの，競合車に比べるとリストプライスは低めに設定しつつ，値引きは行わないという独自の戦略をとっている。これは高い表示価格により特別感を高める従来のラグジュアリーとは異なる戦略である。

図表9-4　スーパースポーツ LFA

©CG Chikara Kitabayashi

③レクサスが当てはまらない特徴
（限定的な生産,流通,広告,デザイナーのスター化）

　レクサスは受注生産が基本であり，在庫を持ちながらプッシュ型の販売を行う大衆車ブランドとは異なる。ただし，一部のファッションブランドのように，希少性を演出するような意図的な限定生産や，流通や広告のコントロールは行っていない。

　また，レクサス車のデザインはトヨタ自動車の社員デザイナーによって行われており，多くの日本企業がそうであるように，一部の社員をスター的に扱うことはしていない。

（3）顧客側からみたレクサス

　図表 9-5 は，レクサス自身が 2011 年に日本国内の自動車保有層を対象に実施した高級車のブランドイメージ調査の結果である。

　網掛けをした部分が競合車比較中で一番高い項目で，網掛けした各項目をさらにスコアの高い順番に並べてみたところ，各ブランドの特徴がよく表されている。

　ベンツは「高級な」「ステイタスを感じる」のスコアが他社より高く，顧客が社会的価値（富の象徴，プレステージ性）を評価していることがわかる。BMW は「走行性能」で他社を上回るとともに，「デザインが良い」「洗練された」といったスコアの高さは，審美的価値（美術品的価値）の評価と考えられる。

　レクサスは，ベンツや BMW のスコアが高い項目（全 12 項目）のうち 8 項目でも 2 番手のスコアを獲得している。このことは，競合ブランドの得意領域でも一定の競争力があることを示すとともに，レクサス自身は「品質・作りが良い」「信頼できる」「販売店のサービスに優れた」「細部まで練り込まれた」「先進的な」「環境対応に積極的」の 6 項目で他社を大きく上回っている。逆に「伝統的な」「憧れを感じる」という点では競合車に及んでいない。

　これらのことから，社会的価値，審美的価値においても，レクサスは競合車と比較して一定の評価を勝ち得ていることがわかる。1989 年の米国導入

図表9-5　高級車のブランドイメージ調査

単位：%

	ベンツ	BMW	レクサス	3社中の順位
高級な	①79	63	66	2
ステイタスを感じる	②55	44	40	3
安全・安心な	③39	22	32	2
伝統的な	④32	19	2	3
豪華な	⑤32	18	26	2
年配向きの	⑥15	4	13	2
走行性能が高い	33	①45	30	3
上品な	22	②29	22	2
憧れを感じる	27	③28	18	3
デザインが良い	10	④23	12	2
洗練された	15	⑤22	21	2
知的な	11	⑥16	15	2
品質・作りが良い	36	30	①42	1
信頼できる	29	25	②36	
販売店のサービス対応に優れた	7	6	③21	
細部まで練り込まれている	15	11	④20	
先進的な	7	15	⑤19	
環境対応に積極的	5	3	⑥12	

出所：トヨタ自動車提供データに基づき著者が作成

以降，中心的な価値として訴求してきた高い品質と販売店のホスピタリティは日本の顧客層にも十分に浸透していることが確認された。そして「先進的な」「環境対応に積極的」というイメージは伝統的なラグジュアリーブランドにはあまりみられないレクサス独自の強みである。

　以上から，レクサスブランドは，従来的なラグジュアリーブランドの顧客価値（社会的価値，審美的価値）も一定レベルには持ちながら，独自の強み

である品質，販売店のホスピタリティ，環境技術も含めた時代的な先進性も兼ね備えた今日的なラグジュアリーブランドとして顧客から認知されていると考えられる。しかしレクサスは，「伝統的な」「憧れを感じる」などのイメージについては調査が実施された 2011 年時点では低く，また，限定生産のスーパースポーツ LFA という例外を除けば，「経済的な価値（希少品を保有する価値）」を訴求しているとはいえない。この点は将来の評価を待つべきであろう。

(4) スマートラグジュアリーブランドとしてのレクサス

以上のようなレクサスの特徴に対して，前述の通り，Kapferer and Bastien［2009a］から「機能面を超えたところにあるブランドの持つ理想が構築されていない」「戦略家や技術者によってつくられた工業製品」と評価され，ラグジュアリーブランドではないとの意見がある。しかし，こうした考え方は逆にレクサスのラグジュアリーブランドにおける新しい位置づけを示しているともいえる。

本章では，レクサスを伝統的なラグジュアリーブランドとは異なるカテゴリーにある「スマートラグジュアリー」ブランドと定義したい。スマートラグジュアリーは，筆者の造語であるが，顧客視点を重視しつつ，機能的価値を顧客ニーズを超えるまで追求しているブランドという意味である。その理由は下記の 2 点である。

①顧客視点の徹底

レクサスは徹底的に顧客視点を重視してきたブランドである。ベビーブーマーや米国西海岸のライフスタイル研究を通じたマーケット・インの考え方に立脚し，技術者が世界一の品質を目指し，販売店の接遇も含めた顧客からの高い評価が市場に伝播（Customers Tell Stories）して成功した。このことは，多くのラグジュアリーブランドがプロダクト・アウト的な作り手の哲学やブランドの歴史を重視しているのと対照的である。

②過剰な機能価値からの情緒価値

一方で、顧客ニーズを単に満たしただけでは感動は生まれない。製品の実用性や販売店の対応については、母体であるトヨタブランドも十分に実現しているからである。

前述の米国、日本での戦略を通じてわかることは、レクサスの商品開発、販売活動へのこだわりには、ある種の過剰性（不用性）が含まれていることである。ここでいう過剰とは、顧客ニーズで求められるレベルを大きく超えて実現しているという意味である。

レクサスは顧客ニーズを踏まえた上で、過剰ともいえる品質やおもてなしを追求し、そのコスト以上のプライシングを実現し、高い利益率を実現している。つまり、レクサスは機能価値を過剰なまでに追求することにより、顧客がプレミアム価格を支払うに値するブランド価値をつくり上げたといえる。

初代LSを開発した鈴木一郎氏の完璧を追求する開発姿勢や、日本のレク

図表9-6　ラグジュアリーブランドの分類とレクサスの位置づけ

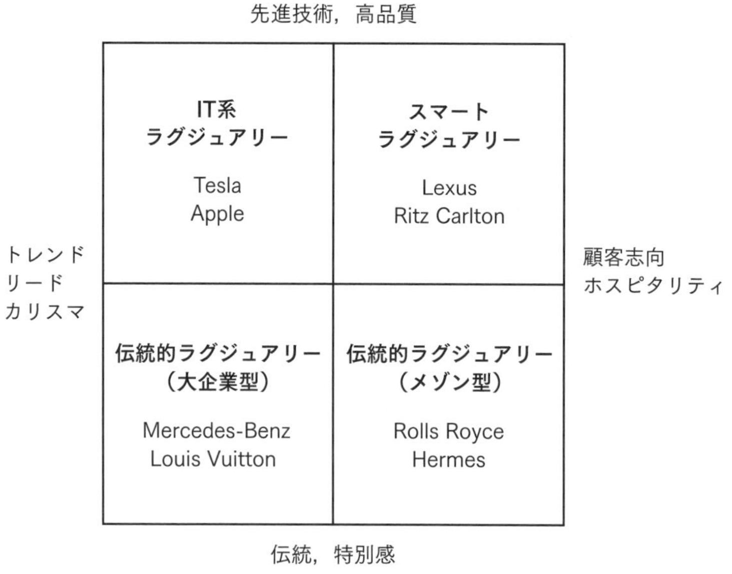

先進技術，高品質

IT系 ラグジュアリー Tesla Apple	**スマート ラグジュアリー** Lexus Ritz Carlton
伝統的ラグジュアリー （大企業型） Mercedes-Benz Louis Vuitton	**伝統的ラグジュアリー （メゾン型）** Rolls Royce Hermes

トレンド
リード
カリスマ（左）　　　　　　　　　　　顧客志向
ホスピタリティ（右）

伝統，特別感

出所：筆者作成

サス販売店のおもてなしの事例は，Yet Philosophy としてすでに多くの出版物で「物語」として紹介されているが，そのような「過剰性の物語」がレクサスの歴史を形作っている。

前述のように，本章ではレクサスを「スマートラグジュアリー」のカテゴリーにあると考えた。図表9-6はスマートラグジュアリーも含めてラグジュアリーを新たに分類し，レクサスの位置づけを示したものである。

伝統的ラグジュアリーが，伝統性や特別感を重視するのに対して，スマートラグジュアリーは先進技術・高品質と顧客志向・ホスピタリティを重視する。レクサスはこの領域における優位性とある種の過剰性（不用性）を持って独自の位置を確立したといえる。

一方で，最も今日的なラグジュアリーブランドとして登場してきたのが，テスラやアップルのようなIT系ラグジュアリーである。この領域は今後のラグジュアリーブランド分析の新たな対象となるであろう。

(5) まとめ

このようなスマートラグジュアリーブランドであるレクサスは，米国におけるトヨタブランド高級車からの流出を食い止めるという背景の下に企画された。販売会社である米国トヨタが提案し，米国トヨタ，トヨタ自動車が一体となって，新しい価値観を持ったベビーブーマー層を徹底的に研究し，「過剰なまでの高品質」，「高すぎない表面価格と少ない値引き」，「快適な販売店」，「機能価値を情緒的に表現した広告」といった導入施策が検討・実施された。

レクサスも通例のラグジュアリーブランドの特徴を一部有してはいるが，希少性を演出するようなマーケティング手法やデザイナーのスター化といった技巧的な戦術は採用していない。また，排他的な価値を示すような高価格戦略はとらず，表面価格を競合よりも低めに設定し，値引きを圧縮している。

結果として，顧客側における「社会的価値」「審美的価値」は特段高くない一方で，（レクサス固有の特徴である）「品質」と「販売店のホスピタリ

ティ」の高いイメージに加えて，「先進的」「環境対応に積極的」という今日的なイメージ形成が他のラグジュアリーブランド以上になされている。レクサスが提供した価値観（顧客視点，情緒価値に昇華した機能価値）は，ターゲットであるベビーブーマー層に支持され，顧客自身が他の顧客に口コミで推奨（Customers Tell Stories）してくれる状況を生み出すことができた。

🎓 本ケースからの学び

　レクサスの事例の実践的意義は，高級車の専業メーカーである欧州競合ブランドのアプローチと異なり，大衆車メーカーであるトヨタ自動車が，その強み（品質，接客）を最大限に活かしながら，自らの手で新たな価値（スマートラグジュアリー）を生み出したことにある。日本のものづくり企業が高級市場に進出するとき，歴史がなくても新しいタイプのラグジュアリーブランド＝スマートラグジュアリーを生み出せる可能性を，レクサスの事例は示している。

＊本章は，高田・田中［2017］をベースとして本書のために再編集したものである。過去の研究論文や資料に加えて，筆者の1人（高田）が実際にレクサスのブランド・マネジメントに携わった経験や関係者へのインタビューをもとに執筆されている。

■ 参考文献

Bain & Company, Fondazione Altagamma. [2015] Global personal luxury goods market trend (1994-2014). http://www.consultancy.uk/news/907/bain-global-luxury-goods-market-grows-to-223-billion.

Beverland, M.B. [2004] Uncovering "Theories in Use" : Building Luxury Brands, *European Journal of Marketing*, 38 (3/4), pp.446-466.

Carcano, L. and Ceppi, C. [2010] *Time to change: Contemporary challenges for Haute Horlogerie,* Milano: EGEA S.p.A.（長沢伸也・小山太郎監訳［2015］『ラグジュアリー時計ブランドのマネジメント』角川学芸出版）

Catry, B. [2003] The great pretenders: the magic of luxury goods, *Business Strategy*

Review, 14（3）, pp.10-17.

Chester, D.［2004］*Lexus: The Relentless Pursuit,* Singapore: John Wiley & Sons Pacific （Asia）.（鬼澤忍訳［2005］『レクサス 完璧主義者たちがつくったプレミアムブランド』東洋経済新報社）

Chevalier,M. and Mazzalovo,G.［2008］*Luxury brand management: A word of privilege*, Paris: Dunod.

Corbellini, E. and Saviolo, S.［2009］*Managing fashion and luxury companies,* Milano: Rizzoli Etas.（長沢伸也・森本美紀訳［2013］『ファッション＆ラグジュアリー企業のマネジメント：ブランド経営をデザインする』東洋経済新報社）

Dawson, C.［2005］*The Secrets of Lexus' Success: How Toyota Motor Went from Zero to Sixty in the Luxury Car Market,* New York: Columbia Business School.

Dubois, B.［1998］*L'art du Marketing,* Paris: Village Mondial.

George, A.L. and Bennett, A.［2005］*Case studies and theory development in the social sciences,* Cambridge, MA: MIT Press.（泉川泰博訳［2013］『社会科学のケース・スタディ 理論形成のための定性的手法』勁草書房）

（The）Global Knowledge Center and Overseas Marketing Division, Toyota Motor Corporation［2004］Lexus Value.（非公刊社内資料）

Gomm, R., Hammersley, M. and Foster, P.（eds.）［2000］*Case Study Method,* Thousand Oaks, CA: Sage Publications.

Kapferer, J.N and Bastien, V.［2009a］*The Luxury Strategy: Break the rules of Marketing to Build Luxury Brands,* London: Kogan Page.

Kapferer, J.N and Bastien, V.［2009b］The specificity of luxury management: Turning marketing upside down, *Brand Management*, 1（5/6）, pp.311-322.

Nueno J.L. and Quelch, J.［1998］The mass marketing of luxury, *Business Horizons,* 41（6）, pp.61-69.

Okonkwo, U.［2007］*Luxury Fashion Branding: Trends, Tactics, Techniques*, NY: Palgrave Macmillan.

Phau, I. and Prendergast, G.［2000］Consuming luxury brands: The review of the rarity principle, *Journal of Brand Management*, 8（2）, pp.122-138.

Sheth, J.N., Gardner, D.M. and Garret, D.E.［1988］*Marketing theory: Evolution and evaluation.* NY: John Wiley & Sons.（流通科学研究会訳［1991］『マーケティング理論への挑戦』東洋経済新報社）

Templin, M.［2016］元 Lexus International Executive Vice President, Mark Templin 氏インタビュー（於トヨタファイナンス本社 2016 年 9 月 15 日）

Thomas, D.［2008］*Deluxe: How Luxury Lost Its Luster*, London: Penguin Books.（実

　　川元子訳［2009］『堕落する高級ブランド』講談社）

Twitchell, J.B. ［2002］. *Living It Up: Our love affair with Luxury,* NY: Columbia University Press.

Vigneron, F. and Johnson, L.W. ［1999］ A review and a conceptual framework of prestige-seeking consumer behavior, *Academy of Marketing Science Review*, 9（1）, pp.1-15.

Wetlaufer, S. ［2001］ The Prefect Paradox of Star Brands: An interview with Bernard Arnault of LVMH, *Harvard Business Review*, October 2001. https://hbr.org/2001/10/the-perfect-paradox-of-star-brands-an-interview-with-bernard-arnault-of-lvmh.

Yin, R.K. ［1994］ *Case Study Research: Design and Methods,* Thousand Oaks, CA: SAGE Publications.（近藤公彦訳［2011］『新装版 ケース・スタディの方法（第2版）』千倉書房）

遠藤功［2007］『プレミアム戦略』東洋経済新報社。

岡澤陽子［2016］トヨタ自動車レクサスブランドマネジメント部グループマネージャー岡澤陽子氏インタビュー（於トヨタ自動車東京本社 2016年10月13日）

金順心［2010］「ラグジュアリー・ブランドの構成要素に関する先行研究の展開：プレスティージと排他性，希少価値を中心として」『商学研究科紀要』（早稲田大学大学院商学研究科）70巻，71-83頁。http://dspace.wul.waseda.ac.jp/dspace/bitstream/2065/33865/1/ShogakuKenkyukaKiyo_70_Kin.pdf.

寺崎新一郎［2013］「ラグジュアリー戦略の誕生とラグジュアリー・ブランドの概念規定の再検討」『商学研究科紀要』（早稲田大学大学院商学研究科）77巻，139-161頁。https://dspace.wul.waseda.ac.jp/dspace/bitstream/2065/40448/1/ShogakuKenkyukaKiyo_77_Terasaki.pdf.

高木晴夫［2007］『トヨタはどうやってレクサスを創ったのか："日本発世界へ"を実現したトヨタの組織能力』ダイヤモンド社。

高田敦史・田中洋［2017］「自動車業界における ラグジュアリーブランド戦略」『マーケティングジャーナル』36（3），52-70頁。

中嶋靖［1999］『レクサス／セルシオの道程：最高を求めた車人たち』ダイヤモンド社。

長沢伸也編著［2007］『ルイ・ヴィトンの法則：最強のブランド戦略』東洋経済新報社。

長沢伸也［2013］「はじめにラグジュアリーありきだった」第1回LVMH寄付講座ラグジュアリー・ブランディング系モジュール講義録，於早稲田大学2013年4月11日。

長沢伸也［2015］『高くても売れるブランドをつくる！』同友館。

（高田　敦史）

TSUTAYA
（カルチュア・コンビニエンス・クラブ株式会社）

ライフスタイルを提案するブランドの構想とは

 本ケースのねらい

　2011年12月5日朝7時，東京渋谷区の高級住宅地・代官山に「代官山 蔦屋書店」がオープンした。店舗の開店日にみられる祝花も並ばず，「本日開店，○○円引き」のチラシもない，静かなスタートだった。オープン時の客は2人。朝の散歩をしていた近所の人が「あぁ，オープンしたんだね」とのんびり入店した。

　"書店"というには少し風変わりな佇まいである。3棟に分かれており，棟間の通路には木や花が植えられている。白いTの字をかたどった小さなタイルが連続して大きなTの形をつくったファサード。それ以外の部分はガラス張り。

　一見すると何の店かわからないこの「代官山 蔦屋書店」は，日本最大の書店チェーンであり，DVDやCDのレンタルでも知られる「TSUTAYA」や，日本人の56％が利用している共通ポイント「Tポイント」，そしてその「Tポイント」を活用したデータベースマーケティングを行っているカルチュア・コンビニエンス・クラブ株式会社（以下，CCC）が生んだ新しいタイプの書店である。CCCの歴史にとって大きな転換点となっただけでなく，書店を「過ごす」場所に変化させた。

　CCCの指揮をとり，代官山 蔦屋書店を企画したのは，創業者の増田宗昭氏である。増田氏はCCCを「企画会社」だと言う。どのような発想で，CCCは事業を展開し発展させているのだろうか。

（1）CCCの「最初の企画書」

　代官山 蔦屋書店がオープンする約 30 年前の 1982 年，当時ファッションブランドの「鈴屋」に勤めていた増田氏は，大阪府枚方市の京阪電鉄枚方市駅前にカフェ兼貸しレコード店の「LOFT」を開いた。

　『ファッション化社会』（浜野安宏著，ビジネス社，1970 年）を読んで感化された増田氏は，同志社大学卒業後に当時隆盛期にあった「鈴屋」に入社したが，入社 2 年目に任された仕事は「ベルコモンズ」という商業施設の開発であった。そこで増田氏は「顧客が求めているのは，服そのものではなく『ライフスタイル』である」と考えた。

　「みんなが求めているのは，自分のスタイルを完成させるための情報。ライフスタイルを選ぶということを一番無意識にやっているのは，本や映画を見るときなんです。泣いたり，悩んだり，そこに本質を見付ける」（『日経ビジネス』[2017] 60頁）と考えた増田氏は，「鈴屋」にライフスタイルを提供する事業を提案するが，一蹴される。そこで，自力で立ち上げたのが「LOFT」である。

　翌 1983 年に同社を退職し，32 歳で 32 坪の小さな店「蔦屋書店 枚方店」

TSUTAYA1 号店と創業当時の増田氏
出所：CCC 提供

を開業した。これが TSUTAYA の始まりである。ここでは，貸しレコードだけでなく，本・雑誌の販売と，映画のビデオのレンタルも行った。「その当時，日本にはビデオメーカーがなく，米国のビデオメーカーから VHS を 700 本仕入れて始めた」（CCC［2017］）。入会金は 5,000 円。VHS1 本のレンタル料は 1,500 円。しかも映画にはもちろん字幕もついていない。それでも「1 日に 40 人も 50 人も入会者があった」（増田［2011］155 頁）という。

この創業時，彼は「創業の意図」として次のような文章を書いている。

> 「変革の 80 年代に，関西最大のベッドタウン枚方市において『カルチュア・コンビニエンス・ストア』の発想で，文化を手軽に楽しめる店として，レコード（レンタル），生活情報としての書籍，ビデオ（レンタル含む）等を，駅前の便利な立地で，しかも夜 11 時までの営業体制，コストをかけないロフトスタイルのインテリア環境で，枚方市の若者に 80 年代の新しい生活スタイルの情報を提供する拠点として，LIFE INFORMATION CENTER "LOFT" を提供したい。開店後も，プレイガイドや住宅情報（賃貸住宅の仲介），インテリアの改装の請負等へもチャレンジしてみたい。そして若者文化の拠点として，枚方市駅からイズミヤの通りがアメリカ西海岸のようなコミュニケーションの場として発展するための起爆剤になりたく思う」（原文ママ）（増田［2014］191-192 頁）

この「創業の意図」は，増田氏が書いた文章をパートナーが手書きで清書したもので，企画会社 CCC の最初の企画書として今も同社に保管されている。そして，新規事業が立ち上がるときなどに度々引き合いに出される。ここには，今日まで続く事業の根幹をなす理念と増田氏の構想が端的に表現されているからである。それは，「本・映画・音楽などを通してライフスタイルを提案する」ということであり，「誰もが文化を手軽に楽しめるようにする」という構想である。

増田氏が提供したかったのは「カルチュア・インフラ」である。「映画や音楽の民主化」を実現したかった，ともいえよう。CCC のミッションは「カルチュア・インフラをつくっていくカンパニー。」である。高価なレコー

ドを気軽に買って音楽を楽しめる人と，そうではない人の「音楽に関する格差をなくしたい」と決意した増田氏は，音楽や映画や本のようなカルチュアが，道路や水道のように人々に欠かせないインフラになると考えたのである。

(2) 企画とは情報と情報の掛け合わせ

TSUTAYA が貸しレコードと貸しビデオ，そして書店を複合した「マルチ・パッケージ」の店舗として生まれた当時，貸しレコード店という業態はすでにあった。書店ももちろんあった。だが，それを合体させた業態の店舗は存在しなかった。

「CCC は企画会社」という増田氏は，「企画とは，情報と情報の掛け合わせ」と定義する。すでにあるもの・知っていることを組み合わせることによって，新しい顧客価値を生み出す。それが増田氏にとっての「企画」なのである。

とすれば，企画とは「イノベーション」と同義である。イノベーションとは，「新しい技術とその組み合わせによって，それまでの商品の在り方に変革が起こり，顧客にとって生活や仕事の新しいパターンが生じ生活や仕事上の優先順位が変化した事態」（田中［2017］39 頁）である。その観点からTSUTAYA をみてみると，貸しレコードと書店を組み合わせたところに，ビデオレンタルを結合させ，それまで映画館で鑑賞していた映画を，自宅のリビングで家族と観るという新しい生活スタイルを生み出したといえる。

映画だけでなく音楽の楽しみ方にも変化を与えた。好きな音楽を好きな時に聞くにはレコードを買うしかなかったものを，レコードをレンタルすることで，安価に手軽に聞くことができるようになった。また，好きな曲だけを編集して自分だけのプレイリストをつくることができるようになった。さらには，TSUTAYA のレコードは多くの人とシェアしていると考えると，レコードを「所有」するスタイルに，「シェア（レンタル）」という選択肢が加わった。誰もが自由に，好きなだけ音楽を聴くことができるようになったのである。

(3) 業界外からの視点を取り入れる

　映画や音楽，本の楽しみ方を変えたのは，書店業界でも音楽業界でもなく，ファッションの世界にいた増田氏だった。このように，新しい価値を生み出すには，業界外の視点が有用なことが多い。

　創業時，TSUTAYA は外＝ファッション業界から，カルチャー領域のビジネスを視て企画されただけでなく，さらに他業界の視点も取り入れている。それは，金融業界の視点である。増田氏は「レンタルは金融業だ」（増田[2010] 32 頁）と言う。

　レンタルビジネスとは，ビデオや CD を貸し出して料金を徴収し，期日に返却してもらうという仕組みだが，ここで，仮に 3,000 円で仕入れた DVD を 1 泊 2 日 300 円で貸し出したとする。すると，300 円という料金を徴収した上，必ず翌日には 3,000 円の DVD も返却される。現金で考えてみた場合，3,000 円を貸し出すことによって利息として 300 円を徴収している理屈になる。わずか一晩で 10％の利益を生む高い収益性に，増田氏は商機をみたのである。

(4) 企画は人の理解の領域外にある

　増田氏は，「企画とは，情報と情報の掛け合わせ」であると同時に，「企画とは人の理解の領域外にあるもの」（川島[2015] 133 頁）とも言う。

　企画の定義として「理解の領域外」というのは聞きなれないが，これは，考えてみると至極当たり前のことである。誰もが理解できることは，すでに誰かが商品化しているだろうし，すでに商品化されているなら，顧客のライフスタイルに新しい劇的な変化は生み出せない。だから，「企画は人の理解の領域外」にあるものといえる。

　しかしながら，理解の領域外にあるものを人に売るのは難しい。企画の売り方について，増田氏は著書でこのように述べている。

　　「例えば私がある企画を考えつき，『この企画買いませんか？　儲かりますよ』と企画書 1 枚をもって売り歩いても，まず誰もそれを買おうとは思うま

い。その企画が売り込んだ相手の理解を超えるものなら，相手は理解できないわけだから，絶対にそれを『面白い』とは思わない…（中略）…だから私には『私の考える企画は，例えばこうなりますよ』という，見本となる商品がどうしても必要だったのだ。それでTSUTAYAを始めた」（増田［2011］8頁）

つまり，増田氏はTSUTAYAを全国に広げる営業をするための商品見本として店舗をつくったのである。「顧客の中に潜在的にある，マズローの5段階欲求の『自己実現欲求』を満たすために，ライフスタイル提案をする，本と映画と音楽のマルチパッケージストアをつくりましょう」と言うよりも，TSUTAYAをつくって見てもらったほうがはるかにわかりやすい。

また，TSUTAYAのコンセプトを長々と話すよりも，「レンタル業は金融業と同じです。1日で3,000円貸した相手から300円の利息が受け取れるビジネスモデルだと考えると，つまり，儲かるわけです」と，誰もが実感できる「お金の話」を方便として，自分の企画を相手の理解の領域内に入れることもするという。

「理解の領域の外にあったものを，理解の領域の中にあるものに置き換えて説明する。…（中略）…そうすると，中には『儲かりそうだからやってみよう』という人が出てくる…（中略）…ここからが面白い。『儲かりそうだからやってみよう』と判断して，実際に僕の企画を実践してみる。そうすると，その人は企画の意味するところがわかってくるのです。…（中略）…それで企画が自分のものになると，今度はその人が，『情報流通革命』の担い手を自負するようになったり，あるいは『生活提案とはこういうこと』と言い始めたりする」（川島［2015］137-138頁）

このようにTSUTAYAは，フランチャイジーである加盟企業のオーナーたちが生活提案の担い手となり，最初の企画書で書かれた通り「ライフスタイル提案の拠点」として，全国で1,000店舗を超える店舗網を持つことになった。1,000店舗のうち，直営店舗は100店舗ほど。直営店舗が担っているの

は，フラッグシップとしてのブランド向上と実験的な試みをする R&D の役
割である。

2. TSUTAYAの発展／イノベーションの表象と具現

(1) 店舗がブランドになる

　ここまでの話を整理してみると，企画とは情報（既存の知，モノ，コト）
の組み合わせによって新しいライフスタイルを提供するイノベーションのこ
とであり，増田氏がつくる TSUTAYA（＝直営店）は，そのイノベーション
を理解の領域内に入れるために具現化したもの，すなわちイノベーションの
表象もしくは実験場といえる。

　図表 10-1 に CCC の年譜を示したが，イノベーションの表象と具現という
観点で TSUTAYA の軌跡をみてみよう。

　1984 年，大阪府吹田市江坂に「蔦屋書店　江坂店」をオープン。
TSUTAYA とカフェとオフィスが複合した空間設計で，この空間設計のフィ
ロソフィが代官山 蔦屋書店にまでつながっている。

　江坂店の洒落た空間づくりと事業内容が好評となり，換言すると店舗が表
象となり，フランチャイズ営業が進んだ。フランチャイズ展開の本部とし
て，1985 年に CCC が設立される。

　1999 年 12 月，東京・渋谷ハチ公改札口の交差点に，都心での生活提案を
する旗艦店「SHIBUYA TSUTAYA」をオープンする。テレビのニュースな
どで渋谷のスクランブル交差点を行きかう人々の姿が映されるときに
TSUTAYA の看板が映り込む。渋谷という高感度な街のブランドパワーを借
景に TSUTAYA の表象を認知させる，高い宣伝効果を生み出す店舗立地戦略
が成功したといえる。

　2003 年には，東京都港区の「六本木ヒルズ」に「TSUTAYA TOKYO
ROPPONGI（現・六本木 蔦屋書店）」をオープン。スターバックスを併設
し，コーヒーを飲みながら購入前の本でもゆっくり読めて，じっくり選べる
「BOOK & CAFE」スタイルを打ち出した。

図表10-1　CCC年譜

1982年	大阪府・枚方市にTSUTAYAの前身となる「LOFT」を開く
1983年	大阪府・枚方市に「蔦屋書店 枚方店」を開業。TSUTAYAの創業となる
1984年	大阪府・吹田市に「蔦屋書店 江坂店」をオープン
1985年	カルチュア・コンビニエンス・クラブ株式会社設立
1999年	東京・渋谷区に「SHIBUYA TSUTAYA」をオープン
2000年	東証マザーズに上場
2003年	東証1部に場変え 東京都・港区の六本木ヒルズに「TSUTAYA TOKYO ROPPONGI」をオープン 共通ポイント「Tポイント」スタート
2006年	TSUTAYAが書籍・雑誌の売上において日本最大の書店チェーンとなる
2011年	MBOにより上場廃止 東京都・渋谷区に「代官山 蔦屋書店」および，同書店を中心とした複合施設「代官山T-SITE」をオープン
2013年	北海道・函館市に「函館 蔦屋書店」をオープン 佐賀県・武雄市の「武雄市図書館」を指定管理者として運営スタート
2914年	神奈川県・藤沢市に「湘南T-SITE」をオープン
2015年	東京都・世田谷区に，電と本を融合させた「二子玉川 蔦屋家電」をオープン
2017年	東京都・中央区に「銀座 蔦屋書店」をオープン

出所：筆者作成

　カフェという業態をTSUTAYAに導入したのは，この店が初めてではない。1982年の「LOFT」にも，1984年の「江坂店」にも，1999年の「SHIBUYA TSUTAYA」にもカフェはあった。

　しかし，「TSUTAYA TOKYO ROPPONGI」が画期的だったのは，カフェが書店と融合し「顧客がコーヒー片手に本を読む時間」を提供したことだ。今，巷に数多くあるブックカフェの走りで，顧客のライフスタイルに変化を与えた1つのイノベーションである。

　当時，日本ではそのようなスペースは他にはなく「お客さんは本を読むだけ読んで帰ってしまうだろう」と反対する声もあったが，「コーヒーを飲みながら本をタダで読める。そんな場所があったら，行ってみたくないか？顧客の価値を追求するのが最優先」という増田氏の判断で実現された。本屋

で立ち読みをするお客さんたちに，コーヒーと椅子，居心地のいい空間という価値を与えたこの試みは，結果としてコーヒーも本も売れて高い収益をもたらした。

(2) もう1つのイノベーション

　2003年，TSUTAYAとは違う文脈で，もう1つのイノベーションが起きている。共通ポイントサービス「Tポイント」である。TSUTAYAでレンタルをする時に必要になる会員証を，他のさまざまな店舗のポイントカードとしても使えるようにしたのが「Tカード」で，そこで貯まる・使えるポイントが「Tポイント」である。個店別に発行されるポイントカードで財布が膨れ上がることの不便さを感じた増田氏は，「各店舗が顧客の"囲い込み"のためにポイントカードをつくるが，"囲い込まれたい"お客さんなんていない。顧客の立場から考えたら，1枚のカードでどのお店のポイントも貯められたほうがいいに決まっている」と考えた。

　現在，アクティブ・ユニーク会員数（過去1年間でTポイントを利用したことがある人を，複数のカード・IDを利用していても名寄せをして1人とカウントする）は7,067万人。赤ちゃんからお年寄りまで含めた日本の人口の56%がTポイントを利用していることになる。提携企業数は5,649社，ポイントが利用できる店舗数は174,849店舗に上る（2020年9月末現在）。

　顧客にとっては，1枚のカードでさまざまなお店でポイントが貯められるわけだが，事業者にとっては業種横断の購買履歴データがマーケティングに利用できるという利点もある。データベースマーケティングについて，増田氏は90年代から，人の嗜好，すなわち「どのような人がどのようなものを好むのかのデータベース」がビジネスになる，とTSUTAYA加盟企業のオーナーに語っていた。

　しかし，この増田氏の考えは周囲には理解されなかった。そこで増田氏は，「生活提案のためのマルチパッケージストア」をTSUTAYAとして可視化したように，「データベースマーケティング」という企画を人の理解の領域に入れるために「1枚のカードでさまざまなお店のポイントが貯まる」という顧客価値に転換して，Tカードをつくったのである。KADOKAWAの

Tポイントのシンボルマークが付けられたTSUTAYA TOKYO ROPPONGIの外観とBOOK & CAFEの様子
出所：CCC提供

　角川歴彦会長は増田氏のことを「この業界であんなに早くからデータベースに注目していた経営者はいない。増田さんはまさに革命児」（『週刊東洋経済』［2015］43頁）と語っている。

　今では日本人の半数以上が利用するTポイントだが，当然ながらスタート当時は誰も知らないポイントサービスである。一目でそのサービスを印象付ける強いシンボルが必要になった。そこで，同時期に進んでいた「TSUTAYA TOKYO ROPPONGI」のクリエイティブディレクターだった佐藤可士和氏にTポイント，Tカードの共通ロゴの制作が依頼され，青地に黄色のTのマークが映える，シンプルで力強いシンボルマークが生まれた。

　増田氏はその「Tロゴ」を，六本木ヒルズという注目度の高い施設にできる「TSUTAYA TOKYO ROPPONGI」の看板の頭につけた。一等地にある店舗のブランド力を生まれたばかりのサービスのバックアップに利用したのである。

3. 蔦屋書店にみる, ネット時代の小売業の在り方

（1）カフェの真の商材はコーヒーではない

　さて，BOOK & CAFEという新しいスタイルを広めることになったTSUTAYA TOKYO ROPPONGIだが，ここに興味深いデータがある。代官

山 蔦屋書店を中核とした複合商業施設「代官山 T-SITE」の企画段階で代官山に住む，あるいは働く人々400 人に取ったアンケートだ。

「この街につくってほしい，増やしてほしいお店は何ですか」という質問に対して最も多かった答えは，169 人が答えた「カフェ」であった。次に多かったのは 151 人が答えた「本屋」である。

カフェがすでに豊富に揃った街において，人々がさらに「カフェが欲しい」というのはどういうことか。代官山にいる人々は，日本で一番コーヒー好きなのか。代官山に来るとのどが渇くのか。まさか，そんなはずはない。

このアンケート結果を受けて，また，TSUTAYA が以前からカフェを併設していた理由を加味して，増田氏と代官山プロジェクトのチームが出した結論は「カフェの真の商材はコーヒーではない」ということだった。「カフェの本質を一言で言えば，それは“ライブ”であるということだ。人はそこに，単にコーヒーを飲みに訪れるのではない。そこに流れる時間を味わいに来るのだ。つまり，そこでやり取りされる商品とは，時間なのだ」（増田［2011］150 頁）。そして，「顧客の時間をデザインする」ために最も必要なのは「居心地の良さ」であると考えた。

増田氏は著書で，カフェの「真の商材」が時間と居心地であると同時に，「隠れた商材」は「人」であるとも語っている。70 年代，クリエイターたちが集まっていた原宿の「レオン」というカフェを引き合いにして，素敵な人々と同じ空間にいて同じ時間を過ごすことは，本・映画・音楽を通した生活提案に対して「人というリアルな存在を通した生活提案」だという。

「カフェの商材はコーヒーではなく，時間と居心地と人である」といった考え方は，「TSUTAYA の真の商材は本や DVD ではなく，生活提案である」ということに近い。増田氏は「代官山 T-SITE を 4,000 坪のカフェにしたい」と考えた。時間，居心地のいい空間，人によってライフスタイルを提案する場をつくる，という構想に至ったのである。

(2) ネット時代の小売業

代官山の町の人々のアンケートで，カフェの次に人々が欲していたものは「書店」だった。本を買うという行為はネットで簡単にできる便利な時代に

おいて，顧客が書店に行く意味は何だろう。

　増田氏はそれを「偶然の出会いと発見」と読んだ。本というモノを販売する商業施設を超えた「自分が今，何を求めているのかをリアルに感じることができる場」。世の中で何が起きていて，何が流行していて，そしてその中で自分がどこにいるのかを身体の感覚でつかむことができる。AIにあてがわれた自分好みの情報ではなく，偶然の出会いによって発見と驚きが生まれる。それが書店の顧客価値だと考えた。

　カフェの必要要素，「時間」「居心地（空間）」「人」に，「出会い」「発見」を加えた5つが，ネットには代替できないリアル店舗の顧客価値になる。代官山 T-SITE 全体が，4,000 坪のカフェならば，その中核施設である代官山蔦屋書店は，1,200 坪の BOOK & CAFE ということになる。

(3) 代官山 蔦屋書店と代官山T-SITE

　ここで，CCC の歴史にとって大きな転換点である代官山プロジェクト＝代官山 蔦屋書店と，同店を中核とする複合商業施設「代官山 T-SITE」について詳述しよう。代官山は，東京でも有数の高級住宅地の1つであり，代官山駅から5分ほど歩くと，旧山手通り沿いに「代官山 T-SITE」がある。

　総面積12,000㎡の緑豊かな敷地の中，旧山手通り側に3つの建物が並んでいる。この3棟が2階でつながり一体化して「代官山 蔦屋書店」となっている。また，代官山 蔦屋書店の北側は，ベーカリー，レストラン，電動アシスト自転車店，ペットショップなど7つの専門店が散歩道でつながっている。

　蔦屋書店に入ってみよう。1階は，本のフロアだ。1号館から3号館までを貫くように店舗中央に「マガジンストリート」が走っている。時代を映す鏡でもある最新情報を網羅した世界中の雑誌が並べられた，代官山 蔦屋書店の背骨ともいえるメインストリートである。マガジンストリートの両脇に「人文・文学」「アート」「デザイン・建築」「クルマ」「料理」「旅行」といった6つの専門書ゾーンがある。代官山 蔦屋書店は，あらゆる消費者の好みに合わせているわけではなく，6つのジャンルに絞って書棚を形成し，狭くて深い品ぞろえを志向している。

「代官山 蔦屋書店」の外観と店内。右の写真はマガジンストリート。蔦屋書店独特の空間デザインである。
出所：CCC 提供

　料理雑誌の傍に，新刊本と古書，洋書が区別なく並んだ料理書のゾーンがあり，そこには調理道具や調味料なども置かれている。雑誌，書籍，そしてモノを通して「食のライフスタイル」を提案するためのゾーニングがなされている。

　1 階は，このように本を中心にした品ぞろえであるが，他に，1 号館にコンビニエンスストア，3 号館にスターバックスがある。

　2 階に上がってみよう。1 号館は映画と児童書のフロア。2 号館はヴィンテージマガジンに囲まれたラウンジ「Anjin」。3 号館は音楽のフロアで，CD やレコード，高級オーディオ，イヤホンなど音楽に関連するモノと音楽を聴きながらくつろげるカフェ席が並ぶ。

　各ジャンルのゾーンをマネジメントしているのが「コンシェルジュ」と呼ばれるスタッフである。蔦屋書店では，取次（本の問屋）からの自動的な配本を受けていない。すべて，コンシェルジュが「この本は何冊必要だ」と考え，店舗からの注文を起点に本を仕入れる独特のスタイルをとっている。コンシェルジュの役割は，それぞれの専門知識に基づいて，どのような商品を仕入れ，それをどのように並べて売り場をつくるか，関連するグッズは何を揃えるべきかを決めることである。また，そのジャンルに関するイベントの企画・運営も行う。すなわち，合理的な出版流通のシステムに背を向け，「人」による非高率だがきめ細かい提案と運営を行っているのである。

(4) 2人の客が3万人に

　このように企画されていった代官山 蔦屋書店だが，冒頭に述べた通り，オープン時のお客さんはたった2人だった。なぜなら，代官山 蔦屋書店は，オープン時に広告もマスメディアに対する広報もチラシの配布などの販促活動も全くしなかったからである。CCCのHPには，「代官山 蔦屋書店オープン」に関するプレスリリースもない。

　増田氏は「オープン前の宣伝活動は一切しない。オープン日も言わない。来店されたお客様1人ひとりを，ただひたすら大切にすること」と命じていた。現場のスタッフは，オープン告知も販促もしないことに不安をいだいたが，結果として2人のお客さんが今では平日1万人以上，週末ともなると3万人を超えることとなった。

　代官山 蔦屋書店の本の月商は1億円近くあり，TSUTAYAの書籍・雑誌の売上高は1,427億円（2020年1月〜12月）と，国内最大を誇っている。マスメディアでは，従来TSUTAYAを一言で説明するときに「レンタル最大手のTSUTAYA」と書くことが多かったが，今では「最大手書店TSUTAYA」に変わった。

(5) 蔦屋書店の現在

　代官山 蔦屋書店で築かれたビジネスモデルは，その後，その土地に合った方法とテーマをもとに各地に展開されている。2013年には，「函館 蔦屋書店」がオープン。華やぐ気分で出かける場所が減り，停滞する地方都市において，地域のコミュニティ活動の場，活動を発表できる場を提供することをテーマにした同店では，英会話教室，料理教室，アクセサリーやインテリア小物などのクラフト講座など，市民が主催者（先生）となって開催する「コミュニティイベント」が月に100件以上行われている。地域の人々が，蔦屋書店を自分の「居場所」として愛着を持つことで，ロイヤルティを高めている。

　2014年にはスローフード・スローライフをコンセプトにした「湘南T-SITE（湘南 蔦屋書店）」が，2015年には家電店と書店を融合させた「二子

（左）函館 蔦屋書店のコミュニティイベント。市民が先生となって英会話教室が行われている。
（右）二子玉川 蔦屋家電の店内。書店と家電店が融合した店舗。
出所：CCC 提供

玉川 蔦屋家電」がオープンした。そして，2017 年には「アートの民主化」をテーマに掲げ，アートと日本文化に特化した「銀座 蔦屋書店」をオープンさせ話題を呼んだ。現在，20 を超える蔦屋書店が各地に，それぞれの町の名前を冠して展開されている。

　2020 年には，初めての海外店舗が中国の杭州と上海にオープンした。世界文化遺産の西湖に象徴される豊かな自然に恵まれ，13 世紀には世界最大の都市であったという悠久の歴史を持つ杭州では，建築家のレンゾ・ピアノ氏が中国で初めて手掛けた巨大な施設の一角に「杭州天目里 蔦屋書店」を開いた。上海では，100 年の歴史を持つ施設「上生新所（英名：Colombia Circle）」内にあり，駐在米国人の社交場として使われていた洋館を当時の内装を残しながら改装し「上海上生新所 蔦屋書店」として開業した。

　コロナ禍でインバウンド客が激減した年に，「来ないのであれば，こちらから出向く」とばかりに中国に出店したこの 2 店舗では，日本の書籍・雑誌，日本文化を象徴するモノも取り扱っている。杭州での出店時，「蔦屋書店を知っているか」という調査をしたところ，「行ったことがある」「どんなところかは知っている」「名前を聞いたことがある」を合わせて 80％に上った。蔦屋書店が海外のガイドブックや SNS で紹介され，注目された結果が表れている。

（6）居心地の良さを知的財産にする

　ネット時代の小売業に必要なものの1つが「居心地のいい空間」であるとした CCC は，その空間設計に多額の投資をしている。代官山をはじめとするいくつかの店舗では建築オフィス，クライン ダイサム アーキテクツとともに自社のデザインチームが内装デザインを担った。店内のサイン計画も，蔦屋書店のロゴをデザインした，原研哉氏率いる日本デザインセンターが手掛けている。

　ロゴタイプは商標で知財として守られているが，「居心地」という曖昧なものは知財として権利が守られない。すなわち模倣を阻止することができない，という課題があった。

　そこで CCC では，法務部を中心として特許庁にも相談し，ワーキンググループでの発表や関係各省へのヒアリング対応などの地道な活動を長年続けていた。2020 年 4 月の意匠法改正で「内装の意匠」が認められることになり，同年 10 月，内装の意匠登録第 1 号を取得した。

　しかし，「意匠」では新規性のあるデザインしか守られないため，代官山蔦屋書店をはじめとする法改正以前のデザインには適用できないという課題は残る。現在，CCC では「空間の商標」を守るべく，その申請を行っている。

　什器配置から照度の設計まで，細かなデザインを重ねて，居心地という定義しがたいものを空間に定着させる工夫がされている。それを守る活動もブランドを構築する活動の 1 つである。

内装の意匠登録第 1 号となった蔦屋書店の意匠。ロングテーブルの両脇に書架が並ぶ。この照明も独特。
出所：CCC 提供

(7) 残された課題

居心地の知財化以外にTSUTAYAに残された課題として,「出版構造改革」が挙げられる。書店業は薄利なビジネスモデルである。1,000円の書籍を販売しても書店に入るのは200円程度。この20%という粗利を引き上げていかなくてはならない。

日本の出版ビジネスには,再販制度と委託販売制度がある。出版社が書籍・雑誌の小売価格を決められる再販制度と,一定期間内であれば書店は出版社に返品できる委託販売制度は,一対になった制度である。

TSUTAYAでは買切り施策と一定期間が経過した後は価格を下げる時限再販制に取り組んでいるが,目標としている35%の粗利には到達していない。

1兆2,000億円程度の(紙の)出版市場において,返品額はおよそ9,000億円。まさに自転車操業ともいえる業界全体の健全化のためにも,構造改革を進めなくてはならないだろう。

また,現在,日本では「書店ゼロ」の自治体が全体の2割に上る。書店というものを見たことがない子どもたちが出てくるかもしれないこの局面で,日本最大の書店として取り組むべきことは多い。

🎓 本ケースからの学び

CCCは「企画会社」を標榜している。これまでみてきた通り「企画」とは,情報と情報(既存のモノ・コト)の組み合わせで,顧客の生活スタイルを変化させるイノベーションのことである。では,その企画の原点とは何か。増田氏によればそれは「顧客価値を考え抜く」ことである。そのためには業界内の常識にどっぷり浸っていてはダメだと増田氏は説く。

ファッション業界にいた人物が,ライフスタイルの提案を行うために,映画・音楽・本の店を複合させてTSUTAYAをつくった。エンタテイメント業界にいるTSUTAYAがカフェをつくり,共通ポイントサービスをつくった。共通ポイントサービスから他業界のデータベースマーケ

ティングを行った。都心の視点から地方都市のコミュニティマネジメントをし，書店業界の視点で新たな家電店をつくり，アートシーンに新たな風を起こした。画期的な企画を導くためには業界外のアウトサイダーの視点と顧客の視点を取り入れることが常に必要なのである。

■ 参考文献

CCC［2017］プレスリリース「今年も日本映画界に『ミライの名作』が誕生！『TSUTAYA CREATORS' PROGRAM FILM 2017』結果発表！」https://www.ccc.co.jp/news/2017/20171116_001272.html.（2021.1.2閲覧）

川島蓉子［2015］『TSUTAYAの謎』日経BP社。

田中洋［2017］『ブランド戦略論』有斐閣。

増田宗昭［2010］『情報楽園会社』復刊ドットコム。

増田宗昭［2011］『代官山オトナTSUTAYA計画』復刊ドットコム。

増田宗昭［2014］『知的資本論』CCCメディアハウス。

『週刊東洋経済』［2015］「TSUTAYA　破壊と創造」6625号，東洋経済新報社。

『日経ビジネス』［2017］1892号，日経BP社。

（元永　純代）

Sales Lab
（株式会社Sales Lab）

BtoBスタートアップ企業ブランドをプランニングする

 本ケースのねらい

中小企業が BtoB 分野でブランドを確立するためにはどうしたらよい
のだろうか。本ケースが対象とする株式会社 Sales Lab（セールスラボ）
は，「インサイドセールス」という比較的新しいサービスを専門に行う
中小企業である（2020 年 10 月現在，従業員数約 50 名）。

中小スタートアップ企業で，しかも BtoB のサービス業という形態の
ブランディングという点でも比較的珍しい事例であるが，事業発足から
の約 4 年間で，年商は約 250％になるなどの業績を上げただけでなく，
種々の取り組みによって社員の意思統一や意欲の向上，採用活動が改善
されるという成果があった。これらの成果は，どのようにして可能に
なったのだろうか。

1. Sales Labの概要と市場の問題

（1）Sales Labの概要

株式会社 Sales Lab は，インサイドセールスの専業ベンダーとして東京都
港区にオフィスを構えている。代表取締役社長の小椋亮氏を筆頭に従業員約
50 名，Sales Lab は社名であると同時に，そのサービス名でもある。

インサイドセールスとは，一言でいえば内勤型の営業活動全般のことであ
る。直訳すれば，「内部の」（インサイド）「営業」（セールス）という意味を

持つ。客先を訪問することなく，電話，メール，ビデオ会議など非対面のあらゆる手段を使って，見込客の需要を掘り下げ，購買意欲を高め，面会の約束を取り付けたのち訪問営業に引き渡す。訪問営業はフィールドセールスとも呼ばれる（インサイドセールスについては，次節で詳述する）。

　さて Sales Lab は，TIS インテックグループの一員として 2020 年 3 月に設立されたが，事業の発足自体は 2016 年 4 月にさかのぼる。同グループの株式会社ネクスウェイにおいて発足した，「インサイドセールス支援事業部」がその前身である。

　前述の小椋氏は，2007 年に株式会社ネクスウェイに入社し，BtoB のダイレクトマーケティング事業の営業に携わった。この事業は，顧客企業のダイレクトマーケティングの戦略を企画した上で，そこで使用するチラシやパンフレット等のツールを制作，さらに電話，電子メール，郵送，FAX を駆使して，総合的なサービスを提供するものであった。2012 年にはダイレクトマーケティング事業部長に就任した。当時小椋氏は 30 歳で，同社最年少の事業部長であった。

　その後の 2016 年 4 月，インサイドセールス支援事業部の発足とともにその事業部長に就任し，2020 年 3 月に同事業部がネクスウェイから分社独立，株式会社 Sales Lab が設立されると同時に，その社長に就任した（分社独立の経緯は 5.「ブランド戦略の必要性」で述べる）。

（2）インサイドセールス市場の問題

　同社の事業発足当時，インサイドセールス市場では大別して 2 つの問題が取り沙汰されていた。

　1 つは，類似業種の企業がサービスの名前だけを「インサイドセールス」にすげ替えるというものである。そのため顧客が何やら新奇な印象の用語に惑わされて，類似業種をインサイドセールスだと思い込んで仕事を依頼してしまう，というものだ。実際，「インサイドセールス」は直訳すれば「内部の営業」という意味であり，訪問せずに行う営業という意味では，テレマーケティングやテレアポを「インサイドセールス」だと主張することも間違いとはいえない。しかし，新しい意味でのインサイドセールスを真面目に行っ

ている企業にとっては，はた迷惑な話である。「最近話題のインサイドセールスを試してみたけど全然成果が出なかった。テレマーケティングと何が違うんだ」という誤った評価が市場に広がりかねない。

もう1つは「無駄訪問」である。インサイドセールス事業者から引き渡された見込客を営業担当者が訪問したが，結局成約には至らず，無駄足になってしまったというものである。この問題の原因としては，見込客のニーズがそもそも自社に対応できるものではなかった，あるいは見込客の「育成」が不十分だった，などがあり得る。例えばインサイドセールス事業者の担当者が集めた情報が表面的なものばかりで，顧客企業のニーズや課題を十分に聞き出せておらず，とにかく面会の約束を取り付けることを優先していた，ということである。

購買意欲が十分高まる前に訪問営業に引き渡せば，当然訪問営業の負担は大きくなり，受注の可能性も下がる。通常，インサイドセールス事業者は顧客企業と仕事を始める際，数値目標の1つとして，「引き渡す見込客の件数」を設定する。この「量」の目標を優先するあまり，「質」がおろそかになってしまうのである。

(3) Sales Labの業態

Sales Labは，顧客企業のインサイドセールスのプロセスをまるごと行う，アウトソーシング型の企業である。戦略立案，人材，ツールなどのシステム環境をすべてSales Labが提供する。したがって，顧客企業側では内製の場合に比べて圧倒的に負担は小さい。人材の教育も，システム環境の用意も基本的に必要なく，しかも比較的短期間でインサイドセールスを始めることができる。さらに，自社独自製品を持たないため，最適な他社製品を客観的な視点で選択することができる。したがって，製品提供型の企業はSales Labにとって，「競合」他社というよりは「協業」の相手方というほうが適切である。

(4) Sales Labの最近の業績と市場動向

Sales Labの事業はこの約4年間で順調に拡大した。年間売上高は2018年

3 月期（2017 年度）を基準として，2019 年度には 170％を達成し，2020 年度は 250％（2020 年 8 月現在の見込み）と予想されている。従業員数は約 250％まで成長した。この背景には，労働人口の減少や働き方改革により，従来の営業活動の変革の必要性がますます高まる社会情勢があった。さらに 2020 年初頭からの「コロナ・ショック」は，結果的にはインサイドセールスには追い風となった。

2. インサイドセールスとは

(1) サービスの態様

　インサイドセールスを担当する独立した部門が設置される場合，同部門がアプローチすべき見込客のリスト（名前や連絡先などの一覧）は，マーケティング部門など他部門が作成し，最終段階の提案から契約締結や受注までを訪問営業が担当することが多い（時には，これら前後のプロセスまで含めてインサイドセールス部門が行うこともある）。営業活動を分業することで効率を高めるねらいもあるが，しばしば「マーケティングと営業をつなぐ」職種ともいわれ，両部門の連携をスムーズにする効果も期待されている。インサイドセールスを含む営業活動全体のプロセスと，各部門の担当領域の一般的なものを図表 11-1 に示す。

　インサイドセールスの一般的なプロセスは次の通りである。

- 電話やメールで見込客にコンタクトし，キーパーソンを割り出す。
- 商品・サービスの情報提供を行う。電話，メール，FAX，郵送などあらゆる非対面の手段が用いられる。
- 見込客の状況をヒアリングし，課題や要望を特定する。
- 面会の約束を取り付け訪問営業に引き渡す（提案もした上で訪問営業に引き渡す場合もある）。

　もともとインサイドセールスは，国土が広く必ずしも容易には訪問営業ができない，米国で発展した営業形態である。日本国内でも近年徐々に浸透し

図表11-1　営業活動全体のプロセスと各部門の担当領域図

見込客の生成	面会の約束	提案	クロージング	受注
展示会やセミナー等で見込客との接点を得る	電話，メール等によるコミュニケーションで情報提供をしながら，面会の約束を獲得	訪問やオンラインで面会し，顧客の現状をヒアリングし，課題の解決策を提案	顧客の要望に応じて，価格やスケジュールの交渉を行い，成約	契約書の回収，受注後のフォロー等

	インサイドセールス			
マーケティング			訪問営業（フィールドセールス）	

出所：筆者作成

ていたが，「コロナ・ショック」によりますます注目を集めるところとなった。

(2) インサイドセールスのメリット

インサイドセールスには一般に次の3つのメリットがあるといわれている。

①訪問営業が提案と受注・契約に専念できる

面会の約束までをインサイドセールスで行うことで，訪問営業が提案と受注・契約に専念できるため，訪問回数あたりの成約率を向上させることにつながる。

②訪問時間の費用対効果が向上する

インサイドセールスが受注の可能性が高い見込客を選んでくれるため，訪問営業はその手間が省けるとともに，訪問時間に対する費用対効果の向上が見込める。

③多くの見込客の長期的な「育成」が可能になる
（見込客の購買意欲を高めることを「育成」という）

インサイドセールスが見込客と継続的にコンタクトを取ることによって，

見込客の状況を常に把握し，タイムリーに対応することができる。訪問営業がすべての営業プロセスを行う場合，こういった長期的な顧客育成の時間を確保することは難しい。

(3) テレマーケティングなど従来の類似業種との違い

訪問営業の前段階となる一部の営業プロセスを，他部門や社外に分担させること自体は以前から行われており，珍しいものではない。その代表的なものはテレアポやテレマーケティングである。テレアポは見込客のリストをもとに網羅的に電話をかけ，面会の約束を取り付け，訪問営業に対応を引き渡す。その名の通り，とにかく「アポイントメント」（面会の約束）を取ることが目的である。テレマーケティングは電話で見込客の需要を聞き出し，商品説明などの営業活動を行うもので，アポイントメントを取るだけでなく，顧客育成（顧客の購買意欲を高める）もその業務範囲に含まれている。

これらの類似業種はインサイドセールスとは異なり，何か1個の手段や方法のみに特化している。したがって，営業活動全体の計画において，その手段や方法が最適かどうかの判断は，その業務範囲を超えることが多い。一方インサイドセールスは，全体的な計画に照らして電話，郵送，ビデオ会議など複数の手段や方法から最適なものを組み合わせて使用する。

(4) 市場規模

2016年前後の事業発足当時，インサイドセールス自体の市場規模の実測値や予測値のデータはなかった。そこで，インサイドセールスと密接な関係を持つMA（マーケティング・オートメーション）やDMP（データ・マネジメント・プラットフォーム）の市場データから，その市場動向を類推することになった。特にMAは，インサイドセールスのプロセスの一部に該当し，これらの市場の拡大または縮小は，インサイドセールス全体の市場動向と相関していると考えられる。

実際，インサイドセールス発祥の地である米国のデータでは，インサイドセールス，MA双方の市場は一定の比率を保ちながら拡大傾向にあった。

日本国内のMA市場規模は，2014年には168億円であったが，2018年に

は 373 億円，2020 年には 420 億円と，右肩上がりに成長すると予測されていた（MarkeZin ニュース［2015］）。実際，その後集計されたデータでは，2018 年の実測値は 390 億円に達して当時の見込みを上回り，2024 年には 940 億円に達すると見込まれている（日本経済新聞［2019］）。

3. 事業発足の経緯

（1）現状への危機感

　株式会社ネクスウェイは，従業員約 300 名，年間売上高 102 億円（2020 年 3 月），東京都港区に本社を構える企業で，営業・マーケティングを支援する各種情報通信サービスを扱っている。その内容は，FAX サービス（FAX によるダイレクトメッセージ）をはじめ，郵送 DM の印刷・発送サービスや，チェーンストア展開企業の本部と店舗のコミュニケーションを支援するクラウドサービスなど，約 20 種類にわたる。FAX サービスは過去に業界トップとなった実績を誇っていたが，2016 年当時，自社を取り巻く社会や業界の激しい変化を踏まえて，新たな価値提供の柱となる新サービスの立ち上げを模索していた。

（2）「マーケティングと営業をつなぐ」新事業の着想

　新事業は，社会の新たなニーズを満たし，かつ自社のリソースを活かすことができ，競合に対して優位に立てるものでなくてはならない。ネクスウェイは，FAX サービスを利用している顧客が（顧客の顧客に対して）FAX 送信後にほぼ必ず電話でアプローチしていることに注目した。FAX サービスの送信を担当する部署は主としてマーケティング部門であり，その後の電話も同じ場合もあれば，営業部門が引き継ぐ場合もある。そこから，自社が次にやるべきことは，FAX 送信後の電話営業を含む何かであり，位置づけとして「マーケティングと営業をつなぐ」ことではないか，という着想が生まれた。

　実際，マーケティング部門と営業部門との間には軋轢が生じることが珍し

くない。両部門の役割分担は企業によって異同が大きい。しかし一般的には，営業プロセス全体の前方のプロセスをマーケティング部門が担当し，営業プロセスの最終段階である契約や受注を含む，後方のプロセスを営業部門が担当することが多い。しばしば聞かれる対立はおおむね次のようなものである。

マーケティング部門が見込客の目星をつけて，その対応を営業部門に引き渡してもまともに取り合ってもらえない。営業部門は既存の案件に気を取られ，マーケティング部門から引き渡された新しい見込客の対応は後回しになったりもする。一方，営業部門では，マーケティング部門が渡してくる見込客は「質が低い」と考えている。予算やサービス内容などの条件が合わなかったり，購買意欲が高くなかったりする。

端的にいえば，マーケティングと営業の間の引き継ぎがうまく行かないのである。多くの企業では機能に応じて部門が分かれている。その場合，それらの部門の境界線周辺にある機能は，関連するどちらの部門が責任を持つべきか，グレーゾーンになっていることが少なくない。マーケティングから営業までの一連のプロセスにおいて，見込客のニーズや課題を掘り下げ購買意欲を高めるプロセスを，責任を持って行う担当者（もしくは部門）が明確でないか欠落しているというわけである。そのプロセスこそ「インサイドセールス」である。

(3) インサイドセールスの潜在的な需要

しかも前述の通り，FAX送信後に電話で営業アプローチをしている顧客企業が多いことから，FAXサービスの顧客がそのままインサイドセールスの顧客にもなる可能性が高い。ネクスウェイ全社の取引社数は，2016年当時約8,000法人であった。既存事業も広い意味ではいずれも営業を支援するサービスであり，その分析や戦略立案，プロジェクト管理の手法，ツールに関するノウハウが蓄積されており，これらはインサイドセールスにおいても転用できるものであった。

社会的にも，全国的な労働人口の減少と，ことに営業職の人手不足という要因があり，「働き方改革」，すなわち生産性を向上させる新しい取り組みへ

の追い風があった。実際，各種調査を総合すると，中堅規模以上のIT系企業で営業職をアウトソーシングしようとする傾向が推測された。

また，十分な大きさの市場があるかどうかも調査された。詳しくは本章2.(4)「市場規模」に述べた通りである。

こうして，2016年4月，株式会社ネクスウェイに新たに「インサイドセールス支援事業部」が発足することになった。

4. 事業機会を見定める

2016年の事業発足当時から，インサイドセールス業界では「無駄訪問」（本章1.(2)「インサイドセールス市場の問題」参照）が問題になっていた。その原因を追及するとおおむね次の通りだった。

- 見込客（顧客企業の顧客）のニーズが，そもそも顧客企業では対応できないものだった。
- 見込客にニーズはあったが，購買意欲は高くなかった。
- 予算やスケジュールなどの条件が合わなかった。

また，受注できたものの，インサイドセールスでのヒアリングが不十分で，受注まで手間と時間がかかり訪問営業の負担が大きかった，という例もみられた。

では，このような事態はなぜ生じるのだろうか。その理由を探るには，効果的なインサイドセールスを行うためにはそもそも何が必要かを考えるのが早道だ。端的に言えば，ツールとそれを使いこなす人材，およびこれらを有効活用する戦略の3つが必要である。

ツールには，顧客データ管理，メール配信，ビデオ会議，見込客の受注確度を試算する機能など多岐にわたる機能があり，製品によって異なる複数の機能を実装しており，さらにこれらのツールを連携させて使用する必要がある。一般的には，顧客企業のインサイドセールスを受託するアウトソーシング型の事業では，数種類から十数種類のツールが必要になるようだ。

次に，インサイドセールスに必要な戦略を少し掘り下げてみよう。顧客企

業の特性に合わせた営業プロセスの設計，電話営業の際のトークスクリプト（営業トークの台本）やヒアリングすべき項目の作成など，緻密な戦略設計が必要になる。

　そしてツールを使いこなし，戦略を機能させる人員が必要になるが，逆にこの3つが揃わなければ（インサイドセールスを自社で行うにせよ，アウトソーシングするにせよ），成果を出すことはできない。

　にもかかわらず，他のインサイドセールス事業者のサービスを調べてみると，この3つをトータルで提供している企業は少ないことがわかった。ツールだけを提供しても，顧客企業ではそれを使いこなせず途中で挫折してしまうことがある。また，スキルのある人材を派遣するだけの場合，ツールの調達や戦略設計は顧客企業側の責任で行われ，不慣れな担当者ではその人材を使いこなすことができない。また，インサイドセールス事業者が戦略設計だけを行う場合，ツールの調達とその運用のすべてを顧客企業側が担当することになり，社員教育も必要になる。

　インサイドセールス事業者がこの3つの要素，すなわちツール，人材，戦略を包括的に提供すれば，見込客の「量」と「質」を両立することができる。このようなサービスを提供できる組織体制を確立することが，事業成功のための喫緊の課題となった。

5. ブランド戦略の必要性

　2016年4月のインサイドセールス支援事業部発足以来，事業は順調に推移していたが，ネクスウェイの企業イメージに起因する，新たな問題が浮上していた。すなわち，「ネクスウェイといえば企業間の情報通信サービスの会社」という先入観が強かったため，次の3つの側面でさまざまな支障を来していたのである。
　①顧客からみたイメージ
　②業界内でのイメージ
　③求職者からみたイメージ（採用活動）

年々増加していたインサイドセールスの競合他社の中で，ともすれば自社が埋没してしまい，顧客や求職者に見つけてもらうことが困難であった。一方では，業界内でのプレゼンスが弱く，協業の相手方との交渉を円滑に進めることが困難でもあった。また，事業拡大に伴って人員を増強する必要が生じたが，求職者が集まりにくいだけでなく，マッチングもしづらかった。さらに，求められるスキルの内容がネクスウェイの他の事業部とは大きく異なるため，社内での配置転換が難しく，同一の会社で人材を募集すると採用や人事の業務が複雑になるなどの不都合があった。

　このような問題を解決するために，インサイドセールス支援事業部をネクスウェイから分離し，「インサイドセールス専門の企業」という新しいイメージを形成するブランド戦略が必要と判断された。それにより顧客，業界，求職者三方への発信力を強化することができると考えたのである。

6. どのようにブランディングを行ったか

　そこで事業発足から約1年後の2017年以降，インサイドセールス支援事業部（Sales Lab の前身）ではブランド戦略を立案し，文書にまとめることにした（この文書は，一般財団法人ブランド・マネージャー認定協会［2015］では「ブランド・ステートメント」と呼んでいる）。戦略とその実践の概要を示す。

（1）どのような顧客か—ペルソナの設定

　過去の実績から，業績面でも好ましく，関わった社員にとっても特に楽しんで取り組めたプロジェクトの顧客や，「このような顧客と一緒に仕事がしたい」という希望をベースにして，ブランドにとっての理想的な顧客像，いわゆる「ペルソナ」を定義した。

　Sales Lab のペルソナは，一言で表すと「IT 系中堅企業の，真の意味で意識の高い営業部長」である。ネガティブなイメージが伴う「意識高い系」ではなく，良い意味で「意識が高い」人物である。デモグラフィックおよびサイコグラフィックな属性が詳細に記述され，ブランドはこのペルソナにとっ

て魅力的であるか，ということが常に考慮された。

（2）どのような価値を持つブランドか

ブランド（事業もしくは会社）が持つ機能面でのメリットやベネフィット
を整理し，本質的な顧客提供価値を設定した。

機能面での「メリット」は，次の4つに集約された。

- 営業プロセス全体を網羅する，緻密な戦略立案
- ツールや環境一式をベンダー側（Sales Lab）が用意する
- 独自のデータマネジメントツールで顧客企業と営業データを連携し，常に最新状態に保つことができる。
- PDCAサイクルの着実，丁寧な運用

これらによって実現される顧客企業の「ベネフィット」は次の2つである。

- 質の高い見込客を得ることができる（Sales Labから見込客を引き渡された後，顧客企業の営業部門がスムーズに受注・契約を達成できる）。
- 顧客企業が自前でツールや環境を用意する労力や費用が省略できるため，短期間かつスムーズにインサイドセールスを立ち上げることができ，しかも本業に専念できる。

そして，顧客に提供する本質的な価値，「顧客提供価値」を次のように定義した。

- 顧客企業が本業で最大限の力を発揮できる。

前述の通り「戦略・ツール・人材」の3つの包括的な提供は，たしかに自社の強みであるが，顧客企業からみれば「手段」にすぎない。Sales Labは手段を提供することによって顧客の負担を緩和し，顧客がその本来の事業に集中して最大の成果を達成することを支援する。それがSales Labの本質的な価値であるという考えである。

(3) ブランド・アイデンティティ

　ブランド・アイデンティティとは，ブランドを「一言で表現する言葉」であり，広範な企業活動の基準として機能する。企業ブランドの場合には，「あなたの会社は何の会社ですか？」という質問に対する，端的な回答にもなる。Sales Lab では「データとテクノロジーで営業を革新する」という表現を選んだ。(2) で述べた通り，ブランドの価値や性格は多様な内容を含むものであるから，そのまま一言で表現することはできない。そこで今回は，次の3点を考慮してブランド・アイデンティティを定めた。

　①ブランド・アイデンティティをフックとして，強みや提供価値を連想で
　　きること。
　②先進的なブランド・イメージと整合すること。
　③比較的新しいサービスであることから，事業領域が想像できること。

(4) ネーミング (Sales Lab)

　社名にインサイドセールスではなくセールスが用いられたのには2つの理由がある。1つは，大多数の見込客に対して説明不要の，できるだけ馴染み深い言葉を使ったほうが良いと判断したためである。もう1つは，自社が将来的にはインサイドセールスだけでなく，営業プロセス全体を支援できるよう事業範囲を拡張したい，という意思があったためである。また，Lab（研究所）という言葉を用いたのは，競合他社との差別化要素として，「緻密な戦略立案」を行うという自社の強みを社名からも想起させたいと考えたためであった。

(5) イメージカラーなどのブランド要素

　ブランド要素とは，当該ブランドを他のブランドから識別させ，差異化する，ブランドの構成要素である。タグラインとステートメント・コピー（長文のコピー），イメージカラーなどが制作された（ネーミングもブランド要素の1つである）。これらは主にウェブサイトで使われたほか，個別のプロ

ジェクトの提案書などでも利用されており，日常業務や広告・広報の効率化に寄与している。

（6）その他の取り組み

さらに見込客に対して自社サービスの認知を高めるために，本節で紹介した要素を活用し，次のような取り組みを行った。すなわち，チラシやパンフレットの制作，サービス内容の説明会，展示会への出展，ウェブサイトの制作，プレスリリースやウェブメディアでの情報発信などである。

（7）顧客の反応

インサイドセールス支援事業部も Sales Lab も，顧客からパートナーや自社の営業チームの一員のように見なされることが多い。いわゆる社外の「業者」ではなく，もっとクリエイティブなサービスを提供してくれる存在と思われている。これは，提案中や受注前後の時，プロジェクトが進行中または完了した後でも，一貫して同様のイメージを持たれているようだ。受注前の見込客とのコミュニケーションが，Sales Lab 自身の本質を捉えた上で行われているため，受注後に顧客からギャップを感じられることが少ないものと考えられる。

7. 採用活動―リクルートブランディングとしての側面

Sales Lab ではネクスウェイ時代から求職者に向けても一貫して，市場に対して設定したものと同一のブランドを活用してきた。すなわち，インサイドセールスのアウトソーシング専業の組織であること，その独自の強みは本章 4.「事業機会を見定める」で述べた通り，ツールとそれを使いこなす人材，および戦略の３つを包括的に提供できることである。これは，ブランドがその傘下のあらゆる企業活動を包含するものであることを考えれば，ある意味では自明であり，採用活動もその例外ではない。図表 11-2 は，求職者向けの会社説明資料の抜粋である。

なお，求職者に自社を認知させるための手段としては，doda などのよく

図表11-2　Sales Labの強み

出所：Sales Lab「求職者向け会社説明資料」より抜粋

知られた一般的な求人サイトが使用された。

8. なぜ成功したか?

(1) ブランド戦略の成果

①売上と組織の拡大

　年間売上は2017年度を基準として，2019年度には170%を達成した。また，2020年度は250%と予想されている（2020年8月現在の見込み）。従業員数は，事業の発足時から2020年10月までの間におよそ2.5倍に成長した。

②採用活動における応募者数とマッチングの増加

　分社化は2020年4月だったが，ブランド戦略に基づいた実践は2017年から行われ，前述の通り求職者とのコミュニケーションにも寄与した。その結果，求人への応募者数が増加し，特に分社後は前年の4〜5倍に増加した。応募者が増加した分，選考の通過率は低下する傾向があったが，マッチングして採用される者の数は増加した。

③社内の意思統一や意欲の向上

　ブランド戦略を企画したり，実行したりする過程で，その内容が社内にも浸透した結果，標題のような効果がみられた。Sales Lab 社長の小椋氏が次のように語っている。

> 「ブランディングというと対マーケット的な施策だとばかり思っていたが，今回の取り組みで社内にも効くということが初めてわかった。従業員のモチベーションアップにつながったと思う。何をやる会社か，何を目的にしている会社か，どんな価値を世の中に還元していく会社かを，明確にすることができた。それによって社員皆の目線が合ったと思う。」

（筆者によるインタビュー，2020 年 8 月 19 日）

(2) 成功の要因

　Sales Lab の一連の取り組みをみると，華々しい広告やプロモーションをしたわけではなく，むしろ必要な戦略・戦術を地道に立案し，かつ着実に実行してきたといえる。その結果，売上や組織の規模の順調な拡大をもたらすことができた。その成功の要因としては，次の 3 点を挙げることができるだろう。

①早期に創業し，外的環境の波に乗った

　2016 年の事業発足当時，日本ではインサイドセールスという言葉を知らない人がまだ多かった。その時期にいち早く事業を立ち上げたことで，市場の急速な成長に後押しされ，自社も成長することができた。また，労働人口の減少や働き方改革など，生産性向上を求める動きにも適合していた。かつ，オンラインによるサービスであることも元来時流に適合していたが，コロナ・ショック後の急速なオンライン化の流れにも乗ることができた。

②分社前の顧客資産を活用した

　ネクスウェイの既存事業の顧客にアプローチし，相当の受注を得ることができた。既存事業の中には，インサイドセールスの前段階である「見込客の

リストの生成」（本章 2.（1）「サービスの態様」参照）に相当するものがある。したがって，当該既存事業の顧客企業には，実は以前からインサイドセールスを必要としているものもあった。言い換えれば，既存顧客の中にインサイドセールスの潜在需要があったわけである。

③独自性を確立した

事業発足当時から，競合他社のサービスにおける問題点を分析し，それを解決する形で自社サービスを構築した。詳しくは本章 1.（2）「インサイドセールス市場の問題」や（4）「Sales Lab の最近の業績と市場動向」で述べたが，競合他社のインサイドセールスのクオリティが低くなる根本的な原因は，戦略・人材・ツールの 3 つを包括的に提供できていないことにあると考えた。そこで自社はこれらの 3 つを包括的に提供できるように事業を組み立てた。それにより，市場のニーズに適合できたものと思われる。

本ケースからの学び

①中小企業，スタートアップ，
BtoB 企業にもブランディングは効果がある

これまでみてきたように，Sales Lab（およびその前身のインサイドセールス支援事業部）で行われた戦略は，いずれもよく知られたフレームワークに沿うものであったが，それを堅実に実行し，一般的に期待されるような効果を得た。しかもブランディング事例としては比較的珍しい，BtoB のサービス業の中小スタートアップ企業で成果を上げた点が興味深い。ブランディングの考え方や方法が，あらゆる業種業態の企業・事業に効果があることを支持する一例といえる。

②なぜブランディングを行い成功できたか

ブランド戦略はつくるだけではなく，あらゆる企業活動に反映し，実践してこそ意味がある。本事例では営業，展示会への出展，採用活動，その他各種プロモーションにおいて，ブランド・アイデンティティやブ

ランド・パーソナリティ等に基づいた，一貫したコミュニケーションを継続的に展開した。これは経営者と従業員の強い意志があってはじめて可能になるものである。以上がブランディングの成功の要因と考えられる。

〈謝辞〉

　本ケースは，2017年から2020年にかけて，株式会社 Sales Lab（前身のインサイドセールス支援事業部を含む）に対し筆者がブランディング支援を行った際の経験と，同社社長（および旧インサイドセールス支援事業部長）小椋亮氏への2020年8月のインタビュー，並びに同社人事広報グループマネージャーの青山周平氏から提供された資料をもとに構成した。誠実に対応してくださった小椋氏と青山氏に深く感謝する。

■ 参考文献

MarkeZine ニュース［2015］「DMP・MA サービス市場ともに拡大傾向、2015年の市場規模は30％増【矢野経済研究所調査】」（2015.12.15 付）https://markezine.jp/article/detail/23602（2020.8.1 閲覧）

一般財団法人ブランド・マネージャー認定協会［2015］『社員をホンキにさせるブランド構築法』同文舘出版。

日本経済新聞［2019］「矢野経済研究所、国内 DMP/MA 市場調査結果を発表」（2019.11.12 付）https://www.nikkei.com/article/DGXLRSP523164_S9A111C1000000/（2020.8.1 閲覧）

（能藤　久幸・岩本　俊幸）

ほけんの窓口
（ほけんの窓口グループ株式会社）

サービス商品と新流通業態でブランドをつくるには

 本ケースのねらい

　ほけんの窓口グループ株式会社（以下，ほけんの窓口）に代表される来店型保険ショップは，この20年間で生活の中にすっかり定着した。それまでは，「生命保険は生保レディーなどの勧誘で加入するもの」というイメージが強かったこの業界に，新しいチャネルが登場した意味は大きかった。理解が難しい生命保険を客観的に比較しながら自分の判断で「買う」ことができるようになったのである。

　どのようにして「ほけんの窓口」は誕生したのか。また，同社は2013年から「お客さまにとって『最優の会社』」を宣言して，仕事の本質を保険の販売ではないと規定している。これはどういうことを意味しているのだろうか。

1. 生命保険業界の変動

　（公財）生命保険文化センターが2018年に実施した「平成30年度 生命保険に関する全国実態調査」によれば，生命保険（個人年金保険を含む）の世帯加入率は88.7％。中でも若年層（29歳以下）の民間保険の世帯加入率は72.2％で，前回調査から8.4ポイント増加していた。このように日本における世帯の生命保険加入率は世界的にみても高い傾向にあることがわかる。日本の生命保険の市場は年間支払保険料で約40兆円強と言われており，米国に次ぐ市場規模になっている。なお，世帯の普通死亡保険金額は平均2,255

「Value Report 2018」の表紙に使われているイメージイラスト。来店型保険ショップの姿が描かれている。
出所：ほけんの窓口グループ株式会社提供

万円で，この金額については下落傾向が続いている。

　この調査では，生命保険への加入経路では生命保険会社の営業職員が53.7％，次いで保険代理店が17.8％となっている。注目すべきことは，営業職員からの加入が2012年の68.2％から2015年には59.4％になり，2018年には53.7％と低下する傾向が続いていることだ。一方で，保険代理店チャネル経由で生命保険に加入する率は，2012年には6.9％しかいなかったのに比較して，2015年には13.7％となり，2018年には17.8％にまで伸長している。

　ここでいう営業職員とは，主に生命保険会社で保険を売るセールスパーソンのことである。長らく生命保険の販売は，こうした職場や家庭を訪問して生命保険を売る職員たちの手に委ねられてきた。その成果もあって，日本では生命保険への高い世帯加入率が維持されてきた。しかし，こうした生命保険の販売体制は「来店型保険ショップ」チャネルの台頭によって大きく変わりつつある。

2. どのように誕生したか

　「ほけんの窓口」のように，顧客が店舗に来店して生命保険などを購入する業態「来店型保険ショップ」が可能になったのは，1996年に生命保険販売の規制緩和が実施されて以降である。それまでは「一社専」，つまり生保

レディーのように保険会社に所属している人しか保険を販売してはいけないという法的規制が存在していた。「金融ビッグバン」が叫ばれた1990年代半ば，金融規制の自由化や緩和を通して，金融界を活性化するためのさまざまな施策が実施されていた。保険業界でいえば，生命保険と損害保険の相互乗り入れ，金融商品の窓口販売開始，保険契約者保護制度の創設，一社専属販売制の例外適用などである。

それまで生命保険では「一社専属販売制」が堅持され，1人の募集人（営業）が複数保険会社の商品比較をすることはできなかった。しかしこの規制に風穴が開いた。1996年の規制緩和により，「保険契約者等の保護に欠ける恐れがないもの」（保険業法第282条第3項）という例外規定が設けられ，会社の責任を明確化し，生命保険募集人に対する教育や指導が徹底される体制を構築できている代理店には，複数の会社の生命保険商品を販売しても良いと認められるようになった。

さらに同じ96年の法改正によって，生損保の子会社方式による相互参入が容認され，「複数使用人特例」により生命保険代理店に「2社以上の複数の保険会社と代理店契約を結んでいる保険代理店『乗合代理店』」（デジタル大辞泉より）が認められるようになった。この規制緩和は1998年から実務に適用され，来店型保険ショップが実現可能になった。また2001年には銀行における窓口販売が一部許可された。

3. 生命保険の変化

来店型保険ショップの誕生の背景として，戦後の生命保険の変化にも触れておかなくてはならない。それは，死亡給付型から生前給付型への転換という「商品革命」である。戦後から高度成長に至る過程で，生命保険は家庭の「大黒柱」に何かあったときに給付される「死亡給付型」が長らく主流だった。しかし，多くの人が長生きするようになり，国民の意識が，長生きする生活のほうに向き，生きているうちにより良い生活を送りたいと考えるようになった。こうした意識の変化を反映して，医療保険やがん保険，学資保険，就業不能保険など「生前給付型」保険への流れが強まったのである。こ

うした流れを外資系の保険会社は加速させた。

　この結果，生前給付型では商品が多様化し，販売に際して顧客のニーズや考え方をじっくり聴取した上で販売する必要性が出てきたのである。独立系の乗合代理店はこうした多様なニーズに応えようと，さまざまな保険会社の商品を品ぞろえして集める上で，より適した業態であった。こうした変化も生命保険の流通革命を後押ししたのである。

　このほか，インターネットの登場によって消費者が保険の知識を学ぶことが容易になり，保険会社が情報をほぼ独占していた「売り手市場」から「買い手市場」に変化したこと。また，営業担当者に「勧められて入る保険」から，将来の年金制度への不安から「自ら買い求める保険」へ転換したことも変化の要因として挙げられる。

　また，2005年に個人情報保護法が成立して，それまでのようにオフィスに保険会社の職員が自由に出入りして保険を販売することができないようになった。こうした変化もショップ型販売の発展を推進した。

4. 来店型保険ショップの誕生

　1996年の法改正で制度が変わったからといって，すぐに多くの新しい来店型保険ショップが誕生したわけではない。それまで「生命保険に加入するため保険会社にわざわざ来るお客さまには気を付けろ」というのが保険会社の間では一種の常識だったほどだ。少数とはいえ，生命保険を悪用する人が世の中にいたからである。

　そんな中，90年代の終わりから00年代にかけて，いくつかのショップを運営する企業が誕生した。「ほけんの窓口」は1995年に保険代理店として設立され，96年，横浜に本社を移している。来店型保険ショップ事業として第1号店を横浜市港北ニュータウンに出店したのは2000年になってからである。「ほけんの窓口」ブランドは2006年からスタートした。しかし多くの企業はすぐに追従するようなことはなかった。

5. 取り巻く環境が激変

　その後，2000年代半ばまでに来店型保険ショップは増加し，2010年代の初めまで出店競争が続いた。しかし2012年に至って，各社の出店攻勢はいったん止まる。ショップ同士の競争が激化し，さまざまな課題が顕在化してきたのである。再び法改正が検討され始め，規制が厳しくなるとも噂されるようになった。

　「ほけんの窓口」はこうした事態にもひるむことなく，2012年には全国で300店舗を構えるようになった。この間もずっと顧客の数は増加基調にあったものの，2017年，日本銀行のマイナス金利政策の影響で予定運用益の確保が難しくなり，生命保険料の値上げが行われた。この結果，駆け込み需要が発生し，需要を先食いしたため，業界各社はその後の反動減に悩まされることになった。

　また，前年の2016年に法律が改正されたことにより，顧客が自分の希望に添った保険商品に加入できるよう規制が強化され，代理店には「比較推奨販売」「体制整備義務」が課せられた。それにより代理店は，社員教育や顧客対応時間の増大などでコスト増につながったが，「ほけんの窓口」においては法律改正以前より「お客さま本位の募集プロセスの実践」を追求していたため，法律改正による対応は限定的で，ソフトランディングできたことは大きかった。

6. 困難に打ち勝つ

　こうした業界への荒波を乗り越えて，「ほけんの窓口」はどのように他社を超える成長を遂げてきたのだろうか。それには2つの要因がある。

　第一に，同社の店舗を早い段階で大規模かつ素早く展開したことである。2000年に第1号店をスタートさせ，2017年度には715店舗（うち405店が直営）を数えている。1年に平均して39店，毎月3店を出店し続けたことになる。JA共済保険研究所の推定では，2017年末で全国に来店型保険ショッ

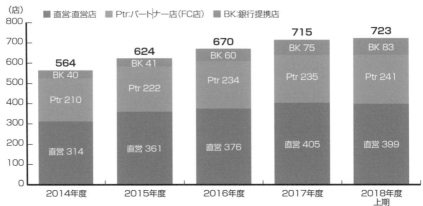

図表12-1 店舗数の推移

出所：ほけんの窓口グループ株式会社提供

プの大手の合計店数は 1,274 店舗，そのうち「ほけんの窓口」は 634 店舗，シェアにして 49.8％となっており二番手を大きく引き離している。他社が出店を控えてきた時期にも出店を怠っていなかったのである（図表 12-1）。

　第二に，同社のマスへの訴求力である。「ライフプラザ HD」という名前でスタートし，2006 年から使用し始めた「ほけんの窓口」ブランドを，2014 年に「ほけんの窓口」に統一している。また，テレビ広告を用いたマス訴求でブランドへの認知が一気に高まったことも大きかった。

7. 「最優の会社」へ

　しかしこうした出店戦略とコミュニケーションだけが同社の発展を支えてきたわけではない。2013 年に一時経営状況が厳しくなったときに社長に就任した窪田泰彦氏（現在は代表取締役会長兼社長）の改革以来，同社の顧客に向かう姿勢はより鮮明になった。

　「ほけんの窓口」ではどのような「募集」をしているのだろうか。基本的に理解しておきたいことは，ほけんの窓口グループの仕事の本質は「『保険』を販売することではありません」という言葉と，「『最優の会社』宣言」に明

（左）熱海にある研修所「熱海研修棟」，（右）研修の様子
出所：ほけんの窓口グループ株式会社提供

確に規定されていることである（ほけんの窓口［2020］）。もちろん保険を結果的に販売することはあっても，顧客にとって最大でもなく最強でもない「最優の会社」であることが何よりも優先されている。

　そこでの社員の判断の基準は「お客さまにとって正しいか正しくないか」である。顧客は「人生のリスクに備えたい」「将来の人生設計の不安を解消したい」という思いを抱いている。こうした自身や家族への素朴な思いに対して「保険」という商品を通して安心と安全，さらには幸せを届けるのが仕事の本質と捉えている。

　こうした仕事の在り方を実現するために，同社ではいくつか特徴的な仕組みを持っている。その1つに，保険会社出身者を原則採用しないことがある。保険会社出身だと保険を「売る」ことが染み付いてしまっているからだ。

　社員のマインドを同社流に育てていくための研修も重視されている。新たに入社した社員はまず，同社が2005年に熱海に設立した研修所で1週間，研修に参加する。次に2カ月間，各地の研修施設で聴く力を中心とした顧客に寄り添うコミュニケーションを学ぶ。次に配属後の店舗では，「店舗ぐるみ」で顧客の対応をすること，またその後の振り返り（カンファレンス）を行うなど，実際の顧客対応を通じて実践的な研修を日常的に行っている。

安心の輪

社員研修での指導のポイントは，顧客と一緒に保険を選ぶプロセスにおける以下のステップの１つひとつである（「ステップ」という用語を便宜上用いたが，これは同社の用語ではない）。

【ステップ1：確認する】

まず，顧客の意向や要望を徹底的に聴くことから始まる。「安心の輪」（図表12-2）を使用しながら，保険で備えられるリスクを顧客と確認する。

【ステップ2-1：知る①】

保険の仕組みや社会保障制度など，保険選びのポイントとなる情報や基礎知識を提供していく。ここで本当に必要な保障（補償）とは顧客にとってどのようなものかを整理していく。

図表12-2　顧客の意向を明確にする「安心の輪」

出所：ほけんの窓口グループ株式会社提供

　顧客の意向・ライフプラン・ご要望を徹底的に聴き，顧客と一緒に将来設計を描く。人生におけるさまざまなリスクを見える化し，必要保障（補償）額を算出していく。例えば，働き手が働けなくなったらどうするか。お子さまが育ったらどのくらいお金がかかるか。教育費を貯めたい，がんに備えたいなど，「安心の輪」のどこを備えないといけないかを選ぶ。グラフを描いて家計の「見える化」を図る。ただ，ここまでの段階で保険の話はまだ出てこない。

【ステップ3：比べて，選ぶ】

　ここで初めて40社以上の保険商品の中から比較検討を行う。「ほけんの窓口」の独自システムであるライフデザインシステム（LDS）を使用し，取扱保険商品の中から顧客のご意向に応じた商品を，顧客と一緒に客観的に絞り込んでいく。保険商品を組み合わせてプランを考えることもできる。この比較検討を経て，顧客の意向を再整理，その上で保険の申し込みの手続きに入ることになる。

9. 特長とは

　「ほけんの窓口」の特長とは，あくまでも顧客が決め，同社からは提案しないのが原則であることだ。このために，窓口での相談には約2時間のセッションを3回程度行っている。こうしたやり方は一見すると効率が悪いようにみえる。同社は「提案力」が弱いと評価されることもないわけではない。しかしこうしたやり方が結局は高い成約率を生むのである。

　その上，顧客と「ほけんの窓口」との関係は契約して終わりではない。来店して契約した後，保険証券が自宅に送られてくるが，3カ月以内に約80%の顧客が再来店している。これは契約内容の確認，備えの確認，ライフイベントの確認，万が一の時の請求方法の確認，安心の輪ノートでチェックなどの活動によるものである。これは，「3プラス1」活動と呼ばれ，先ほどの「確認する」「知る」「比べて，選ぶ」という3つの活動の後に位置づけられる

活動となる。

　現在同社は，新規の顧客が約7割，既存の顧客が約3割という比率になっている。また，このような「後工程」を重視する施策に近年転換しているが，これも伝統的な保険販売の活動とは大きく異なっている。従来の保険販売チャネルはすでに加入した顧客より，新規の契約機会に注力する傾向が強かった。

　同社の社員研修では，さまざまな状況下において顧客が何を考え，何を求めているかを社員が適確に理解できるよう，顧客が自分の考えを言いやすい環境をつくる訓練に最も重きを置いている。

10. 「売り込まない」姿勢

　繰り返しになるが，「ほけんの窓口」の最大の特長は「お客さまの声を徹底的に聴くこと」にある。結果として，相談された方の約50％が，3カ月以内で成約している。

　同社がKPIとしているのは，①「次アポ率」（次回のアポをどの程度とることができたか），②「成約率」，③「3プラス1実施率」，④保険契約の「継続率」などであり，いずれも重要な指標としている。顧客からいただく成約と長期にわたり顧客と接点を維持するプロセスを，経営の重要指標として全社一丸となって日々取り組んでいる。

　来店型保険ショップが誕生してまだ20年ほどしかたっていない。「ほけんの窓口」はこの業界のパイオニアとしてさまざまな逆風も経験してきたが，その経験を糧として大きな成長への道を歩んでいる。

📖 本ケースからの学び

　ブランド確立という観点からいえば，「ほけんの窓口」が優れている点は少なくとも3つある。第一点は，法改正や規制緩和という機会を捉えて，他社に先駆けて新しい流通業態を確立したことである。第二点は，業界が困難な時期に，積極的に出店し，また広告などのコミュニ

ケーション活動を行った点である。こうした時期に，競合を大きく引き離す素地を形成することができた。そして第三点として，「安心の輪」に象徴される顧客から信頼を勝ち得るサービス体制を築いたことが指摘できる。顧客の立場に徹底的に立つだけでなく，それが顧客に理解され，さらに，企業としての姿勢として伝達されることが，こうした流通業態の確立のために必要であったのだ。

　ほけんの窓口の事例は，経営・マーケティング・コミュニケーションの戦略が全体として見事にコーディネートされ運用された結果として，ブランドが構築された事例として捉えることができるだろう。

■ 参考文献
大沼八重子［2018］「大手生命保険会社の進出がすすむ保険ショップ」『共済総研レポート』157，60-63頁。
関西保険業法研究会［2011］「保険業法逐条解説（XXⅦ）」『生命保険論集』175，191-219頁。
窪田泰彦［2019］『「金融パーソン」はどう生きるか：「お客さまと向き合う」原点への大改革』PHP研究所。
栗山泰史［2016］「保険募集規制改革の背景と意義」『保険学雑誌』635，1-20頁。

■ 参考資料
ポーター賞［2018］「受賞企業・事業レポート」「ほけんの窓口グループ株式会社」
　　https://www.porterprize.org/pastwinner/2018/12/06125702.html（2021.8.31閲覧）

（田中　洋）

Panasonic
（パナソニック株式会社）

企業ブランドを強くするマネジメント組織と仕組み

 本ケースのねらい

　パナソニック株式会社（以下，パナソニック）は，2008 年以降，企業ブランド（以下，コーポレートブランドと同義）戦略に関するきわめて重要な方針変更を行ってきた。2008 年に，社名においては，創業者に由来する「松下」を冠することをやめ，ブランドにおいては，およそ 80 年間グローバルな家電ブランドとして名声を博した「National」の使用を中止し，いずれも「Panasonic」に統一した。2009 年に経営統合によりグループ入りした「SANYO」ブランドも，2010 年にほとんどの事業領域において Panasonic ブランドへ変更することを決めた。2015 年には，家電以外の重要な事業領域を際立たせるための事業ブランド戦略を採用し，ブランド体系を精緻化させた。このようなドラスティックな企業ブランド戦略を推進していくために，どのようなブランドマネジメント，ブランド管理行政が必要だったのだろうか。

1. パナソニックの概要

　パナソニックは 1918 年創業のエレクトロニクスメーカーである。

　2019 年度の売上高は約 7.5 兆円であり，2020 年末現在における事業領域は「アプライアンス」（家電，大型空調，燃料電池など），「ライフソリューションズ」（照明，空調，住宅設備など），「コネクティッドソリューションズ」（各業界向けソリューション，施工・運用・保守サービス，電子部品実

装システム，パソコンなど），「オートモーティブ」（車載システム，電動車用デバイス・システム，車載電池など），「インダストリアルソリューションズ」（電子部品，半導体，産業用モータなど）という5つのセグメントで構成されており，中には住宅用建材や介護関連事業など，エレクトロニクスという領域を超えた事業も擁している。

2. パナソニックにおけるブランドの歴史

(1) Nationalブランド

　Nationalは，パナソニックが創業間もない1925年に商標登録出願され，商品に使用され始めたのは1927年からである。最初にNationalが付された商品は角型ランプである。

　社史によると，角型ランプを売り出すにあたり，その名称についてパナソニックの創業者松下幸之助が思い悩んでいたある日，新聞を見ていると「インターナショナル」という文字が目についた。松下は「頭にピンときたもの」があったという。辞書を引いてみると「国際的」という意味であり，一方で「ナショナル」を引いてみると，「国民の，全国の」という意味があるということがわかった。「名は体を表すという例えのごとく，国民の必需品になろう」と考え，「ナショナルランプ」の名称に決定したという。

　その後Nationalブランド製品は，電球やアイロン，ラジオ，洗濯機，冷蔵庫，テレビといった家電製品のほか，乾電池，配電機，モータなどの部品や産業用電気機器といった各種カテゴリーに拡張していった。

　また，1957年には，Nationalブランド製品を販売する小売店の組織である「ナショナル店会」が結成され，「ナショナルショップ制度」がスタートするなど，Nationalを付した商品を津々浦々の消費者に届ける流通システムが構築されていった。

(2) Nationalブランドに寄せた創業者の思い

　パナソニックには，Nationalブランドの価値が高まっていった戦後間も

ない頃に，創業者松下幸之助がブランドに対する思いを社員に向けて語った言葉がいくつか残されている。そしてそれらは，先人の努力によって培われた現在のブランド価値を守ることに対する社員1人ひとりの責任について，理解を促す史料となっている。ここで一部を紹介したい。

「最近のわが社の製品を見ると，遺憾ながら『ナショナル』のマークに恥ずべきものがある。先日も，私はある製造所の支配人に，きみのところの商品には『ナショナル』のマークをつける価値がないからマークなしで売り出せ，と叱ったことがあった。今わが社がもし一つの商品でもマークに恥じるようなものを出したなら，それはすなわちすべての『ナショナル』製品の信用に影響するのである。」

「諸君はまずその心がまえとして，マークに対する信用を保持する，マークを尊重するの観念をもたなければならない。諸君は，『ナショナル』のマークに対しては信用があるのだと思って安心してはならない。むしろ逆に，かつてのわれわれの努力，実力によって，今なお持続している『ナショナル』のマークに対する信用を，いかにして失わずに保っていくかに，深甚の考慮をはらい，努力がなされなければならないのである。」

（出所：『松下幸之助発言集 29』）

コーポレートのブランドマネジメント活動において，そのモチベーションを維持しつつ経営者や社員の支持・共感を得るためにも，創業者によるブランドを重視する発言というものは，非常に価値のある資産といえるのではないだろうか。しかしながら，多くの場合そのような過去の発言は埋もれてしまい，年月とともに活用可能性が低くなっていくものと考えられる。場合によっては，ブランドマネジメント活動の一環として，社史を担当する部門と連携し，このような資産を発掘・整理する必要性もあるのではないだろうか。

(3) Panasonicブランドの登場

パナソニックでは，1955年から2008年まで，National ブランドと Panasonic ブランドを併用していた。National は英語で「国民の，国家の」

という一般的な形容詞であり，米国をはじめとするいくつかの国では，これを独占的に使用することを認める商標権を確保することができなかった。

1950 年代，事業が急成長していた米国では，National に代わるブランドとしてさまざまな名称が事業単位で考案され使用されていた。Panasonic は，1955 年米国のオーディオ展示会に出展されたハイファイスピーカーの愛称として考案された。Pan（すべての）と Sonic（音）を合成したこの愛称は当時，PanaSonic と綴られた。このスピーカーは性能の良さが認められ，米国のオーディオ業界で一躍有名になった。そこから 6 年後の 1961 年，300 を超える候補の中から，Panasonic が米国においてすべての商品に使用されるブランドとして選定されることになった。

日本では 1988 年に，映像・音響分野を中心に Panasonic の本格導入がスタートした。当時の Panasonic と National の対象商品分野については，Panasonic は映像・音響，情報通信機器，それに関連する部品等を対象とし，National は伝統的な白物家電や照明，住宅設備などに使用区分が設定されていた。

(4) Panasonic のグローバルブランド化

2003 年 5 月，Panasonic ブランドをグローバル統一展開する方針が打ち出された。1988 年以来続いていた Panasonic と National の商品分野の棲み分けを見直し，まず海外より，すべての商品を対象に，Panasonic ブランドを使用することとした。これにより，仕向け地によってブランドを変える必要性がなくなった。

同時に，海外における子会社の社名も，松下からパナソニックに切り替えていった。このため，事前に関係会社への社名付与基準を整備し，従来は原則として社名に「Matsushita」を冠称させていたものを，海外では原則として「Panasonic」を冠称させることを義務化した。

2003 年 7 月には，このような取り組みを強化するため，社長直轄組織のブランドマネジメント室が設置された。ブランドマネジメント室は，グローバルな総合ブランドプロデューサーとしてグループ横断的戦略を推進してブランド価値向上を図ることをミッションとし，具体的には，ブランド戦略の

構築，ブランド管理行政，ブランド教育・啓発，およびブランド価値評価の役割を担う組織であるとともに，全社ブランド戦略推進の中核的機関となった「全松下ブランド委員会」事務局の役割を担った。

このように，2003年以降海外を中心にOne Panasonic化が進んでいったが，松下電器産業株式会社本体の社名変更と，日本国内でのPanasonicへのブランド統一は，2008年を待つこととなる。

(5) パナソニックグループの社名変更・ブランド統一

2008年にパナソニックは，松下電器産業からパナソニックへの社名変更と，日本国内のNationalブランド使用中止を決定し，それを迅速に推進した。ブランド変更に伴う社屋や専門販売店の看板の掛け替えだけでも，相当の費用がかかったといわれている。

当時のパナソニック社長は，社名変更・ブランド統一の最大の理由はグローバルエクセレントカンパニーへの挑戦であるとし，「社名・ブランドが複数あるグローバルカンパニーは稀有であり，グローバルエクセレンスを目指す上では，松下の名前はローカルともいえる。将来の成長を考えれば，当然の判断だ」と述べている。また，長年使用し続けた社名・ブランドを変更することについて，「個人のノスタルジーに浸るよりも，これからパナソニックが大きく発展するには，より成長する可能性のあるPanasonicブランドに全員の想いを結集させたい。Panasonicという一つのブランドに向けて，社員が一丸となって取り組み，その想いが，商品として結実することになる。これこそがパナソニックの発展につながる決断である」とも述べている（大河原[2009]）。

2008年のパナソニックにおける社名変更・ブランド統一によって行われたブランド要素の変更をまとめると図表13-1のようになる。

この時，Nationalブランドが使用中止となっただけではなく，従来商品特定ブランドとして位置づけられていたTechnicsも，サブブランドとして位置づけが変更された。また，それまで松下電器産業で社員記章として使用されていた三松葉のマークと，松下電工で社員記章として使用されていたM矢のマークも使用中止となった。そして最もインパクトが大きかったの

図表13-1　社名変更・ブランド統一（2008年）

旧ブランド体系			新ブランド体系	
企業そのものの表示	社名	松下電器産業株式会社 Matsushita Electric Industrial Co., Ltd.	社名（企業グループ名）	パナソニック株式会社 Panasonic Corporation
	社章	▲　〈M〉		パナソニックグループ
	CIマーク	**Panasonic**	コーポレートブランド	Panasonicロゴ **Panasonic**
商品サービスへの表示	グローバルブランド	**Panasonic**		ブランドスローガン **Panasonic** ideas for life
	日本特定ブランド	**National**		
	商品特定ブランド	**Technics**		
	Mマーク	〈M〉		
企業姿勢を知らしめる際の表示	グローバルブランドスローガン	**Panasonic** ideas for life		

▲　〈M〉　社章はグループ章へ
National　NationalはPanasonicに統一
Technics　Technicsはサブブランド化
〈M〉　Mマークはブランド取り扱いを廃止

出所：パナソニック　2008年当時の社外向け説明資料に基づき筆者作成

は，創業以来使用されていた商号の「松下」の使用中止であろう。「松下」も重要なブランド要素であり，創業者松下幸之助の名字でもある。この後「松下」は，中国語圏における社名には引き続き使用されることとなった。また，中国では，Panasonicロゴと松下電器ロゴがブランドとして併記されて，宣伝・販促物や商品包装箱に現在でも使用され続けている。

(6)「Panasonicブランドの目指す姿」の制定

　2008年の社名変更・ブランド統一に伴い，Panasonicをグローバルで強いブランドにするために，全社員が共有し，日々の活動の指針となる，「Panasonicブランドの目指す姿」が制定され，全松下ブランド委員会委員長名による通達で周知徹底された。

　「Panasonicブランドの目指す姿」は，2003年から使用されていたブランドスローガン「Panasonic ideas for life」と，そのブランドスローガンに込められた思いを定義したお客様に対する約束「ブランドプロミス」，および「ブランドプロミス」を実践する上で，全社員が，地球環境を大前提に考え，

図表13-2　Panasonicブランドの目指す姿（2013年改定）

コーポレートブランド

Panasonic

ブランドスローガン

ブランドプロミスを端的に表したもの

A Better Life, A Better World

ブランドプロミス

Panasonicブランドの
お客様への約束

私たちPanasonicは、より
良いくらしを創造し、世界
中の人々のしあわせと、社
会の発展、そして地球の未
来に貢献しつづけることを
お約束します。

ブランドバリュー

ブランドプロミスを実践する上で
社員が心掛けるべき価値

Visionary（先進）	私たちは、環境など地球規模の課題や時代の変化を敏感にとらえ、常に一歩先ゆく創造と工夫で、お客様の期待を超える新しい価値を創造しつづけます。
Refined（洗練）	私たちは、お客様一人ひとりが真に求めるくらしを、磨き抜かれた製品と上質なサービスで具現化しつづけます。
Trusted（信頼）	私たちは、お客様が心から満足していただける価値を提供しつづけることで、ゆるぎない関係を築き上げます。

出所：パナソニック　2013年当時の社外向け説明資料に基づき筆者作成

「先進」「洗練」「信頼」を心掛けて活動するための「ブランドバリュー」から構成されていた。その後，2012年に社長が交代し，2013年9月にブランドスローガンを「A Better Life, A Better World」に再定義した際に，図表13-2のように，ブランドプロミスとブランドバリューについても，BtoCからBtoBへブランドイメージを拡張させることを意識した文言に改定している。

（7）海外におけるフォントへのこだわり

2013年にブランドスローガン「A Better Life, A Better World」の制定に際し，それをロゴ化するフォントについて議論が起こった。当初日本では，Panasonic Wonderフォントという特殊なフォントを制作し活用を推進しており，ブランドスローガンもその対象であった。ところが，この方針を海外のブランドコミュニケーション責任者に伝えたところ，欧州と米国の責任者から即座に反対意見が返って来た。

図表13-3　A Better Life, A Better Worldのフォント

2013年～2017年

日本，欧米以外　　**A Better Life, A Better World**

欧米　　A Better Life, A Better World

2017年～現在

グローバル統一　　**A Better Life, A Better World**

出所：パナソニック　2013年当時の社外向け説明資料に基づき筆者作成

　日常的にアルファベットを使用する彼らの感覚では，このフォントは使用しかねる，とのことだった。担当役員も含めて TV 会議による議論を重ねたが合意には至らず，最終的に，欧米はドイツでポピュラーな DIN フォントを使用し，日本と欧米以外の国は Panasonic Wonder フォントを使用することになった（図表 13-3）。この状況は 2017 年に「A Better Life, A Better World」のロゴを Panasonic ロゴと親和性の高い Helvetica フォントを使用したロゴに変更し，欧米と日本が納得する形で決着するまでの 4 年間続くこととなった。

3. パナソニックにおけるブランドマネジメントの取り組み

（1）ブランドマネジメントの位置づけ

　2003 年にブランドマネジメント室を設立した際に，パナソニックではブランドマネジメントの定義を「ブランド価値を適切に向上させるための，ブランド戦略の構築，ブランド教育・啓発，ブランド管理行政，およびブランド価値／ブランドイメージ評価の活動」とした。ここで，「ブランド価値を

適切に向上させる」の定義は，会社の経営理念と経営戦略に沿ったさまざまな事業活動を通じて，すべてのステークホルダーのブランドに対する支持・共感を獲得し，それを維持・向上させていくことである。ステークホルダーの支持・共感が得られたとしても，それが会社の経営理念に反して行われた事業活動の結果であったり，中長期的にそれを維持・向上させることができないものであったりしては意味がないとされた。

(2) ブランド戦略とブランド管理行政

パナソニックにおいて「ブランド戦略」とは，「Panasonicをはじめとするグループが保有するブランドについて，経営理念や中・長期的な経営戦略と連動させながら，ステークホルダーのブランドイメージ，ブランド認知，購買におけるブランドへの態度，その他さまざまなブランドとステークホルダーとの関係性を，グループにとってあるべき姿に近づけていくためのシナリオ」といったような考え方がなされている。

一方，ブランド戦略に基づいた取り組みが，グローバルに，かつさまざまな事業の現場（技術開発，商品開発，マーケティング，営業，CS，品質管理，採用活動など）において効果的に推進できるように，土台となる制度やルールを構築・運用したり，誤った運用によりブランドが毀損されないようにしたりするための管理やガバナンスは「ブランド管理行政」と呼ばれている。

次節では，このブランド管理行政に着目し，パナソニックにおける取り組みを考察していきたい。

4. パナソニックにおけるブランド管理行政

(1) ブランド関連全社規程

パナソニックにおけるブランド管理行政は，ブランドに関する全社規程に基づいて行われる。またそれらの規程はパナソニックグループの子会社にも適用される。全社規程の中で，最も上位にあるものはブランドマネジメント

基本規程であり、コーポレートで必要なブランドに関する基本事項が定められている。

まず、コーポレートブランドについて、「当社の個性と信用を表象し、企業活動の総体を示すブランド」という定義づけをした上で、Panasonicをコーポレートブランドとして位置づけている。また、Panasonic以外のブランドについては、事業ブランドというカテゴリーに位置づけ、事業を通じてグループ全体のブランド価値を高めることをブランドマネジメントの目的としている。

ブランドマネジメント基本規程に紐づけられて、ブランドの使用許諾、ブランドの運用、ブランドの表示という3つの系統の下位規程が存在する。次項では、その代表として、ブランド表示の在り方を規定するブランド表示ガイドラインについて説明したい。

(2) ブランド表示ガイドライン

パナソニックグループにおけるブランド表示の考え方や注意事項をグラフィカルに示したものがブランド表示ガイドラインである。以前はCIマニュアルと呼び、冊子で配布されていたが、2013年よりイントラネット上で公開するとともに、内容を充実させて、2016年にはブランド表示ガイドラインという名称に変更した。イントラネットに掲載することで、必要に応じた改定が容易になり、またグローバルに共有し周知徹底を図ることも迅速に行えるようになった。

ブランド表示ガイドラインは、「ブランドロゴは、常に美しく、格調高く、明瞭に表示する」という、「ブランド表示の基本原則」にのっとって、ブランド、社名、ブランドスローガンなどブランドマネジメント基本規程に位置づけられたブランド要素について、使用媒体ごとの表示ルール、グラフィカルな正誤事例とFAQ、ロゴデータのダウンロードサイトなどで構成されている。

パナソニックでは、企業ブランドのロゴは会社の個性と信用を表象し、企業活動の総体としての価値を表すものであり、その表示にあたっては、ブランドの品位・品格を保ち、ブランド価値の向上に貢献するために、常に適切な状態を確保すべきという考え方に基づき、ブランド表示を指導する際には、図表13-4に示す3つの観点をよりどころとしている。

図表13-4　ブランド使用管理の3つの視点

独自性	・そのブランド表示は、パナソニックらしいか ・ブランドが独立して表示されているか ・常に一貫性のある表現ができているか
適法性	・法律、契約等の観点から問題はないか ・お客様に誤解や混乱を与えていないか ・他者の権利を尊重し、侵害していないか
視認性	・そのブランド表示は、明瞭で、判読できるか ・適切な大きさのロゴが使用されているか ・規定通りのロゴやカラーを使用しているか

出所：パナソニック　社外向け説明資料に基づき筆者作成

（3）ブランドマネジメント体制

　ブランドは，宣伝・広報といったコミュニケーション活動だけではなく，営業，マーケティング，商品・パッケージデザイン，人事，総務などあらゆる部門で使用されるものであり，それぞれの部門がブランドに対する考え方を共有し，事業において適切にブランドマネジメント，特にブランド使用管理を実施する体制が必要となる。

　2020年末現在，パナソニックでは，事業を統括するカンパニー，地域を統括する地域統括会社，職能を統括する職能本部にそれぞれ，部門内でのブランドマネジメントを統括するブランドマネジメント責任者とそれを補佐するブランドマネジメント担当者を設置することとし，全社で約100人がアサインされている。また，ブランドマネジメント推進責任者の役割は以下のように規定されている。

①ブランドに関する全社方針を踏まえた事業場ブランド戦略の立案・推進
②ブランドに関する全社方針，およびブランド関連全社規程・ルールの制定・改廃内容の，事業場における周知徹底
③ブランドマネジメントに関する事業場案件への対応，およびブランド戦略本部と連携した決裁案件への対応
④事業場におけるブランド教育・啓発活動の推進，およびブランド戦略本部と連携したブランド教育・啓発に関する全社的な取り組みの事業場内

での推進

⑤全社的なブランド価値評価等調査資料の共有と活用

また，ブランドマネジメント推進責任者は，担当する事業場で必要な場合は，ブランドの使用に関する独自の規程やガイドラインを整備することを要請されており，パナソニックの商品群の中でも，乾電池，自転車，溶接ロボットなど特殊な形状の商品については，独自に商品ごとのブランド表示ガイドラインが制定されることもある。

(4) 事業ブランド戦略

パナソニックは，2011 年度，2012 年度と 2 年連続で巨額赤字を生み出した。韓国や中国の企業が高い価格競争力と技術力により，テレビなどのハードウェアの市場に参入してきたという市場環境の変化が主な要因であった。

そのような状況を受け 2013 年にパナソニックは，今後ハードウェア単体の販売にとどまらず，ソフトウェアやサービスを含めたトータルソリューションを提供する新しいビジネスモデルを通じ，「BtoC」から「BtoB」事業へ事業構造を拡張させていくことを打ち出した。そして，「お客様のくらしに寄り添う」という家電の DNA を継承しながら，住宅，社会，ビジネス，旅，自動車など，さまざまな空間・領域で，お客様の「いいくらし」を広げていくこと，そしてそれを，パナソニックだけで広げていくのではなく，各産業のパートナーと一緒になって取り組むことで，貢献を最大化し，「より良い世界」をつくっていくこと，これがこれからのパナソニックが目指す姿であるということを明示した。2013 年 9 月にブランドスローガンとして位置づけられた「A Better Life, A Better World」には，この思いが込められている。

しかし，当時の Panasonic ブランドのイメージは，地域差はあるものの，依然として「家電」，特に日本・欧米では「薄型テレビ」のイメージが強く，住宅，車載，BtoB ソリューションといったこれから成長させていく事業のイメージが弱い状況にあった。このような背景から，「A Better Life, A Better World」を実現するために，Panasonic というコーポレートブランド

の下に，家電以外のブランドイメージ獲得を目的とした「Panasonic 事業ブランド」，また，現有ブランド資産を最大限活用し企業価値最大化を図るために，Panasonic 以外のブランドの活用も促進する「Panasonic 保証事業ブランド」「個別事業ブランド」を明確に位置づけた，新たなブランド体系を2015 年に制定した。また，これらの活用を目指した戦略を事業ブランド戦略とした。

(5) Panasonic事業ブランド

　事業ブランド戦略の第一のねらいは，当時プレゼンスを早急に確立する必要があった「住宅および住空間」，「車載」，「BtoB ソリューション」事業をターゲット市場に対して強く訴求していくことであった。そのために導入したのが Panasonic 事業ブランドというカテゴリーである。

　Panasonic 事業ブランドを導入するにあたり，事業領域を示すため Panasonic ロゴに付加する「ディスクリプター」の使用基準を明確化する必要があった。ブランドロゴにディスクリプターを付けることにより，宣伝・販促活動において「何の事業を行っているのか？」「どういった事業を訴求しようとしているのか？」が，判別できるようになる。ディスクリプターのフォントには当時パナソニック内で使用を開始した Panasonic Wonder フォントを共通で使用することとした。次に，横並びで統一感のあるデザインとなるように，Panasonic ロゴに対するディスクリプターの大きさおよび配置基準を設定した。また Panasonic 事業ブランドには，所定のブランドカラーを設定し，展開時にはこの色を基調として使用することによりイメージ醸成を強く図っていくこととした。さらに，ディスクリプターが付与された Panasonic 事業ブランドに関しては，よりイメージを強固に演出できるよう「ブランドエレメント」というグラフィック要素も設定した。

　導入当初のディスクリプター付 Panasonic 事業ブランドは，「Panasonic Business」，「Panasonic Automotive」，「Panasonic Homes&Living」の3種類であったが，2019年に「Panasonic Industry」が加えられ，それぞれグラフィックガイドラインを作成したり，ブランドフィロソフィを付与したりするなど独自のブランディングが推進されている。

(6) Panasonic保証事業ブランド,個別事業ブランド

　事業ブランド戦略導入の2つ目のねらいは，グループが保有する Panasonic ブランド以外の多くのブランドの活用促進であった。

　2008 年のブランド統一以降の基本方針であった Panasonic ブランドへの集約から方向を転換し，M&A で獲得したブランドのほうが Panasonic よりも市場に浸透している場合などは，柔軟に Panasonic 以外のブランドを継続的に使用できることとした。そのために，「Panasonic 保証事業ブランド」と「個別事業ブランド」という2つのカテゴリーを導入した。

　1つ目の Panasonic 保証事業ブランドは「Panasonic ブランドとの関係性を表して，シナジーを生み出すもの」，2つ目の個別事業ブランドは，「Panasonic ブランドとの関係性は表さず，個別の価値を訴求するもの」と位置づけた。したがって，1つ目の「Panasonic 保証事業ブランド」には「by Panasonic」，「A Panasonic Company」といった，Panasonic によるエンドースメント表示が含まれていることが特徴である。一方，個別事業ブランドには Panasonic を想起させる表示要素は含まない。個別事業ブランドの代表は，高級オーディオブランドとして復活させた Technics ブランドである。

(7) ブランド体系

　コーポレートブランドとして全社共通で使用する Panasonic ブランドを上位に位置づけ，これまでに述べた3種類の事業ブランドをその下の階層に置き，さらにブランドとともに事業において使用する商品やサービス，技術，事業群の名称を総称してネームと規定し，その全体像を示したものがパナソニックグループにおけるブランド体系である。ブランド体系も事業ブランド戦略と同期して 2015 年に制定された（図表 13-5）。

　このブランド体系により，パナソニックグループ内で初めて，コーポレートブランド，事業ブランドそしてネームの位置づけが明確化された。事業ブランド戦略を推進した，当時のブランドコミュニケーション担当の竹安執行役員は，これについて以下のように述べている。

図表13-5　ブランド体系

出所：パナソニック　HP

　「2003年から2008年までのブランド統一の動きと，2013年以降のブランド再編の動き，一見すると矛盾するかもしれない。しかしブランド戦略とは『事業戦略を実現していくための全ての事業活動・社員の行動を束ねて推進する役割』として位置づけられるべきなのである。ブランドを変えるには膨大な労力やコストがかかる。それでも，事業構造の変化に合わせて，ブランド戦略にも変革が必要なのだ」（竹安［2020］91頁）。

5. 使用を中止したブランドのマネジメント

　最後に，使用中止したブランドに対し，その後必要となるブランドマネジメントの取り組みについて触れておきたい。

　ブランド戦略において企業に最も大きな影響を与えるのは，ブランドを変更し既存ブランドを使用中止するというイベントではないだろうか。すでに述べたように，パナソニックは，2003年に海外市場におけるNationalブランドの使用を中止し，2009年から2010年にかけて最大市場である日本国内でのNationalブランドの使用を中止した。だからといって，即座にNationalブランドが世の中から消滅するわけではない。商品を購入した家の中にもブランドは残る。消費者の心の中にあるブランドへの愛着は，記憶の中で残り続ける。それを利用してNationalブランドの偽物を製造販売す

る模倣業者は，使用中止から 12 年たった 2020 年現在でも存在し続けている。

　パナソニックでは，当然ながら Panasonic ブランド商品の模倣対策を主に行っている。一方で，すでに使用中止した National ブランドについても模倣対策を行わなければならない。消費者保護の観点と National の模倣品が Panasonic ブランドの事業に与える影響の観点で，模倣行為を放置することはできないのである。

　そのために，使用中止した National ブランドの商標権も，過去 National ブランドが使用されていた地域を中心に，必要最小限で維持し続けなければならない。事業を伴わない商標権を維持するためには，商標法上の不使用取消審判の対象となることを避けるため，3 年ごとにいわゆるリピート出願を行う必要もある。これに対し，あわよくば National ブランドの権利を手に入れようと，世界各地でパナソニックによる National ブランドの権利維持や模倣対策活動に異議を唱える企業があとをたたない。

　過去 National ブランドが用いられた地域で調査を行った結果，競合ブランドと比較して National ブランドの認知度が非常に高いことが判明した。また，国によっては，模倣品の存在により現在も「National」の正規品が製造されていると誤解されていること，さらにその「National ブランドの模倣品」はパナソニックによって製造販売されている正規品であるとの誤認が生じていることも判明した。

　以上のように，ブランドの使用中止に伴い，模倣対策上の管理をどうするかという問題が発生する。特にコンシューマー商品においては模倣品による顧客への悪影響を無視することはできない。使用しなくなったブランドの模倣対策とどのように向き合っていくか，そのためにどのようにして商標権を維持し，対策にあてるリソースをいかに確保すべきか，といった点について，ブランドを使用中止する前に対応策を検討しておく必要がある。これはブランドを変更するすべての企業が心得ておくべき事項であろう。

🎓 本ケースからの学び

　グローバルに事業を展開する企業においてすら，ブランド・社名の変更や使用中止，ブランドフィロソフィの構築，そして第三者へのブランドライセンス等，ブランドについての大きな戦略的意思決定の機会は頻繁に発生するわけではない。したがって，それを前提としてブランドマネジメントのノウハウを蓄積・管理している企業は多くはないと考えられる。しかしながら，今後日本企業が，効果的なブランド戦略の実践によりブランドの資産価値を高め，かつそれに伴うリスクを回避していくために，日本の産業界として，単なる商標管理を超えたブランドマネジメントに対する理念および高度な実務的ノウハウに関し，品質管理や情報セキュリティ管理のように標準化されたマネジメントシステムを構築し，日本全体で高位平準化を図っていくといった取り組みが必要な時期に来ているのではないだろうか。

〈謝辞〉

　本ケースは，2008 年から筆者が当事者として関わったブランドマネジメント活動の概要を 2020 年末時点でまとめたものである。執筆にあたり，ご関係者の方々に心より感謝申し上げます。

■ 参考文献

大河原克行［2009］『松下からパナソニックへ』アスキーメディアワークス。
竹安聡［2020］『事業構想型ブランドコミュニケーション』事業構想大学院大学出版部。

■ 参考資料

パナソニック HP 「2019年度 有価証券報告書」https://www.panasonic.com/jp/corporate/ir/pdf/Report2019.pdf.（2021.1.4 閲覧）
パナソニック HP 「社史」https://www.panasonic.com/jp/corporate/history/chronicle.html.（2021.1.4 閲覧）

（岡本　一志）

【執筆者紹介】〔執筆順〕

田中　洋（たなか・ひろし）〔まえがき，第 1 部・1，2 付帯資料，第 II 部・ケース 02，ケース 12〕
中央大学大学院戦略経営研究科教授，京都大学博士（経済学）
株式会社電通マーケティングディレクターとして 21 年間勤務の後，法政大学経営学部教授，
コロンビア大学ビジネススクール客員研究員などを経て現職。日本マーケティング学会会長，
日本消費者行動研究学会会長を歴任。『ブランド戦略論』（2017，有斐閣）（日本マーケティング
学会マーケティング本大賞等 3 つの賞を受賞）など 20 冊の著書と「想像力とブランド：新し
い研究パラダイムに向けて」（2020，マーケティングジャーナル）など 93 本の論文がある。
〈Facebook〉https://www.facebook.com/hiroshi.tanaka1　〈Twitter〉@harrison_ny

原　正樹（はら・まさき）〔第 I 部・2〕
フリーランス，戦略プランナー，著述家
東京大学文学部卒業。株式会社電通（クリエーティブ局コピーライター）を経て，株式会社
ウォーター・プラネット代表取締役（1990〜2019 年）として，広告戦略，マーケティング戦
略，ブランド戦略の立案，提案，実施を行う。自動車・電機・精密機器・食品・飲料・住宅・
金融・不動産・トイレタリー・製薬・マスコミなど幅広い業種の企業，商品，ブランドについ
て担当。現在はフリーランスとして活動。〈https://note.com/waterplanet〉

長崎　秀俊（ながさき・ひでとし）〔第 II 部・ケース 01〕
目白大学社会学部社会情報学科教授，目白大学大学院国際交流研究科兼担教授，一般財団法人
ブランド・マネージャー認定協会顧問
明治学院大学経済学部商学科卒業。法政大学大学院社会科学研究科博士課程満期退学，（修士）
経営学。大日本印刷株式会社包装事業部，インターブランド・ジャパンを経て現職。著作『イ
ラストで理解するブランド戦略入門』（2015，三弥井書店）。
〈Facebook〉https://www.facebook.com/hidetoshi.nagasaki

京ヶ島　弥生（きょうがしま・やよい）〔第 II 部・ケース 03〕
有限会社フロスヴィータ代表取締役，関東学院大学経営学部非常勤講師，
日本マーケティング学会副会長
早稲田大学第一文学部卒業。法政大学大学院社会科学研究科経営学専攻マーケティングコース
修了，修士（経営学）。株式会社リクルート，国立大学法人東京大学広報室特任専門員などを
経て現職。論文「消費者のメディア情報の「使用」戦略：e- メールを用いた住宅購入日記分
析」（2002）。『ブランド戦略・ケースブック』（2012，同文舘出版，第 2 部 Case5）。〈http://
www.flosvita.co.jp〉

木村　純子（きむら・じゅんこ）〔第Ⅱ部・ケース04〕
法政大学経営学部教授
神戸大学大学院経営学研究科博士課程修了。博士（商学）。ヴェネツィア大学客員教授（2012
～2014年）。農林水産省の地理的表示登録における学識経験者。財務省の国税審議会委員他。
近著は『酪農と社会の持続可能性』（近刊，共編著，中央法規），『イタリアのテリトーリオ戦
略：甦る都市と農村の交流』（近刊，白桃書房），「特定農林水産物等の名称の保護に関する法
律（地理的表示(GI)法）」野林厚志編『世界の食文化百科事典』（2021，丸善出版）など。

山口　夕妃子（やまぐち・ゆきこ）〔第Ⅱ部・ケース05〕
佐賀大学芸術地域デザイン学部教授
福岡大学大学院商学研究科商学専攻博士課程後期修了，博士（商学）。名桜大学国際学部専任
講師・助教授，長崎県立大学経済学部准教授・教授，ロードアイランド大学客員研究研究員を
経て現職。『グローバル・マーケティングの新展開』（編著，2013，白桃書房），『地域創生マー
ケティング』（編著，2021，中央経済社），『欧米小売業の新展開』（2019，中央経済社）『イン
ターネットは流通と社会をどう変えたか』（2016，中央経済社）。

八塩　圭子（やしお・けいこ）〔第Ⅱ部・ケース06，ケース07〕
東洋学園大学現代経営学部教授，フリーアナウンサー
上智大学法学部卒業，法政大学大学院社会科学研究科経営学専攻マーケティングコース修了。
修士（経営学）。テレビ東京を経てフリー。関西学院大学准教授，学習院大学特別客員教授を
歴任し，現職。著書『八塩式マーケティング思考術』（2011，日本経済新聞出版社）。

西村　忍（にしむら・しのぶ）〔第Ⅱ部・ケース08〕
東洋大学経営学部マーケティング学科 准教授。
日本体育大学大学院体育科学研究科修了，博士（体育科学）。中央大学大学院戦略経営研究科
修了，経営修士（専門職）。ウエスタンミシガン大学大学院留学中にスポーツ医科学に関する
資格（ATC, CSCS）を取得。慶應義塾大学体育研究所助手・助教を経て現職。東京大学身体運
動学研究室非常勤講師，ハワイ大学身体運動＆リハビリテーション学科客員研究員，アメリカ
ンフットボールU-19日本代表コーチの経歴も有する。

髙田　敦史（たかだ・あつし）〔第Ⅱ部・ケース09〕
A.T. Marketing Solution 代表，Visolab 株式会社 Chief Marketing Officer，
広島修道大学非常勤講師，一般財団法人ブランド・マネージャー認定協会アドバイザー
一橋大学商学部卒業，中央大学大学院戦略経営研究科修了，経営修士（専門職）。トヨタ自動車株式会社（1985年4月〜2016年6月）を経て現職。主要著に『50代で会社を辞めて勝つ：終わった人にならないための45のルール』（集英社），「自動車業界におけるラグジュアリーブランド戦略」（2017，マーケティングジャーナル）〈http://atmarketing.biz/〉

元永　純代（もとなが・すみよ）〔第Ⅱ部・ケース10〕
カルチュア・コンビニエンス・クラブ株式会社社長室，跡見学園女子大学非常勤講師
中央大学大学院戦略経営研究科修了。経営修士（専門職）。
ぴあ株式会社，株式会社エスクァイア マガジン ジャパンで雑誌編集に携わり，現職。

能藤　久幸（のとう・ひさゆき）〔第Ⅱ部・ケース11〕
一般財団法人ブランド・マネージャー認定協会本部ディレクター・認定トレーナー
京都大学理学部卒業，京都大学大学院理学研究科修了。修士（理学）。専門学校桑沢デザイン研究所専攻デザイン科卒業。大手電機メーカーにてシステムエンジニアとして勤務。その後，広告企画制作の中小企業を経て現職を兼務。
〈Facebook〉https://www.facebook.com/hisayuki.notou/

岩本　俊幸（いわもと・としゆき）〔第Ⅱ部・ケース11〕
一般財団法人ブランド・マネージャー認定協会代表理事，株式会社イズアソシエイツ代表取締役
1991年，株式会社イズアソシエイツ設立。2010年，一般財団法人ブランド・マネージャー認定協会設立を経て現職。著書に『確実に販売につなげる　驚きのレスポンス広告作成術』（2010，同文舘出版），『BtoB マーケティング＆セールス大全』（2016，同文舘出版），『担当になったら知っておきたい「販売促進」実践講座』（2017，日本実業出版社），共著に『社員をホンキにさせるブランド構築法』（2015，同文舘出版），監修書に『儲かる中小企業になるブランディングの教科書』（2019，日本実業出版社），その他執筆多数
〈Facebook〉https://www.facebook.com/iwatoshi/

岡本　一志（おかもと・かずし）〔第Ⅱ部・ケース13〕
パナソニック株式会社オペレーショナルエクセレンス社ブランド戦略センター
北海道大学経済学部経営学科卒業。中央大学専門職大学院戦略経営研究科修了。経営修士（専門職）。論文「使用中止ブランドの復活：ブランド拡張理論を応用して」（2018）（中央大学専門職大学院戦略経営研究科優秀論文賞受賞）。

あとがき

　本書の先駆けとなる『ブランド戦略・ケースブック』の初版本が出版されたのは，2012年である。その後，幸いにして大学でテキストとして利用されたり，ビジネスパーソンに愛読されたことで，幾度か版を重ねることができた。出版に関わった身としては，本当に感謝の気持ちでいっぱいである。そしてそのお陰で，今回続編を出さないかと出版社よりお声がけをいただいた。

　前回の執筆者は，田中教授が社会人大学院で教えた時の教え子達（MBA取得者）で構成されていたが，今回は前回の教え子に加え，田中教授の共同研究者やビジネスで関わった方々が執筆を担当している。今回のケースには，執筆者自らが物語の当事者として関わったケースや，研究者としての視点で分析されたケースなど，多彩な事例が収められている。また前作の出版から10年近くが経過したこともあり，本作では田中教授自身はデジタル時代におけるブランド戦略について提言を述べている。

　実は前作の出版のタイミングには，田中教授の還暦祝いの意味も込められていた。そして今回はその10年後であり，偶然にも古希のお祝いと教員生活の定年という節目に合わせたタイミングでの出版となった。

　この10年間の田中教授の活動を振り返ると，国内ブランド研究の第一人者ならではの多忙な状況にもかかわらず，相変わらず幅広い範囲で精力的な活動を続けてこられたことがわかる。書籍を5冊出版され，そのうちの1冊が日本マーケティング学会の「2018年マーケティング本大賞」や，「2018年日本広告学会賞」を受賞している。また，2012年からは日本マーケティング学会の初代副会長を，2017年から2年間，第2代会長を務められている。さらに，2021年から日本消費者行動研究学会会長も務められている。出版の他にも，記事の執筆や講演会への参加，企業のブランディング・アドバイザーや顧問も同時にこなされている。ちなみに，フェイスブックへの投稿もほぼ毎日，多い日には1日に数回投稿されることもある。

　ご自身の業務がこれだけ多忙であるにもかかわらず，関わった人々とのコ

ミュニケーションも非常に大切にされている。特にその恩恵を受けているのは，われわれ教え子ではないだろうか。

　私的なエピソードを1つ紹介させていただきたい。前作執筆時，私は英国系企業勤務のビジネスパーソンであった。縁あって大学の非常勤講師をして以来，定年後に大学教員になるという夢を描き始めていた。ある時，田中教授に相談すると，甘いものではないので直ぐに準備するようアドバイスをいただいた。そのお陰もあり，なんとか大学教員になるという夢を叶えることができた。大学就任前には，同大学に在籍する先生をご紹介いただき，就任後に学内で人脈ができるような環境まで整えていただいた。他にも，転職先や非常勤講師を紹介いただいたという教え子は多く存在している。研究者という一面以外からも，教授のお人柄がうかがえるのではないだろうか。

　2022年，そんな田中教授がいよいよ定年を迎える。これまでも活躍のフィールドがアカデミックな世界だけに閉じていなかったことを考えると，今後はさらに活動のフィールドが拡張するのではないかと勝手に想像を巡らせている。これまでは連絡を入れれば，都内でお会いできた教授が，2022年度以降は海外にまで行ってしまうのではないかと，心配すると同時に期待している。日本におけるブランド研究の第一人者にとっては，大学というフィールドの括りが1つなくなっただけと考えることもできよう。

　すでに20年近くその背中を見させていただいているが，定年後にすることがなくて家にこもるような姿は全く想像できない。田中教授の今後の変わらない活躍をお祈りし，さらに10年後『ブランド戦略ケースブック3.0』の執筆にて，またあとがきを書かせていただくことを願っている。

　最後に，再び出版の機会をいただいた同文舘出版と担当の青柳様，そしてご多忙な田中教授を長年支えられてきたご家族の方々に最大限の感謝を申し伝えたい。

　2021年10月4日

執筆者を代表して

長崎　秀俊

本書と ともに

Brand Strategy Casebook

ブランド戦略・ケースブック

編著 田中 洋

ブランドはなぜ成功し、失敗するのか

世界の「BMW」はなぜ、巨大ブランド力があるのか？
「三ツ矢サイダー」はなぜ復活できたのか？
「セブン銀行」は短期間でなぜトップブランドになれたのか？
「揖保乃糸」「由比桜えび」はなぜ高価格を維持できるのか？　などなど・・・・

同文舘出版

ブランド戦略・ケースブック
―ブランドはなぜ成功し、失敗するのか―

田中　洋 編著
A5判　272頁
税込 3,080 円（本体 2,800 円）

同文舘出版株式会社

2021年11月10日　　初版発行　　　　　　略称：ブランドケース2.0

ブランド戦略ケースブック2.0
—13の成功ストーリー—

編著者　ⓒ　田　中　　　洋

発行者　　　中　島　治　久

発行所　同 文 舘 出 版 株 式 会 社
東京都千代田区神田神保町 1-41　　〒 101-0051
営業　(03) 3294-1801　　編集　(03) 3294-1803
振替　00100-8-42935　　http://www.dobunkan.co.jp

Printed in Japan 2021　　　　　　　　DTP：マーリンクレイン
印刷・製本：三美印刷
装丁：志岐デザイン事務所

ISBN978-4-495-65010-0